张 爽 ◎ 著

俄罗斯对外贸易、投资及相关法律研究

知识产权出版社
全国百佳图书出版单位
—北京—

图书在版编目（CIP）数据

俄罗斯对外贸易、投资及相关法律研究／张爽著.—北京：知识产权出版社，2023.6
ISBN 978-7-5130-8768-1

Ⅰ.①俄… Ⅱ.①张… Ⅲ.①对外贸易—研究—俄罗斯②对外投资—研究—俄罗斯③涉外经济法—研究—俄罗斯 Ⅳ.①F755.12②F835.124.8③D951.224

中国国家版本馆 CIP 数据核字（2023）第 092734 号

责任编辑：刘　江　　　　　　　责任校对：王　岩
封面设计：杨杨工作室·张冀　　责任印制：孙婷婷

俄罗斯对外贸易、投资及相关法律研究
张　爽　著

出版发行	知识产权出版社 有限责任公司	网　　址：http：//www.ipph.cn
社　　址：北京市海淀区气象路 50 号院		邮　　编：100081
责编电话：010-82000860 转 8344		责编邮箱：liujiang@cnipr.com
发行电话：010-82000860 转 8101/8102		发行传真：010-82000893/82005070/82000270
印　　刷：北京建宏印刷有限公司		经　　销：新华书店、各大网上书店及相关专业书店
开　　本：720mm×1000mm　1/16		印　　张：15
版　　次：2023 年 6 月第 1 版		印　　次：2023 年 6 月第 1 次印刷
字　　数：252 千字		定　　价：88.00 元
ISBN 978-7-5130-8768-1		

出版权专有　侵权必究
如有印装质量问题，本社负责调换。

目　　录

第一章　绪论 …………………………………………………………（1）
　一、俄罗斯开展对外贸易和投资的客观条件 ……………………（1）
　二、俄罗斯对外贸易和投资现状 …………………………………（3）
　三、俄罗斯对外贸易和投资的相关政策与法规 …………………（8）
第二章　俄罗斯与中国的贸易和投资关系 …………………………（12）
　第一节　俄罗斯与中国的贸易关系 ………………………………（12）
　第二节　俄罗斯与中国的投资关系 ………………………………（21）
　　一、中国对俄罗斯的投资情况 …………………………………（22）
　　二、俄罗斯对中国的投资情况 …………………………………（26）
　　三、中俄相互直接投资中存在的问题 …………………………（27）
　第三节　对俄罗斯与中国贸易和投资发展的建议 ………………（30）
第三章　俄罗斯与欧洲国家的贸易和投资关系 ……………………（36）
　第一节　俄罗斯与欧洲国家的贸易关系 …………………………（36）
　　一、俄罗斯与德国的贸易关系 …………………………………（37）
　　二、俄罗斯与法国的贸易关系 …………………………………（40）
　　三、俄罗斯与荷兰的贸易关系 …………………………………（42）
　　四、俄罗斯与意大利的贸易关系 ………………………………（44）
　　五、俄罗斯与英国的贸易关系 …………………………………（47）
　　六、俄罗斯与波兰的贸易关系 …………………………………（49）
　　七、俄罗斯与欧洲国家贸易的特点 ……………………………（52）
　第二节　俄罗斯与欧洲国家的投资关系 …………………………（52）
　　一、欧洲国家对俄罗斯的投资情况 ……………………………（53）
　　二、俄罗斯对欧洲国家的投资情况 ……………………………（58）

第三节 俄罗斯与欧洲国家的能源合作与矛盾 …………………… (59)
　一、俄欧之间的能源合作 ……………………………………… (59)
　二、俄欧之间能源合作中的矛盾 ……………………………… (60)
第四节 俄罗斯与欧洲国家经贸合作的问题与前景 ……………… (62)

第四章　俄罗斯与独联体国家的贸易和投资关系 ……………… (65)

第一节 俄罗斯与独联体国家的贸易关系 ………………………… (65)
　一、俄罗斯与白俄罗斯的贸易关系 …………………………… (65)
　二、俄罗斯与哈萨克斯坦的贸易关系 ………………………… (68)
　三、俄罗斯与吉尔吉斯斯坦的贸易关系 ……………………… (71)
　四、俄罗斯与乌兹别克斯坦的贸易关系 ……………………… (74)
　五、俄罗斯与阿塞拜疆的贸易关系 …………………………… (76)

第二节 俄罗斯与独联体国家的投资关系 ………………………… (79)
　一、俄罗斯与独联体国家的投资概况 ………………………… (79)
　二、俄罗斯与白俄罗斯的投资关系 …………………………… (80)
　三、俄罗斯与哈萨克斯坦的投资关系 ………………………… (83)
　四、俄罗斯与乌兹别克斯坦的投资关系 ……………………… (85)
　五、俄罗斯与阿塞拜疆的投资关系 …………………………… (87)

第三节 俄罗斯与独联体国家经贸关系的现状与前景 …………… (88)
　一、俄罗斯与独联体国家经贸关系的问题 …………………… (88)
　二、俄罗斯与独联体国家经贸关系的前景 …………………… (89)

第五章　俄罗斯与美洲国家的贸易和投资关系 …………………… (91)

第一节 俄罗斯与美洲国家的贸易关系 …………………………… (91)
　一、俄罗斯与美国的贸易关系 ………………………………… (91)
　二、俄罗斯与加拿大的贸易关系 ……………………………… (94)
　三、俄罗斯与墨西哥的贸易关系 ……………………………… (97)
　四、俄罗斯与巴西的贸易关系 ………………………………… (99)

第二节 俄罗斯与美洲国家的投资关系 …………………………… (102)
　一、俄罗斯与美国的投资关系 ………………………………… (103)
　二、俄罗斯与加拿大的投资关系 ……………………………… (107)
　三、俄罗斯与墨西哥和巴西的投资关系 ……………………… (108)

第三节　俄罗斯与美洲国家贸易和投资的现状与前景 …………… (110)
　　　一、俄罗斯与美国贸易和投资的现状与前景 ………………… (110)
　　　二、俄罗斯与加拿大贸易关系的现状与前景 ………………… (113)
　　　三、俄罗斯与拉丁美洲国家贸易关系的现状与前景 ………… (114)

第六章　俄罗斯与印度、中东及非洲国家的贸易和投资关系 ……… (115)
　　第一节　俄罗斯与印度、中东以及非洲国家的贸易关系 ……… (115)
　　　一、俄罗斯与印度的贸易关系 ………………………………… (115)
　　　二、俄罗斯与土耳其的贸易关系 ……………………………… (118)
　　　三、俄罗斯与以色列的贸易关系 ……………………………… (121)
　　　四、俄罗斯与埃及的贸易关系 ………………………………… (123)
　　　五、俄罗斯与阿尔及利亚的贸易关系 ………………………… (125)
　　第二节　俄罗斯与印度、中东及非洲国家的投资关系 ………… (128)
　　　一、俄罗斯与印度的投资关系 ………………………………… (128)
　　　二、俄罗斯与中东国家的投资关系 …………………………… (131)
　　　三、俄罗斯对非洲国家的投资 ………………………………… (136)
　　第三节　俄罗斯与印度、中东及非洲国家的经贸关系现状与前景 …… (138)
　　　一、俄罗斯与印度贸易和投资的问题与前景 ………………… (138)
　　　二、俄罗斯与中东国家贸易和投资的现状与前景 …………… (141)
　　　三、俄罗斯与非洲国家贸易和投资的问题与前景 …………… (142)

第七章　俄罗斯与东亚、东南亚国家的贸易和投资关系 …………… (144)
　　第一节　俄罗斯与东亚、东南亚国家的贸易关系 ……………… (144)
　　　一、俄罗斯与日本的贸易关系 ………………………………… (144)
　　　二、俄罗斯与韩国的贸易关系 ………………………………… (147)
　　　三、俄罗斯与越南的贸易关系 ………………………………… (149)
　　　四、俄罗斯与印度尼西亚的贸易关系 ………………………… (151)
　　第二节　俄罗斯与东亚、东南亚国家的投资关系 ……………… (154)
　　　一、俄罗斯与日本的投资关系 ………………………………… (155)
　　　二、俄罗斯与韩国的投资关系 ………………………………… (159)
　　　三、俄罗斯与新加坡的投资关系 ……………………………… (160)
　　第三节　俄罗斯与东亚、东南亚国家的经贸关系现状与前景 ………… (163)

一、俄罗斯与日本的贸易和投资的现状与前景 …………………（163）
　　二、俄罗斯与韩国的贸易和投资的现状与前景 …………………（164）
　　三、俄罗斯与东南亚国家的贸易和投资的现状与前景 …………（164）
第八章　俄罗斯对外贸易和投资法律制度 ………………………（168）
　第一节　俄罗斯对外贸易法律法规 ………………………………（168）
　　一、关税法律法规 …………………………………………………（168）
　　二、进口关税 ………………………………………………………（169）
　　三、进口环节税 ……………………………………………………（171）
　　四、进口禁令 ………………………………………………………（173）
　　五、技术性贸易措施 ………………………………………………（174）
　　六、动植物检验检疫措施 …………………………………………（178）
　　七、包装和标签 ……………………………………………………（180）
　　八、清关 ……………………………………………………………（183）
　第二节　俄罗斯投资领域法律制度 ………………………………（185）
　　一、对投资领域予以管控的法律法规 ……………………………（185）
　　二、外国投资者的法律保护制度 …………………………………（195）
　　三、俄罗斯投资促进法律制度 ……………………………………（205）

结　　论 ……………………………………………………………（211）
　　一、俄罗斯与中国的经贸关系将迎来迅猛发展时期 ……………（211）
　　二、俄罗斯与欧洲国家的经贸关系发展会波折不断 ……………（212）
　　三、俄罗斯与独联体国家的经贸关系是其重中之重 ……………（213）
　　四、俄罗斯与美国的经贸关系仍然会在波折中前进 ……………（214）
　　五、俄罗斯与美洲多数国家的经贸关系会保持稳定 ……………（215）
　　六、俄罗斯与中东国家的经贸关系将有进一步的发展 …………（216）
　　七、俄罗斯与印度的经贸关系未来会显著加强 …………………（216）
　　八、俄罗斯与非洲国家的经贸关系继续缓慢发展 ………………（217）
　　九、俄罗斯与日本和韩国的经贸关系发展缓慢 …………………（217）
　　十、俄罗斯与东南亚国家的经贸关系会有明显的发展 …………（219）
　　十一、俄罗斯在完善对外营商环境方面任重道远 ………………（219）

参考文献 ……………………………………………………………（222）

第一章 绪　　论

俄罗斯地跨欧亚两大洲，领土面积 1700 余万平方千米，是世界上领土面积最大的国家。俄罗斯工业基础和科技力量雄厚，教育水平位居世界前列，国民整体素质高，消费市场规模巨大。因而，世界各国对于发展同俄罗斯经贸关系都有浓厚兴趣。

一、俄罗斯开展对外贸易和投资的客观条件

（一）俄罗斯开展对外贸易和投资的自然禀赋

俄罗斯国土辽阔，自然资源十分丰富，是世界上唯一囊括门捷列夫元素周期表上所列全部元素的国家。俄罗斯也是世界上油气资源储藏十分丰富的国家。数据表明俄罗斯石油储量约 1100 亿桶，占世界石油储量的 6.2%。俄罗斯石油开采量平均占世界的 12%，是全球产量第二的石油大国；天然气探明储量约 49 万亿立方米，占世界的 30%，天然气年产量近 6000 亿立方米，占世界总产量的 28%，产储量均居世界第一；煤炭储量为 2020 亿吨，占世界探明储量的 12%，煤炭产量也约占世界的 12%。除能源资源外，俄罗斯磷灰石开采占世界的 55%，金刚石占 26%，镍占 22%，钾盐占 16%，铁矿占 14%，有色及稀有金属占 13%，俄罗斯自然资源储量是美国的 3 倍，是中国的 4 倍。❶

俄罗斯的淡水资源也很丰富。俄罗斯有 4 万多条河流，5 万多个湖泊。其中，贝加尔湖是世界上最大的淡水湖，占地球表面淡水总容量的 20%。❷ 俄罗斯木材储量 706 亿立方米，占世界总蓄积量的 20%，其中包括 1/2 强的宝贵的针

---

❶ 中国人民大学-圣彼得堡国立大学俄罗斯研究中心. 俄罗斯经济与政治发展研究报告 2016 [M]. 北京：中国社会科学出版社，2017：75.

❷ 德·C. 利沃夫. 通向 21 世纪的道路 [M]. 陈晓旭，乔木森，等译. 张达楠，校. 北京：经济科学出版社，2003：163.

叶林木材储量。❶ 俄罗斯的海洋生物资源也极为丰富，仅俄罗斯远东地区海域生物资源总量就达到2580万吨，其中鱼类资源高达2300万吨。❷ 俄罗斯耕地面积占世界耕地面积的8%，也位居世界前列。

自然条件的多样性为俄罗斯经济的综合发展提供了极其有利的条件。品种齐全的矿产资源和广阔的森林为俄罗斯形成完整的工业体系奠定了重要的物质基础。俄罗斯油气资源不仅丰富而且分布较为均衡，西伯利亚、乌拉尔、里海地区的能源能够通畅地运输到亚太、欧洲等地，使俄罗斯油气商品在国际市场上热销。俄罗斯的矿产资源是其在世界市场上最具竞争能力的商品之一，也是吸引外国愿意巨额投资合作的领域。俄罗斯多样性的地理气候为其各具特色的农牧渔业生产地域类型的形成和发展提供了重要的客观基础，使俄罗斯成为国际上主要粮食生产大国和出口大国。

（二）俄罗斯开展对外贸易和投资的地理环境与交通条件

作为世界上地域最广阔的国家，俄罗斯疆界总长达6万千米，其中海岸线漫长，濒临太平洋、北冰洋、大西洋三大洋；陆地与14个国家接壤。这使俄罗斯属于欧洲国家，但同亚洲国家也有着紧密的联系，使它在对外经济交往中既可以参与欧洲的经济活动，同时又可以加入亚太地区经贸圈。这种独特的地缘优势，使俄罗斯对外交往的辐射性较强，能够发挥联系东西的作用。俄罗斯的广袤领土使其对外贸易运输方式呈现出海陆空并进的方式。

（1）铁路运输：铁路运输在俄罗斯客运和货运中都占重要地位，在货运方面占首位，在客运中仅次于公路运输，居第二位。

（2）公路运输：公路运输是俄罗斯运输系统中的重要组成部分，在俄罗斯国内客运规模居首位。

（3）管道运输：俄罗斯一半以上的石油和天然气产品通过管道运输。

（4）海洋运输：海洋运输在俄罗斯运输系统中发挥着重要作用，其对外货运规模巨大。

（5）航空运输：航空运输是俄罗斯重要的运输部门，其客运规模居第三位。

---

❶ 德·C. 利沃夫. 通向21世纪的道路［M］. 陈晓旭，乔木森，等译. 张达楠，校. 北京：经济科学出版社，2003：167.

❷ 俄罗斯联邦渔业局网站 https://fish.gov.ru/obiedinennaya-press-sluzhba/.

二、俄罗斯对外贸易和投资现状

自 2010 年以来,俄罗斯在国际贸易和投资领域的地位和影响越来越大,尤其是俄罗斯作为世界上重要能源大国,依靠其丰富的油气资源,在世界能源市场上发挥着极其重要的作用,为其开展与独联体、欧洲、美国和亚太地区国家贸易与投资活动提供了坚实的基础。

(一) 俄罗斯对外贸易与投资主管部门

在俄罗斯,对外贸易活动在国内受俄罗斯政府监管,在国际范围内受欧亚经济委员会监管。❶

俄罗斯主管对外贸易的政府部门主要有联邦海关总署、工业与贸易部、经济发展部、农业部、消费者权益保护和公益监督局、动植物检验检疫局、卫生部等。

俄罗斯联邦(海关总署)承担监管、征税、缉私等职责,组织实施进出境运输工具和物品的监管,查处走私案件,负责关税等税费的征收管理等。❷

俄罗斯联邦工业与贸易部对外贸易主要履行以下职能:扶持工业产品的出口贸易活动,组织工业产品的展览,实施进口商品的特殊保障措施,组织实施反倾销和反补贴措施之前的调查活动,实施非关税调控措施。该部门行使俄罗斯对外贸易活动的国家调控职能,但是,就俄罗斯加入世界贸易组织的海关和关税调节事项问题不属于其管理范围。❸

俄罗斯联邦经济发展部作为国家经济运行调控的主要机构,与俄工业与贸易部一起,在管理对外贸易方面行使职权,包括制定外贸政策、签发进出口许可证、管理外汇业务、制定进出口检验制度、审批对外贸易的协定或公约等。❹

俄罗斯联邦农业部管理农产品的进出口业务。❺

俄罗斯联邦消费者权益保护和公益监督局负责蔬菜和食品的进出口管理以

---

❶ 中华全国律师协会.“一带一路”沿线国家法律环境国别报告(第二卷)[R]. 北京:北京大学出版社,2017:473.
❷ 俄罗斯联邦(总海关署)网站 http://www.customs.ru/.
❸ 俄罗斯联邦工业与贸易部网站 http://www.minpromtorg.gov.ru/.
❹ 俄罗斯联邦经济发展部网站 https://www.economy.gov.ru/.
❺ 俄罗斯联邦农业部网站 http://www.mcx.ru/.

及进出口涉及的卫生和流行病管理。❶

俄罗斯联邦动植物检验检疫局负责制定出入境商品的动植物检验检疫制度，但在具体实施相关制度时，在俄罗斯一些口岸，出入境商品和车辆的动植物检验检疫职能已于2014年移交给俄罗斯联邦海关总署。

俄罗斯联邦卫生部负责医药物品物资的进出口管理。❷

另外，特种产品的对外贸易，由其对应的部门负责监管。

值得注意的是，俄罗斯政府各部门对外贸易管理的各项职权受到俄罗斯参与的国际经济组织和联盟的协议与法律规定的限制。在采取关税和非关税措施方面，作为欧亚经济联盟的成员，根据相关协定，俄罗斯政府的部分职权由该联盟的机构行使。

2014年5月29日，欧亚经济联盟的常设执行机构——欧亚经济委员会成立，自此，俄罗斯在发起反倾销、反补贴和保障措施方面的权力移交于该委员会。

2017年召开的欧亚经济联盟国家元首峰会扩大了欧亚经济委员会在海关管理方面的权限，使其有权批准欧亚经济联盟成员国出口的货物原产地确定规则，规定在自贸区开展对外经贸活动的条件等。

2018年1月1日，《欧亚经济联盟海关法典》正式施行，进一步明确了欧亚经济委员会在海关管理方面的权限，对于保障欧亚经济联盟实施统一海关法律法规具有重要意义。

(二) 俄罗斯对外贸易结构

根据俄罗斯联邦海关总署数据，2021年，俄罗斯外贸额同比增长37.9%，达7894亿美元，全年贸易额不仅超过2020年，而且超过了危机前的2018—2019年。❸

俄罗斯2021年的出口同比增长45.7%，达到4933亿美元，这是由于2020年的疫情原因导致基数较低。俄罗斯进口增长26.5%，达到2961亿美元。2021

---

❶ 俄罗斯联邦消费者权益保护和公益监督局网站 http：//www.rospotrebnadzor.ru/.
❷ 俄罗斯联邦卫生部网站 http：//www.rosminzdrav.ru/.
❸ Открытый журнал, Внешняя торговля России, итоги 2021 года [J/OL]. [2022-12-30]. https：//journal.open-broker.ru/research/vneshnyaya-torgovlya-rossii-itogi-2021-goda/?ysclid=lbkrh7bbe9728721873.

年，俄罗斯对外贸易顺差达到1972亿美元。❶

俄罗斯出口商品结构以资源型产品为主，矿产品出口常年占出口商品总额的50%以上（2021年为57.40%），体现了俄罗斯资源大国的贸易特征。这种情形一方面帮助俄罗斯在资源产品的出口上具有议价优势；但另一方面，一旦国际经济环境恶化，会导致资源性商品价格猛跌，对俄罗斯经济产生冲击。俄罗斯联邦的进口商品结构中，最大的进口份额种类是机械和设备商品（主要是工业设备、建筑设备、计算机和电气设备及零部件等，2021年进口额占总进口额的31%）；其次是化学类商品（主要是药品、塑料、有机物、香水、化妆品等，2021年进口额占总进口额的12%）；再次是运输工具（主要是铁路、公路和航空运输设备和零部件，2021年进口额占总进口额的11%），三者相加占进口商品总额的50%以上。❷

俄罗斯的贸易结构让人不解。因为俄罗斯继承了苏联工业的绝大部分遗产，因此，俄罗斯自立国始就是拥有高度发达工业基础的强国。然而现实是自苏联解体以来，俄罗斯经历了一个去工业化的过程，阻碍了国家创新能力的发展，制造业部门投资不足，发展缓慢，技术进步滞后。从20世纪90年代后期开始，俄罗斯工业产品在国际市场上逐渐失去了竞争力。

目前，重工业在俄罗斯经济中仍然发挥着重要作用，但是许多工业设备尤其是对能源产业发展起着决定性作用的技术设备都要从国外进口。至于轻工业更是落后，一方面，苏联经济体制"重重工、轻轻工"的理念始终难以扭转，导致俄罗斯轻工业产品质量差、产品款式陈旧；另一方面，轻工业产品大多数是劳动密集型商品，也与俄罗斯的生产要素禀赋不相符，因而俄罗斯的轻工业产品在国际市场上缺乏竞争力。食品类商品近些年进口额大增，原因是俄罗斯居民生活水平提高，对高品质食品需求大为增加，但俄罗斯是粮食大国，不是渔业和畜牧业大国。高蛋白食品如鱼、肉、奶、水果等本国产量难以满足民众需求，必须动用大量外汇进口。

---

❶ Открытый журнал, Внешняя торговля России, итоги 2021 года [J/OL]．[2022-12-30]．https：//journal.open-broker.ru/research/vneshnyaya-torgovlya-rossii-itogi-2021-goda/? ysclid=lbkrh7bbe9728721873．

❷ Итоги внешней торговли России Аналитика за 2021года [DB/OL]．[2022-12-30]．https：//ru-stat.com/analytics/9114? ysclid=lbkrhcgmnc525687960．

(三) 俄罗斯对外贸易伙伴的分布

俄罗斯的对外贸易伙伴，首先是欧盟，占俄罗斯对外贸易额的36%；其后依次为APEC国家，占俄罗斯对外贸易额的33.3%；独联体国家，占俄罗斯对外贸易额的12.2%。❶

从具体贸易伙伴看，俄罗斯的贸易伙伴分布于五大洲的100多个国家和地区。欧洲主要的贸易伙伴有德国、荷兰、意大利、法国、波兰、英国；亚洲主要的贸易伙伴有中国、印度、土耳其、韩国、日本；美洲的贸易伙伴主要有美国、加拿大、墨西哥和巴西；独联体国家的贸易伙伴有白俄罗斯、哈萨克斯坦、乌兹别克斯坦；非洲的贸易伙伴有埃及和阿尔及利亚。俄罗斯第一大贸易伙伴是中国。得益于中俄良好的政治关系以及中国制造业水平的不断提高，2010年至今，中国一直是俄罗斯最大贸易伙伴。2021年，俄中贸易额占俄罗斯对外总贸易额的17%。俄罗斯第二大贸易伙伴是德国，占其对外贸易额的7.3%。俄罗斯第三大贸易伙伴是荷兰，占其对外贸易额的6%。白俄罗斯是俄罗斯第四大贸易伙伴，占其对外贸易额的5%。美国是俄罗斯的第五大贸易伙伴，占对外贸易额的4.4%。❷

(四) 俄罗斯对外投资现状

根据世界最大的审计和咨询公司安永公司的年度投资报告，2001—2020年，俄罗斯直接投资流入量占世界比重由0.36%提高至0.97%，流出量占世界比重由0.37%提高至0.85%，表明俄罗斯在世界投资版图中的地位不断提高。2020年，俄罗斯在欧洲吸引外国直接投资项目数量方面排名第11位。外国投资了141个俄罗斯项目，低于2019年的191个项目（见图1-1），主要原因是新冠疫情影响。2001—2020年，俄罗斯直接投资内存量由505.44亿美元增长为4 466.56亿美元，外存量由432.54亿美元增长为3 796.37亿美元，表明国际投

---

❶ Открытый журнал, Внешняя торговля России, итоги 2021 года [J/OL]. [2022-12-30]. https://journal.open-broker.ru/research/vneshnyaya-torgovlya-rossii-itogi-2021-goda/?ysclid=lcdajrb75m533120976.

❷ Открытый журнал, Внешняя торговля России, итоги 2021 года [J/OL]. [2022-12-30]. https://journal.open-broker.ru/research/vneshnyaya-torgovlya-rossii-itogi-2021-goda/?ysclid=lbkrh7bbe9728721873.

资者对俄罗斯经济发展前景看好。❶

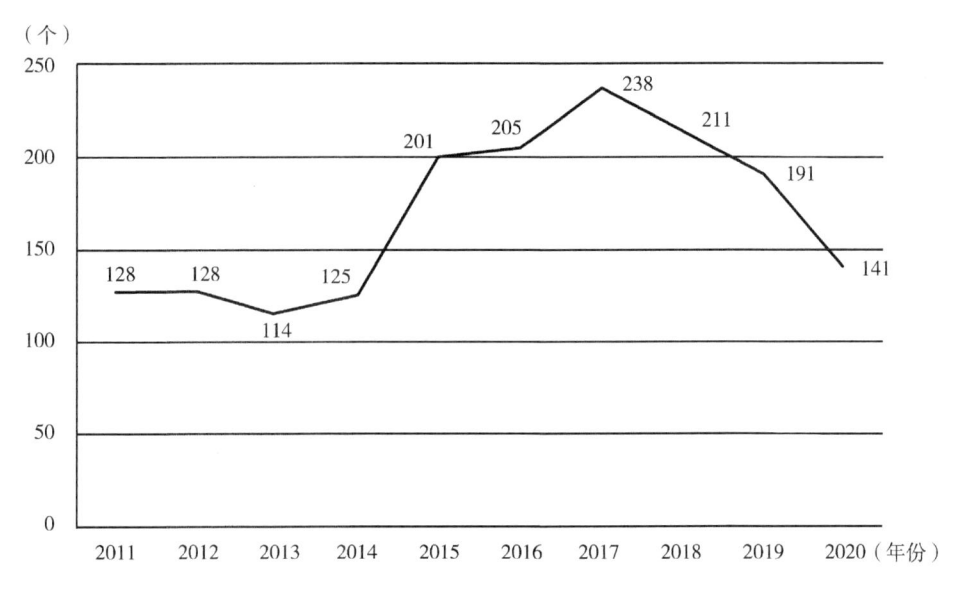

图 1-1　2011—2020 年外国在俄罗斯直接投资项目总数

资料来源：Рис. 2. Источник：EY European Investment Monitor 2020 [J/OL]. [2022-12-30]. https：//journal. openbroker. ru/research/snizhenie-inostrannyh-investiciy-v-rf/? ysclid=lcde7lb16a82442157.

俄罗斯主要的外资来源国家是德国、中国和美国。2020 年，德国投资了 26 个俄罗斯项目，主要投资于农业食品部门；中国投资了 15 个俄罗斯项目，主要领域是电子、软件和 IT 服务等高科技领域；美国投资了 15 个俄罗斯项目。❷

尽管受到西方制裁和复杂地缘政治的影响，俄罗斯吸引外资额在下降，但俄罗斯仍然是世界上对外资最具有吸引力的国家之一。一个重要原因是俄罗斯拥有丰厚的石油和天然气收入，因此俄罗斯是世界上公共债务水平最低的国家

---

❶　Открытый журнал, Россия становится менее привлекательной для зарубежных инвесторов？[J/OL]. [2022-12-30]. https：//journal. open-broker. ru/research/snizhenie-inostrannyh-investiciy-v-rf/? ysclid=lcde7lb16a82442157.

❷　Открытый журнал, Россия становится менее привлекательной для зарубежных инвесторов. [J/OL]. [2022-12-30]. https：//journal. open-broker. ru/research/snizhenie-inostrannyh-investiciy-v-rf/? ysclid=lbktnfatf1947078462.

之一。公共债务占 GDP 的比例直接影响一国投资项目融资的风险水平，决定了该国在全球最具吸引力的投资国家中的排名。俄罗斯最吸引外资的行业主要是能源领域、农业领域和高科技领域，近年来俄罗斯在这些领域吸引了大量外资。❶

俄罗斯对外资最有吸引力的地区是莫斯科。根据俄罗斯银行的数据，截至 2019 年 7 月 1 日，莫斯科累计吸引外国直接投资为 2 476 亿美元，占俄罗斯所吸引的外国直接投资的一半。❷

俄罗斯对外投资额由 2011 年的 25.02 亿美元上升到 2020 年的 63.11 亿美元，表明俄罗斯对外投资的能力和水平增强。俄罗斯资本的流向地是塞浦路斯、荷兰、维尔京群岛，这些国家和地区也是外国投资流入俄罗斯的主要来源地。❸

独联体国家在俄罗斯对外投资中的份额名义上仅为 5%～6%，但实质上俄罗斯的对外投资很大一部分流向独联体国家。❹

三、俄罗斯对外贸易和投资的相关政策与法规

（一）俄罗斯对外贸易政策

"对外贸易政策是一国或地区在其社会经济发展战略的总目标下，运用经济、法律和行政手段，对对外贸易活动进行的有组织的管理和调节行为。它是一国对外经济政策和政治关系的总和，为经济发展服务，并随着国内外的经济基础、经济条件和政治关系的变化而变化。"❺ 俄罗斯非常重视对外贸易的发展，

---

❶ Открытый журнал, Россия становится менее привлекательной для зарубежных инвесторов？［J/OL］.［2022-12-30］. https：//journal. open-broker. ru/research/snizhenie-inostrannyh-investiciy-v-rf/? ysclid=lbktnfatf1947078462.

❷ Открытый журнал, Россия становится менее привлекательной для зарубежных инвесторов？［J/OL］.［2022-12-30］. https：//journal. open-broker. ru/research/snizhenie-inostrannyh-investiciy-v-rf/? ysclid=lbktnfatf1947078462.

❸ Открытый журнал, Россия становится менее привлекательной для зарубежных инвесторов？［J/OL］.［2022-12-30］. https：//journal. open-broker. ru/research/snizhenie-inostrannyh-investiciy-v-rf/? ysclid=lbktnfatf1947078462.

❹ Российский рынок, Куда утекает российский капитал［J/OL］.［2022-12-30］. https：//bcs-express. ru/novosti-i-analitika/kuda-utekaet-rossiiskii-kapital? ysclid=lbkv16dn65-119333293.

❺ 郭晓琼. 俄罗斯对外贸易发展：形势、政策与前景［J］. 俄罗斯学刊, 2021 (4)：116.

苏联解体后,俄罗斯为了建立市场经济体制,适应经济全球化的发展趋势,颁布了一系列政策和法令,以加强对外贸易。

1. 俄罗斯对外贸易主要政策与措施

第一,积极鼓励非资源类商品出口。具体措施包括:建立有利的监管环境;支持非资源类商品生产企业进入外国市场,帮助此类商品生产商获得进入国际市场的产品认证;为非资源类商品出口提供金融工具;为将农产品推向国外市场,俄罗斯农业部建立外国销售网,并根据国际贸易标准制定动植物检疫标准;支持农业基础设施现代化,对农业企业发放补贴,增强农产品国际竞争力;建立俄罗斯出口中心,满足出口商在产品出口各个阶段的需求,与联邦政府、地区政府、行业协会及商业组织密切联系,为出口商提供咨询服务,组织商业代表团进行考察等。❶ 俄罗斯希望通过改善出口商品结构,配合产业政策,加大对非能源和非原材料商品出口的支持力度,逐步摆脱经济对资源出口的依赖。❷

第二,创建"一站式"信息服务系统。俄罗斯在出口中心数字平台的基础上,创建"一站式"信息服务系统,为俄罗斯出口商提供在线服务,简化办事程序,缩短申请的审核时间。包括获得国家补贴的登记注册、报关、零增值税的确认等,还可从11个政府机构获得40项电子信息。企业可远程申请许可证等。❸ "一站式"信息服务系统使中小出口企业摆脱大量烦琐纸质文件的束缚,不必浪费时间与各种公务人员进行交涉,可以轻松地与提供出口服务的各个政府机构和组织进行电子通信。无论出口企业申请的业务涉及几个政府部门,在该系统中都可以查看各个阶段的业务流程。❹

2. 关税与非关税政策的调整

对外贸易政策主要通过关税措施、非关税措施及出口管理措施等来具体实施。在关税政策方面,俄罗斯政府的出口关税近些年逐步降低,主要是为了配合其申请加入世界贸易组织以及应对经济全球化发展的需要。在非关税措施方

---

❶ 郭晓琼. 俄罗斯对外贸易发展:形势、政策与前景 [J]. 俄罗斯学刊,2021 (4):117.

❷ 孙壮志,李中海,张昊琦. 俄罗斯黄皮书:俄罗斯发展报告(2020)[M]. 北京:社会科学文献出版社,2020:190.

❸ Распоряжение от 16 ноября 2020 года № 3001-р [DB/OL]. [2022-12-30]. http://government.ru/news/40924/.

❹ 郭晓琼. 俄罗斯对外贸易发展:形势、政策与前景 [J]. 俄罗斯学刊,2021 (4):117.

面，俄政府通过实行出口禁令、出口配额、进口配额、反倾销措施来保护本国的弱势产业。例如，目前欧亚经济联盟正在实施的保护内部市场的措施共有 21 项，其中，20 项为反倾销措施，1 项为针对所有非联盟成员国的特别保护措施。❶

3. 积极提高海关行政管理效率，加快清关速度

为提高海关行政管理效率，保障对外贸易的安全性与连续性，俄罗斯政府于 2020 年 5 月 23 日签署第 1388 号政府令，批准《2030 年前俄罗斯联邦海关发展战略》，包括建立综合信息系统、发展数字平台、提高海关的执法效率、加强海关领域的国际合作、快速准确地检查货物并取得检查结果、加强海关基础设施建设、杜绝腐败等。❷ 这些措施陆续在现实工作中加以执行，已经逐步取得成效。

（二）俄罗斯对外投资相关法律

俄罗斯通过制定各种法律来吸引外国投资以发展本国经济。最主要的一部关于涉外投资的法律是 1999 年颁布的《俄罗斯联邦外国投资法》。该法律在 1999—2018 年修改了 10 次，为外国投资者在俄罗斯进行直接投资活动提供了基本保障。主要包括：财产不被国有化征用，被国有化或征收时给予赔偿；不因俄罗斯联邦法律变更而受到不利影响；保障外国投资者依法使用其外汇收入、利润及其他合法所得款项等。2018 年以来，为了鼓励企业将超额利润投入俄罗斯经济中，俄罗斯财政部又起草了一部支持私人投资的《保护和鼓励在俄罗斯联邦投资法》。该法案鼓励企业签署一份保护和鼓励投资的协议，企业根据该协议将避免法律变更的风险，取得减免税收的权利。但是，在鼓励和吸引外国直接投资的同时，为了保护国家利益和保障国家安全，俄罗斯政府也制定了不少限制措施：《俄罗斯竞争法》中规制外资的反垄断行为和不正当竞争行为；《俄

---

❶ изменений в ставки вывозных таможенных пошлин на товары, вывозимые из Российской Федерации за пределы государств-участников соглашений о Таможенном союзе [DB/OL]. [2022-12-30]. http：//government.ru/docs/all/132196/b.

❷ Министерство экономического развития Российской Федерации. Правительство утвердило Стратегию развития таможенной службы до 2030 год [EB/OL]. [2022-12-30]. https：//www.economy.gov.ru/material/directions/vneshneekonomicheskaya_deyatelnost/tamozhenno_tarifnoe_regulirovanie/materials.html.

联邦关于外资进入对保障国防和国家安全具有战略意义的公司的程序法》制定了类似中国自贸区的负面清单制度，对保障国防和国家安全具有战略意义的共计 50 种行业进行了限制；《矿产法》限制了外国资本进行矿业开发的范围和程度。❶

总体来看，俄罗斯在涉外经济领域的法律从立法到执法都存在一些问题。首先，俄罗斯对外贸易法律制度不够完备。一些重要的与涉外经济活动相关的法律和法规没有立法或正在立法之中。其次，俄罗斯对外贸易法律制度在执法方面的规定不够具体，导致现有的一些涉外法律内容因为缺乏可操作性而无法执行，并因此为执法机关提供了上下其手的机会，导致贪污腐败行为时有发生。最后，俄罗斯涉外经济法律法规与国际通用法律规则差距较大，因而在现实中屡屡受到外商质疑和不满。

---

❶ 范婧昭. 俄罗斯投资法律制度和投资风险防范研究［J］. 上海政法学院学报，2019(2)：14-15.

第二章 俄罗斯与中国的贸易和投资关系

进入 21 世纪以来，中俄在政治、经济等各个领域的关系不断加深，2014年，中、俄两国共同签署《关于全面战略协作伙伴关系新阶段的联合声明》，从而宣告两国全面战略协作伙伴关系正式形成，这对于中俄在贸易、投资多领域的经济合作是一个强有力的战略保障。

第一节 俄罗斯与中国的贸易关系

一、俄罗斯与中国的贸易概况

2010 年以来，俄罗斯与中国进出口贸易总额大体呈波动上升趋势。2010—2021 年，俄罗斯与中国进出口贸易总额由 587.44 亿美元增长到 1 413.72 亿美元。2021 年，中国在俄罗斯对外贸易额中的份额为 17.92%。就 2021 年俄罗斯贸易额的份额而言，中国排名第一。2021 年，中国在俄罗斯出口贸易中的份额为 13.84%，在俄罗斯出口国中排名第一。2021 年，中国在俄罗斯进口贸易中的份额为 24.77%，在俄罗斯进口国中排名第一。[1]

如表 2-1 所示，与 2010 年相比，2011 年中俄贸易额年增长率超过 40%，2015 年因为俄罗斯陷入国内经济危机，该年中俄贸易额与上一年相比下降了 28.02%。2016—2019 年，中俄贸易每年都有明显增长。2018 年，中俄贸易额首次突破 1 000 亿美元，贸易规模总额达到 1 082.38 亿美元；2019 年，中俄贸易额继续上升到 1 114.63 亿美元；2020 年，由于新冠疫情的影响，中俄之间的贸易

---

[1] Обзоры внешней торговли России [DB/OL]. [2022-12-30]. https://russian-trade.com/reports-and-reviews/2022-02/torgovlya-mezhdu-rossiey-i-kitaem-v-2021-g/?ysclid=lcy-la83pos667238674.

额同比下降6.64%，为1 040.59亿美元；2021年，中俄贸易额又迅速上升到1 413.72亿美元，同比增长35.86%。

表2-1 2010—2021年俄罗斯与中国进出口贸易额

单位：亿美元

年份	进口额	出口额	贸易总额
2010	389.61	197.83	587.44
2011	480.38	346.92	827.30
2012	517.68	357.67	875.35
2013	531.73	356.25	887.98
2014	508.53	374.15	882.68
2015	351.99	283.35	635.34
2016	463.32	299.53	762.85
2017	569.50	416.71	986.21
2018	522.18	560.20	1 082.38
2019	541.42	573.21	1 114.63
2020	549.13	491.46	1 040.59
2021	726.93	686.79	1 413.72

数据来源：中国商务部网站 www.mofcom.gov.cn.

从相对数值看，中俄贸易额在双方对外贸易总额中的占比均有所上升。2010—2021年，俄罗斯对中国的出口额由197.83亿美元增长到686.79亿美元。俄罗斯对中国出口额在俄罗斯出口贸易中的比重由2010年的5.09%上升为2021年的13.84%，说明中国市场对俄罗斯出口贸易的重要性持续提高。俄罗斯自中国进口额在俄罗斯进口贸易总额中的占比则由2010年的2.80%上升为2021年的24.77%，说明俄罗斯对中国商品的依赖性显著提高。

与之相比，中国自俄罗斯进口额在中国进口贸易中的占比由2010年的2.56%上升为2021年的2.91%，说明中国对俄罗斯商品的依赖程度没有显著变化。中国对俄罗斯出口额在中国出口贸易总额中的占比由2000年的0.90%上升为2021年的1.96%，表明俄罗斯市场对中国出口贸易重要性提高，但提升程度有限。

对表2-1做进一步分析，可以看出俄罗斯对于国际能源市场价格的变动要比中国敏感许多。因此，当国际政治和经济局势出现大幅变化时，往往国际能源价格也会出现显著变化，导致中国与俄罗斯的进出口额出现剧烈波动。中俄贸易波动最大的年份是2014—2015年。由于全球经济低迷、国际油价急剧下跌，从2015年6月的每桶110美元左右跌至年底的不到60美元。俄罗斯卢布贬值，陷入经济危机，再加上美西方制裁，俄罗斯国内企业利润下降，投资项目中断，通货膨胀率高达15%，能源部门和金融部门遭受沉重打击，俄罗斯经济出现严重衰退。2015年，俄罗斯GDP增长率为-3.8%，创2008年金融危机以来的新低。经常账户盈余在GDP中占比降至5%，外部债务则攀升至4 960亿美元。❶

2015年，中俄进出口贸易总额由2014年的882.68亿美元降至635.34亿美元，同比下降28.02%。该年俄罗斯对中国进口额由2014年的508.53亿美元降至351.99亿美元，降幅达30.78%；俄罗斯对中国出口额由2014年的374.15亿美元降至283.35亿美元，同比减少24.27%。中国和俄罗斯之间的双边贸易总额减少的情况比2008年世界金融危机时还要严重。

从两国进出口贸易差额看，2010年以来，俄罗斯与中国贸易顺逆差出现的频率大致持平。2016年和2017年，俄罗斯对中国贸易逆差超过150亿美元，2018年和2019年俄罗斯对中国贸易转为顺差。2020年和2021年，俄罗斯对中国贸易又转为逆差，但是逆差额度没有超过60亿美元。

二、俄罗斯与中国的贸易结构评析

贸易结构可以按照贸易产品种类和贸易产品技术等级两个角度进行分析。按照国际贸易通用的SITC统计标准，货物贸易种类分为10个大类。分别是：SITC0类（食品及主要供食用的活动物）、SITC1类（饮料及烟类）、SITC2类（燃料以外的非食用粗原料）、SITC3类（矿物燃料、润滑油及有关原料）、SITC4类（动植物油脂及油脂）、SITC5类（未列名化学品及有关产品）、SITC6类（主要按原料分类的制成品）、SITC7类（机械及运输设备）、SITC8类（杂项制品）以及SITC9类（没有分类的其他商品）。根据产品生产技术水平的差异，可将贸易产品按技术等级高低进行归类。其中SITC0类至SITC4类贸易产品

---

❶ "Country Report: Russia, December 2015," Economist Intelligence Unit, December 2015 [DB/OL]. [2022-12-30]. http://www.eiu.com/File Handler.ashx? issue_id = 779641863&mode = pdf.

为初级产品和自然资源密集型产品，SITC5 类至 SITC9 类贸易产品为工业制成品。在工业制成品中 SITC6 类和 SITC8 类属于劳动密集型产品，SITC5 类和 SITC7 类被归类为资本和技术密集型产品。2010—2021 年俄罗斯与中国进出口贸易产品的种类分布对比情况如表 2-2 所示。

表 2-2　2010—2021 年俄罗斯与中国贸易结构

单位：亿美元

年份	类型	SITC0	SITC1	SITC2	SITC3	SITC4	SITC5	SITC6	SITC7	SITC8	SITC9
2010	进口	12.15	0.57	1.72	1.56	0.01	18.88	59.22	186.52	107.83	1.11
	出口	9.44	0.017	41.40	102.71	0.0001	21.23	7.94	9.99	1.04	4.02
2011	进口	15.55	0.74	2.43	2.05	0.028	24.59	75.80	238.71	120.45	0.001
	出口	9.58	0.02	63.35	227.36	0.003	26.30	6.64	7.84	0.86	4.92
2012	进口	14.67	0.61	2.41	1.63	0.035	26.92	80.15	264.03	127.15	0.028
	出口	9.91	0.02	52.25	248.96	0.025	26.93	5.10	11.21	0.75	2.46
2013	进口	15.79	0.48	2.24	1.17	0.030	28.57	80.12	267.68	135.59	0.024
	出口	10.74	0.20	49.78	251.77	0.072	18.97	5.67	14.57	1.06	3.38
2014	进口	17.87	0.53	2.37	0.19	0.046	30.87	75.03	257.70	123.88	0.0009
	出口	10.10	0.26	44.64	277.54	0.15	17.68	5.18	17.03	1.51	—
2015	进口	14.31	0.55	1.89	0.72	0.034	24.55	47.83	184.68	77.39	—
	出口	11.27	0.27	39.97	189.02	0.90	15.67	5.51	18.68	2.02	—
2016	进口	15.12	0.52	1.92	0.46	0.0428	26.94	48.15	283.41	86.69	0.028
	出口	12.58	0.36	44.63	189.61	1.70	17.08	4.14	19.61	3.63	6.14
2017	进口	16.67	0.41	2.23	0.80	0.044	31.78	61.23	343.37	112.90	0.027
	出口	13.01	0.40	55.73	272.14	2.40	17.93	8.83	28.52	3.00	14.72
2018	进口	17.28	0.55	3.07	1.32	0.063	38.26	71.79	286.84	102.94	0.021
	出口	17.60	0.41	65.52	412.26	3.66	12.61	16.92	17.80	2.38	10.99
2019	进口	15.54	0.42	3.07	1.78	0.052	40.89	76.98	296.90	105.74	0.019
	出口	21.59	0.43	65.35	400.66	5.97	14.52	19.91	26.33	3.87	14.53
2020	进口	12.06	0.55	2.74	0.39	0.038	43.39	75.82	308.03	104.75	1.33
	出口	22.45	0.25	70.29	291.30	10.79	15.74	35.69	19.60	4.55	20.75
2021	进口	12.40	0.46	2.89	0.42	0.065	59.51	95.90	422.72	129.40	3.12
	出口	18.33	0.34	88.45	456.93	9.39	18.97	46.23	20.90	3.46	23.73

数据来源：联合国商品贸易统计数据库 https：//comtradeplus.un.org/.

由表 2-2 对 2010—2021 年俄罗斯与中国之间的贸易结构变化进行全面对比

分析，可以看出 2010—2021 年俄罗斯与中国贸易结构总体比较稳定，但是某些种类的进出口额及比重逐渐发生变化。

SITC0 类商品（该类商品主要是鱼类和甲壳类、软体动物和其他水生无脊椎动物以及谷物等）在俄罗斯与中国的贸易额中所占比重由 2010 年的 3.68% 下降为 2021 年的 2.17%。2017 年之前，俄罗斯从中国的食品类进口要大于出口，但是自 2018 年开始，俄罗斯 SITC0 类产品对中国出口开始超过进口，且贸易顺差逐年扩大，2021 年达到 5.93 亿美元。❶ 贸易顺差的根源在于随着经济不断发展，中国民众生活水平相应提高，对食品的安全与品位有了更高的标准。因此，俄罗斯在肉类、海鲜类、豆类、植物油等食品领域对中国出口都大幅增长。

SITC1 类商品（该类商品主要是饮料及烟类）所占俄罗斯与中国贸易比重由 2010 年的 0.10% 下降为 2021 年的 0.06%，俄罗斯此类商品对中国无论是出口还是进口，贸易额一直很小。因为俄罗斯和中国在对方的饮料市场都缺乏有影响力的品牌。至于烟草业，俄罗斯由于纬度太高，并不适合烟叶生长，因此俄罗斯的烟叶种植数量很少，无法满足日益发展的卷烟生产需求，因此出口量不大，烟叶主要依赖进口。由于中国进入俄罗斯烟草市场晚及烟叶不适合俄罗斯民众的口味，在俄罗斯烟草市场所占比重始终不大。

SITC2 类商品（该类商品主要是金属及其制品）在俄罗斯与中国贸易占比由 2010 年的 7.34% 下降为 2021 年的 6.46%，其中俄罗斯对华出口显著上升，由 2010 年的 41.40 亿美元上升到 2021 年的 88.45 亿美元，中国对俄罗斯的此类商品出口则数额较小。主要原因是中国的制造业近些年持续发展，对此类原料的需求急剧上升。SITC2 类商品出口额在俄罗斯总出口额中的占比却有所下降，由 20.92% 下降至 11.40%，因为俄罗斯其他类别商品的对中国出口额增长更快。

SITC3 类商品（该类商品主要是石油、天然气和煤炭等）2010—2021 年一直在俄罗斯对中国贸易出口中占据主体地位。2010 年 SITC3 类商品占俄罗斯对中国出口总额的比重为 51.92%，2021 年急剧上升到 66.53%。该类商品对中国贸易顺差由 2010 年的 101.15 亿美元上升到 2021 年的 456.51 亿美元。2021 年中俄贸易之所以达到 35.86% 的高增长率，主要就是因为世界能源价格上涨和俄罗

---

❶ 2021 年与 2020 年相比，俄罗斯对华食品类出口下降。其主要原因是由于疫情，中国加强对外国农产品的检疫。中国从俄罗斯进口鱼类和海产品的总量从 2020 年的 16 亿美元下降到 2021 年的 11 亿美元。

斯对中国能源出口急剧增加。

SITC4类商品（该类商品主要是动物或植物来源的脂肪和油及其分解产品、食用脂肪等）2010—2021年在总贸易额中占比由0.002%上升为0.669%。在俄罗斯对华贸易中的比重始终不大。2015年之前，无论是俄罗斯对华出口还是从中国进口，其额度都不超过1亿美元，2016年之后，由于中国国内食品业的发展，以及国内民众生活品质要求的不断提高，俄罗斯SITC4类商品对华出口额逐年上升，2021年俄罗斯此类商品对中国顺差为9.325亿美元。

SITC5类商品（该类商品主要包括有机与无机化学产品、药物、化肥等）2010—2021年在俄罗斯与中国贸易额中的占比由6.83%下降为5.55%，其中2010—2012年，俄罗斯对中国出口额要略微大于进口额。2013年之后，俄罗斯从中国进口额逐年增加，2021年已经达到59.51亿美元，而俄罗斯对中国同类产品出口始终保持在12亿~19亿美元。俄罗斯该类商品对中国出口由2010年的2.35亿美元顺差转变为2021年40.54亿美元逆差。

SITC6类商品（该类产品主要是家具、床上用品、灯具和照明设备等劳动密集型工业制成品）2010—2021年在俄罗斯与中国贸易额中的占比由11.43%下降为10.05%。在俄罗斯自中国进口的商品中，SITC6类一直属于第三大类进口商品。2021年，俄罗斯与中国在SITC6类商品的贸易逆差达到49.67亿美元。

SITC7类商品（该类商品主要包括电机和设备及其零件、自动数据处理设备及零部件、汽车及零配件、智能手机及零部件、平板电脑及零部件等）在2010—2021年一直占据俄罗斯从中国进口商品的主体地位。除了2015年，因为国际局势和俄罗斯自身经济问题导致此类商品俄罗斯从中国进口额大幅下降之外，大多数年份俄罗斯此类商品的进口额都在上升，2021年较之于2020年增加114.69亿美元，其在进口额中占比由56.09%上升为58.15%，相比之下，俄罗斯对华SITC7类产品的出口额较小，出口额最多的2017年也只有28.52亿美元，不足当年中国对俄罗斯同类产品出口量的1/10。2021年，俄罗斯此类商品对华贸易逆差达到401.82亿美元。中国SITC7类产品的出口额已经赶超传统的机械制造大国德国对俄罗斯的出口额，反映出中国近些年产业结构升级取得可喜进展，中国对俄罗斯的机械类产品的出口质量和数量都有了明显的提升，这对于未来中俄贸易额的持续稳定增长有着相当的积极作用。

SITC8类商品（该类商品主要是纺织品服装、鞋帽、塑料及其制品、竹木制品、农副食品加工制品等）主要是初级工业制成品。在俄罗斯与中国总贸易额的占比由 2021 年的 18.53% 下降为 2021 年的 9.40%。SITC8 类商品一向是俄罗斯从中国进口的重要种类。绝大多数年份俄罗斯从中国进口额都在 100 亿美元以上。相比之下，俄罗斯在此类商品上出口额很少，对中国出口额每年只有几亿美元。2021 年俄罗斯在 SITC8 类的产品对中国贸易逆差为 125.94 亿美元。

SITC9 类（该类商品主要是宝石等）在俄罗斯与中国的贸易比重占比由 2010 年的 0.87% 上升至 2021 年的 1.90%。SITC9 类商品是俄罗斯对华贸易出口的新亮点。2021 年俄罗斯此类产品对中国出口由 2010 年的 4.02 亿美元上升到 23.73 亿美元。2021 年对中国贸易顺差额达到 20.61 亿美元。该类商品出口增加与中国民众生活品质提高对此类商品需求增加有着密切关系。

通过对俄罗斯与中国贸易结构的分析，可以看到俄罗斯对中国出口商品主要集中在 SITC2 类、SITC3 类以及 SITC5 类商品，三类商品相加基本占到俄罗斯对中国出口的 85%~90%；俄罗斯自中国进口商品主要集中在 SITC6 类、SITC7 类和 SITC8 类商品，三类商品相加基本占俄罗斯从中国进口的 90% 左右。

从贸易商品技术等级的角度来看，俄罗斯对中国的出口一直以初级产品和资源型产品为主，工业制成品所占比重有所下降。2010—2021 年，俄罗斯对中国出口的商品中初级产品和资源型产品的比重由 73.57% 上升至 86.19%，对华工业制成品的出口比重则从 22.62% 下降至 13.81%。在出口的工业制成品中，劳动密集型产品的比重为 5.83% 下降至 4.52%，资本技术密集型产品的比重由 64.71% 上升至 72.43%。俄罗斯从中国的进口商品中初级产品比重由 4.77% 下降至 3.86%，工业制成品的比重则由 95.22% 上升至 96.14%。在工业制成品中，劳动密集型产品的比重由 15.05% 下降至 14.23%，资本技术密集型产品的比重由 5.45% 上升至 7.88%。

三、俄罗斯与中国贸易存在的问题

1. 贸易结构还有待进一步优化

俄罗斯与中国之间的贸易发展迅猛，但是俄罗斯与中国的贸易结构还存在失衡的问题，贸易结构还不是十分合理。主要的问题是中间产品贸易少。"从世界整体来看，目前货物贸易中 70% 是中间产品贸易，30% 是制成品，而中俄间贸易结构正好相反。"❶ 对两国而言，不可或缺的高附加值的工业制成品虽然增长迅速，但是比例还是偏低。中国对俄罗斯高附加值商品的出口比例不到10%，而俄罗斯对中国高附加值商品的出口额则更少，不足其对中国出口额的5%。根据国际贸易经典理论，国家间要素禀赋差异决定了出口商品的比较优势，因此，一个国家或地区的产品竞争力取决于该国家或地区的要素禀赋和技术水平。如果一个国家或地区具有一定的生产要素，这种生产要素生产的产品往往具有较高的国际竞争力，也就是说一个国家的贸易结构取决于该国的产业结构。例如，中国拥有丰富的高质量廉价劳动力，因而中国对俄罗斯的出口大类是劳动密集型产品。即使是2021年，中国与俄罗斯贸易中劳动密集型产品的出口比例仍然较大，占出口总额的1/7左右。俄罗斯拥有丰富的自然资源，加上中国市场对自然资源的需求量巨大，因此俄罗斯出口到中国的产品主要是石油、天然气等能源产品。当前，随着中国经济发展水平的提高，人力成本上升，一些劳动密集型产业已经开始向劳动力成本比中国低的国家和地区转移。由于劳动密集型商品在国际市场上属于竞争充分，可替代性强的商品，所以中国对俄出口贸易中劳动密集型商品比例高的情况不迅速改变的话，未来俄罗斯对中国劳动密集型商品的需求在他国有力竞争背景下会锐减。

对于俄罗斯而言，其隐忧更大。从中俄商品贸易结构表中可以看出，俄罗斯从中国进口的机械类商品金额要远远大于向中国出口额。有学者研究表明，2012—2016年俄罗斯机械设备生产行业的主要绩效指标在全面恶化。❷ 其结果是俄罗斯向中国出口商品种类以资源类商品为主。危险在于只要资源性商品价格出现变动，就会影响中国与俄罗斯的贸易合作，从而对中俄两国的贸易产生明显的负面影响。正如2014年国际油价持续下跌，直接导致俄罗斯国内产生严重的经济危机。虽然中国仍极力以比较稳定的价格从俄罗斯购买原油和天然气，却无法改变能源价格剧烈波动对中俄贸易的冲击和影响，因此，中国和俄罗斯以初级产品和劳动密集型产品为主的贸易结构是中俄两国之间贸易关系进一步

---

❶ 杨文兰，陈迁影. 加快推进中俄经贸高质量发展：基于产业链构建视角［J］. 国际贸易，2020（2）：76.

❷ И. А. Совик, Основные Тенденции Российского Производства Машини Оборудования ［J/OL］.［2022-12-30］. https://cyberleninka.ru/article/n/osnovnye-tendentsii-rossiyskogo-proizvodstva-mashin-i-oborudovaniya?ysclid=lcyowg5j9d304267581.

扩张的制约性因素。

当前中国和俄罗斯都希望改变这一不尽合理的贸易结构，其中主要的举措就是努力提高本国高附加值商品的出口比例。但是，仅依靠自己的力量显然不够，为此中国和俄罗斯都期盼加强高科技领域的合作，推动各自国内产业结构的升级。尤其是当前美西方对中国和俄罗斯的打压与制裁，大大增加了这种合作的紧迫性。中国和俄罗斯在科研领域合作的主要模式是俄罗斯科研机构根据中国客户的需求进行技术研发，并将完成的研究成果转交给中国客户，中国公司可以将成果转化为现实产品。从现实情况看，虽然双方在高科技领域合作有巨大的潜力和需求，但是这种潜力还远远没有得到充分发挥。例如，中国与俄罗斯在科技领域的合作仅占中国和美国在科技领域合作的1/7。这和中俄两国的现实需求是不相符的。

2. 汇率结算制度落后，资金融通发展受限

由于中国与俄罗斯之间的贸易结算仍然是以美元为主，因此美元汇率的变化不仅会影响两国企业的生产成本和利润，而且对两国贸易外汇结算的影响十分明显，此外，美元汇率波动也会导致国际其他货币如欧元、英镑和日元的汇率风险。因此，货币结算问题影响两国的跨国贸易和投资合作的正常开展。对此，两国开展了以本国货币作为开展双边贸易的结算货币。2005年年初，两国金融部门就建立本地货币结算账户达成相互协议，分别设立人民币和卢布结算账户，可以直接使用人民币或卢布结算。到2018年，开办跨境人民币业务的中国商业银行已达8家。随着中俄经贸合作的发展，双方货币现金需求不断增加。2018年，黑龙江省完成1 000万卢布现钞跨境调入业务，成功实现卢布现钞跨境调运。人民币现钞通过东宁口岸"门对门"式调运，打破了过去现钞调运"舍近求远"的局面，提高了调运效率。❶

然而"纵观中俄金融合作，与现实的要求还有很大的差距，尤其在落实两国金融委员会达成的协议方面显得力不从心，两国签署了一系列的合作协议和规划，但落到实处的不多，尤其在金融领域合作更是说得多，做得少。主要原因在于，两国达成的金融合作协议只是框架协议，没有制定具体的行动细则和路线图，导致金融部门在合作具体规划上还处于探索阶段，表现出来的就是只

---

❶ 梁雪秋. 中俄金融合作及未来发展研究[J]. 学习与探索，2020（2）：125.

见规划，不见实际行动"。❶ 中俄金融合作的实际运作还很不成熟。目前，俄罗斯还没有专门的金融机构进行人民币结算业务，俄罗斯与中国贸易合作中的本币结算业务只有少数几家银行可以开展，同时本币结算也局限于边境地区，中国和俄罗斯之间贸易规模大的地区如莫斯科、圣彼得堡并没有大范围推广人民币的跨境结算，中国与俄罗斯贸易之间的结算十分复杂，结算过程不透明、不统一。双方银行在结算汇率、利率和汇款费用方面存在差异，缺乏公平和实效。在各种因素的阻碍下，中国与俄罗斯贸易中的本币结算开展并不顺利，制约了中国与俄罗斯之间贸易的进一步开展。因此，中俄贸易结算制度显然有待完善，人民币结算业务的开展地区、领域与规模都需要有显著的提升。

3. 中俄双边贸易缺少完整有效的服务制度安排

近年来，在中国与俄罗斯贸易取得新进展后，由于贸易服务制度不完善所带来的问题日益突出。例如，俄罗斯与中国没有一个双方都认同的市场准入和标准认证机构的体系。随着中俄贸易步伐的加速，这种非标准化贸易模式的劣势越来越明显。当中俄的贸易伙伴合作发生问题后，很难在短期内为双方寻求有效、公平、合理的解决办法。例如，出于保护本国农业发展需要，俄罗斯对进口农产品设置了一系列贸易壁垒，使中国出口俄罗斯的部分农产品遭遇较多的绿色壁垒。俄罗斯采取较为苛刻的水产品进出口标准，且其政策法规尚未同国际接轨，水产品进口政策法规、检测流程机制透明度较低，种种技术壁垒导致中国对俄罗斯的水产品出口存在很多的不确定性。❷

上述问题如果不能得到有效解决，对于中俄贸易的进一步深化与发展将产生不利的影响。

第二节 俄罗斯与中国的投资关系

中国经济发展迅速，实力雄厚，在深化对外开放，加强国际贸易合作的过程中，充分意识到俄罗斯市场的重要性。在"走出去"的方针下，中国不仅把

---

❶ 梁雪秋. 中俄金融合作及未来发展研究 [J]. 学习与探索，2020（2）：127.
❷ 朱长明. 我国农产品出口俄罗斯遭遇绿色壁垒现状、原因及策略 [J]. 对外经贸实务，2021（3）：40.

俄罗斯视为长期贸易合作伙伴,同时也十分注重与俄罗斯的投资合作。从俄罗斯的角度看,中国正在成为世界首屈一指的大市场,中国大市场对于许多俄罗斯企业家而言充满了诱人的魅力。但是从中俄两国投资的现状分析来看,目前两国的相互投资额和贸易额是不相称的,彼此都不是对方最主要的投资伙伴。

一、中国对俄罗斯的投资情况

(一) 中国对俄罗斯投资的概况

据不完全统计,截至 2019 年年底,中国对俄罗斯进行直接投资的总额度已经高达 146.5 亿美元,规模占中国对外直接投资总量的 10.7%。对俄罗斯投资企业数量排名前三的省份分别是黑龙江省、内蒙古自治区和北京市,投资企业数分别为 266 家、142 家和 102 家,占比分别达 28.69%、15.32% 和 11.00%。❶

由表 2-3 可知,2010—2021 年,中国对俄罗斯直接投资规模变化较大,其中 2011—2014 年呈连续上涨态势,尤其是 2014 年形成井喷之势。其原因是 2014 年之前俄罗斯主要关注欧洲的资本、技术和市场。2014 年,俄罗斯由于乌克兰危机受到西方的制裁,所吸引的西方投资出现大幅下滑,俄罗斯开始"向东看",积极寻求同中国的合作,对中国的投资提供比往昔更加友好的投资环境。直接投资和产能合作逐渐成为推动中俄经贸合作向纵深发展的强劲动力。中国由此一跃成为对俄直接投资的前三大国家,中国不断加大俄罗斯市场的投资力度,对俄罗斯投资规模持续扩大。目前,俄罗斯已经成为中国对"一带一路"直接投资存量和流量的第一大国家。❷

表 2-3 2010—2021 年中国在俄罗斯投资年度流量

单位:百万美元

年份	2010	2011	2012	2013	2014	2015	2016	2017	2018	2019	2020	2021
流量	336	126	450	597	1271	645	345	140	-13	136	53	11

数据来源:https://rosstat.gov.ru/storage/mediabank/Strani_mira_2022.pdf.

从直接投资产业分布看,中国对俄罗斯第一产业投资从 2015 年的 25.14%

---

❶ 2017—2019 年《中国对外直接投资统计公报》。
❷ 国家信息中心"一带一路"大数据报告 (2018) [DB/OL]. [2022-12-30]. http://www.clic.org.cn/xdwlgyl/298662.jhtml.

上升到 2019 年的 26.73%，第二产业从 2015 年的 32.67% 下降到 2019 年的 29.14%，第三产业从 2015 年的 42.19% 上升到 2019 年的 44.13%。❶ 从直接投资的具体行业分布来看，2020 年对俄投资流量主要集中在以下行业：采矿业 61.8 亿美元，占 47.6%；农、林、牧、渔业 30.1 亿美元，占 23.2%；制造业 11.6 亿美元，占 8.9%；租赁和商务服务业 11.2 亿美元，占 8.6%；批发和零售业 4.1 亿美元，占 3.1%；房地产业 3.7 亿美元，占 2.9%；金融业 3.1 亿美元，占 2.4%；建筑业 2.4 亿美元，占 1.8%。可见，采矿业、农林牧渔业、制造业是中国对俄罗斯最主要的投资领域，对这三个行业的总投资规模占比保持在近 80%。❷

中国对俄罗斯采矿业、农林牧渔业、制造业直接投资相对较多主要有几个原因。首先，俄罗斯矿产资源丰富，而中国正处于工业化发展阶段，对矿产资源的需求十分强烈。故此，俄罗斯采矿业是中国对俄罗斯直接投资优先考虑领域，对俄罗斯采矿业的投资规模占比一直保持在较高水平。其次，农林牧渔业是中国与俄罗斯互补性比较强的产业，所以中国对该领域的投资存量占比基本保持稳定。最后，俄罗斯部分制造业具有较强的科技实力和旺盛的市场需求，如航空航天、汽车等产业，因此，中国对俄罗斯一些制造业的投资规模也较大。

(二) 中国在俄罗斯最主要的投资项目

1. 能源领域主要投资项目

能源领域是中国投资的重点领域，其投资规模位居中国对俄罗斯所有投资领域首位。

由表 2-4 可知，中国在俄罗斯能源领域投资的项目颇多，其中规模最大的项目主要有两项。

(1) 亚马尔液化天然气项目。亚马尔液化天然气项目位于俄罗斯境内的北极圈内，是全球在北极地区开展的最大型液化天然气工程，属于世界特大型天然气勘探开发、液化、运输、销售一体化项目，是中国在俄罗斯最大的投资项目。中石油拥有该项目 20% 的股份❸，中国丝路基金有限责任公司持有该项目

---

❶ 根据 2020 年中国统计年鉴数据整理。
❷ 根据 2020 年中国统计年鉴数据整理。
❸ 在亚马尔项目中中石油所投入的股份资金来源主要是中国进出口银行和中国开发银行贷予的 120 亿美元。表 2-4 世界投资报告列表的是中石油实际投资额。

9.9%的股份。

表2-4 2010—2019年中国在俄罗斯能源领域投资项目

年份	投资额（百万美元）	中国跨国公司	俄罗斯合作伙伴	部门
2010	170	三峡集团	俄罗斯电力公司	水电
2011	2 290	三峡集团	俄罗斯电力公司	水电
2012	590	华电集团	TGC-S	电力
2013	1 140	国家电网	辛特斯	电力
2013	460	神华集团	EN+集团	煤炭
2013	620	中国石油天然气集团公司	俄罗斯石油公司	石油
2014	990	中国石油天然气集团公司	范科内夫特	石油
2014	1 460	电力建设公司	俄罗斯水电	水电
2014	450	哈尔滨电气	阿尔泰冷凝发电厂有限公司	替代能源
2014	940	中国石油天然气集团公司	诺瓦泰克	天然气
2015	1 210	中国石油天然气集团公司	诺瓦泰克	天然气
2015	1 340	中国石油化工集团有限公司	西布尔	天然气
2016	11 080	北京燃气集团	俄罗斯石油公司	天然气
2016	11 150	中国丝路基金有限责任公司	西布尔	天然气
2017	5 500	华信	EN+集团	天然气
2017	1 100	中投公司	欧亚钻探	石油
2019	44 040	中石油、中海油	诺瓦泰克	天然气

数据来源：2019年世界投资报告［R/OL］.［2022-12-30］. https://unctad.org/en/PublicationsLibrary/wir2019_en.pdf.

（2）北极液化天然气项目。该项目位于俄罗斯北极格丹半岛（Gydan Peninsula），是诺瓦泰克公司继亚马尔液化天然气项目之后，在偏远极地开发的第二个大型液化天然气项目。该项目包括天然气田的开发和生产以及三条液化天然气生产线的建设和运营。该项目10%的股份被中海油和中石油收购。

2. 制造业领域主要投资项目

中国长城汽车公司总投资约5亿美元，在俄罗斯图拉地区生产各种型号汽车。这是中国在俄罗斯汽车行业的最大投资项目。2019年正式投产，年产量可达15万辆汽车。

中国天使酵母公司投资 1 亿美元在俄罗斯利佩茨克建立中国以外最大的生物技术生产基地。该工厂每年生产 1.5 万吨干酵母、1.5 万吨压榨酵母、3 万吨有机肥。❶

2016 年，中国海尔公司投资 5 000 万美元开始在纳贝列日尼-切尔尼生产电冰箱。2018 年，海尔又投资 5 000 万美元生产洗衣机。❷

3. 房地产领域主要投资项目

上海实业投资集团投资 10 亿美元在圣彼得堡获得了 205 公顷土地的长期租赁权，并成功建造了超过 100 万平方米的住宅房地产。2017 年，复星投资基金完成收购中央军事百货商场大楼的交易。交易金额估计为 1.72 亿美元，办公中心面积超过 7 万平方米。这是一项非常成功的投资，因为在莫斯科市中心缺乏高质量而且面积如此大的办公建筑。中国诚通公司投资 3.5 亿美元用于格林伍德国际贸易中心的建设和开发。商业园内有办公室、商店、展览馆、银行、体育设施、酒店、餐馆，面积超过 13 万平方米。❸

4. 农牧渔业领域主要投资项目

中国蒙牛乳业公司和中鼎牧业与俄罗斯系统投资公司签订协议在俄罗斯滨海边疆区生产乳制品，总投资 450 亿卢布。根据协议，中国买家将获得 50 万吨牛奶。中国控股公司"滨海传奇农业公司"在滨海边疆区投资 47 亿卢布建设了一座大豆加工厂，年产量为 24 万吨。❹

在"一带一路"建设背景下，中国对俄罗斯的投资兴趣与日俱增。中俄双方已经达成一系列涉及对中国开放投资的重磅协议，俄罗斯政府明确允许中国

---

❶ РАСПП, Топ-11 китайских инвестиций в Россию [J/OL]. [2022-12-30]. https：//raspp.ru/business_news/top-11-kitayskikh-investitsiy-v-rossiyu/? ysclid=lcpm12d2nt295554637.

❷ Поднебесная экспансия. Китайцы инвестируют миллиарды в российский бизнес [J/OL]. [2022-12-30]. https：//www.forbes.ru/biznes/368233-podnebesnaya-ekspansiya-kitaycy-investiruyut-milliardy-v-rossiyskiy-biznes? ysclid=lcsvtsps6i800309060.

❸ Поднебесная экспансия. Китайцы инвестируют миллиарды в российский бизнес [J/OL]. [2022-12-30]. https：//www.forbes.ru/biznes/368233-podnebesnaya-ekspansiya-kitaycy-investiruyut-milliardy-v-rossiyskiy-biznes? ysclid=lcsvtsps6i800309060.

❹ Деловые новости Евразии Российско-Китайские проекты 2020. Проекты России и Китая 2020 [J/OL]. [2022-12-30]. https：//raspp.ru/business_news/top-russian-chinese-projects/? ysclid=lct3qpzas4968290342.

资本进入矿产、基建、农业、加工业、信息产业、汽车工业和机械制造行业；允许中资进入俄罗斯的关键行业，深入到产业链条的深度环节。预计中方将直接参与投建俄罗斯的79个重大项目，涉及投资额超过1 600亿美元。❶

这对于双方优化合作领域与提升投资合作规模，推动双方贸易合作的进一步开展具有非常重要的意义。

二、俄罗斯对中国的投资情况

（一）俄罗斯对中国的投资概况

2011—2019年，俄罗斯对中国直接投资总体尽管表现出增长趋势，但是整体投资规模相对还是比较有限的。据俄罗斯统计年鉴的数字，至2020年，俄罗斯在华投资为10.67亿美元。2011年的直接投资流量仅为1.26亿美元，到2019年这一数据也只达到1.48亿美元，年增长率仅为2.03%。❷

俄罗斯对中国进行直接投资的企业数量达971家，这些企业的注册资金额合计达15.36亿美元。从企业投资方式来看，俄罗斯对中国投资的企业有98.7%是通过合资或独资方式，其中合资方式运营的企业数量最多，占到总比例的50.3%，独资方式运营的企业投资额占到总比例的48.4%。❸

从投资领域和项目来看，俄罗斯对中国投资主要分布在第二产业，并且以资源和劳动密集型产业为主，如表2-5所示。

（二）俄罗斯在中国的主要投资项目

（1）俄罗斯国际工业投资集团（Vi-Holding）投资控股的豫联集团年产60万吨高精铝建设项目。项目投资额高达数亿美元，该项目于2006年开始实施，目前公司年产电解铝75万吨，加工铝100多万吨，生产阳极产品15万吨以上，自身产能超过2.8吉瓦。此前，俄铝联合公司（UC RUSAL）已经在山西投资收

---

❶ РИА Новости, Россия и Китай работают над 79 инвестиционными проектами, заявили в МИД [J/OL]. [2022-12-30]. https://ria.ru/20220907/investproekty-18149929-28.html?ysclid=le2jgdjsn0546456296.

❷ 根据俄罗斯学者估计，俄对中国投资在40亿~50亿美元。这种差异是由于主客观因素造成的。主观上，俄罗斯公司不太愿意宣传他们的国际项目。客观上俄罗斯海外投资很多是通过离岸公司进行的，这使得俄罗斯官方统计数据无法将其考虑在内。

❸ 中国商务部2019年对中国进行外商投资的企业统计。

购建设了两家阴极炭块生产厂。2019年，俄铝联合公司又将其投资范围扩展到四川省，并同意在广元市建造一座年产能为50万吨的铝制品工厂。❶

表2-5 俄罗斯企业在中国投资的行业分布

产业分布	企业数量（家）	占比（%）
第一产业	47	4.84
第二产业	635	65.40
第三产业	289	29.76

数据来源：俄罗斯联邦工业与贸易部 http：//government.ru/rugovclassifier/586/events/.

（2）俄罗斯鞋业公司对中国四川省安岳经济开发区投资2亿美元建设鞋厂。在投资的第一阶段，就将推出10条鞋子生产线，其生产能力达每年600万双。❷

（3）俄罗斯生物医药公司（BIOCAD）投资3 000万美元与上海医药集团股份有限公司合资生产生物医药产品。首批合作的6个生物医药产品包括3个生物类似药和3个创新生物药。❸

与此同时，俄罗斯在科技和制造业的投资也逐渐增加。俄罗斯USM集团公司投资了多家中国科技公司。该投资组合包括阿里巴巴、滴滴、小米和京东的股份。根据RIST的估计，USM控股对上述中国科技公司的投资超过3亿美元。❹

三、中俄相互直接投资中存在的问题

虽然近几年中国对俄罗斯直接投资领域不断扩大，但是影响中俄在投资领

---

❶ Деловые новости Евразии，Инвестиции в Китай. Оценка российских инвестиций в Китай．［J/OL］．［2022-12-30］．https：//raspp.ru/business_news/top-russian-investments-in-china/？ysclid=lllp6fuhu2115614320.

❷ РАСПП，От слов к действию：Россия и Китай смещают вектор в сторону научно-технического и инновационного сотрудничества［J/OL］．［2022-12-30］．https：//raspp.ru/business_news/Russia_and_China_are_shifting_the_vector/.

❸ Названы российские регионы-лидеры по объему китайских инвестиций［J/OL］．［2022-12-30］．https：//rg.ru/2021/07/08/nazvany-rossijskie-regiony-lidery-po-obemu-kitajskih-investicij.html？ysclid=lcsvtlxet0160205960.

❹ РАСПП，От слов к действию：Россия и Китай смещают вектор в сторону научно-технического и инновационного сотрудничества［J/OL］．［2022-12-30］．https：//raspp.ru/business_news/Russia_and_China_are_shifting_the_vector/.

域相互合作的问题依旧存在。

1. 中俄相互直接投资在两国投资总额中所占比例都很小

如前文所述,俄罗斯与中国相互投资额虽有所增加,但在两国对外投资总额中所占的份额并未增加。投资份额不高意味着两国在相互贸易增长中的获益不会太大。从历史的角度看,世界各国都是通过将投资的资金用于贸易合作,以相互促进的方式带动贸易与投资的共同发展。因此,中国与俄罗斯之间的投资发展缓慢,将会对中俄两国在贸易领域的合作产生不利影响。

2. 投资地区分布和投资领域过窄

总体而言,两国直接投资的区域都相对集中,中国直接投资主要集中于俄罗斯远东地区和莫斯科、圣彼得堡这样的大城市。莫斯科、圣彼得堡这两个城市颇受中国企业家青睐的主要原因是其市场比较发达,交通便利,纳税政策方面优惠力度大,基础设施配置较为完善,产业配套设施比较齐全。俄罗斯的远东地区临近中国,自然资源非常丰富,因而也能吸引一大批中国企业家前来投资。

俄罗斯在中国的投资也同样如此,大部分投资集中在东南沿海地区,这些地区是中国最发达地区,营商环境好。由此可见,两国企业家都不约而同地将投资投向对方经济相对发达的地区。而两国其他地区经济增长较为缓慢、社会发展不平衡,因而吸引外资的能力较弱。

从投资方式看,两国的投资流向都不太合理,投资方式较为单一。根据目前俄罗斯的法律,外国企业要在俄罗斯投资,必须在俄罗斯境内建立公司或分公司,所建立公司需要具备法人资格;或者在俄罗斯建立分支机构并且设立代表处,但不允许成为独立法人。同时,在投资偏好上,俄罗斯不希望外资涉及其战略性国家项目,而是希望投资在高新技术且不涉及战略性的项目上。此外,在俄罗斯境内进行能源资源开发的外国企业必须采用合作投资的方式,且俄罗斯企业占股须超过50%。因此,中国在俄罗斯投资较为谨慎。而且,俄罗斯与中国不同的经商传统也使中俄对投资伙伴的选择有着明显的差异,俄罗斯商人喜欢快速形成交易,而中国商人则专注于建立长期关系以获得共同利益。❶ 此

---

❶ Почему китайские инвесторы не хотят вкладываться в российский бизнес [J/OL]. [2022-12-30]. https://delovoymir.biz/rossiya-i-kitay.html?ysclid=lcpznqdza1369575870.

外，由于俄罗斯商界对于中国市场的投资信息掌握不充分，对于中国消费者的习惯和心理捉摸不透，因此，俄罗斯公司更喜欢通过与中国政府部门达成协议的方式进入中国市场，不擅长与中国企业直接打交道。❶

3. 行政部门服务不周全、办事效率低

客观地说，中俄两国一些地方政府的相关部门都存在办事效率低下，官僚风气严重，以及对于投资政策相关法规的解释和执行存在惰性思维的问题。从中国的情况看，东部沿海地区行政效率高，和市场经济的需求比较合拍，而西部地区以及东北地区政府部门没有完全适应市场经济的要求，外资企业在政府相关单位办事需耗费大量的时间。俄罗斯的问题更多，尤其是解决问题时效性低。此外，中国投资者非常希望俄罗斯政府能够多提供各类优惠政策，但俄罗斯政府在此方面始终没有采取有魄力的措施，在吸引外资方面缺乏足够的意识和担当。例如，俄罗斯一直没有针对海外投资进行融资贷款的政策，中国企业在俄进行投资时，所获得的当地金融支持程度有限。由此可见，俄罗斯政府对于外商投资支持力度不足，影响了中国企业对俄罗斯的投资积极性。

4. 与投资相关的法律法规不健全

良好的相关投资法律环境是保证双方顺利开展直接投资合作的前提保证，但是无论是在俄罗斯还是在中国，与投资相关的法律都存在一些问题。法律风险是两国企业面临的主要风险之一。

尽管俄罗斯制定了与外商投资相关的法律法规，但这些法律规定与国际投资法规的标准之间存在一定的差异，对解决实际的外商投资问题没有起到应有的作用，使得中国商人对俄罗斯投资信心不足。例如，长城汽车公司的俄罗斯经销商伊利托集团（Irito）因为遭遇卢布贬值，前后拖欠长城汽车公司4 844万美元的车款。长城汽车公司在俄罗斯提起诉讼。但伊利托集团干脆宣布破产，法院因此驳回了长城汽车公司的诉讼请求。最终，长城汽车公司只能将此计入坏账。此外，西方对俄罗斯的制裁也造成一定的法律风险。例如，中国公司与受到美国制裁的俄罗斯企业进行交易时，或者是向俄罗斯供应根据美国许可在中国生产的商品，美国会借口违反其制裁规定而采取长臂管辖。

---

❶ Почему китайские инвесторы не хотят вкладываться в российский бизнес［J/OL］.［2022-12-30］. https：//delovoymir. biz/rossiya-i-kitay. html? ysclid=lcpznqdza1369575870.

俄罗斯对中国的投资过程中，同样也面临一些法律风险问题。例如，不同区域在引进外资方面有着不同的法律规定。有些地方的法律法规有时缺乏一致性，出现颁布后不断修正更新现象，导致旧的法律法规随时会被新的法律法规取代，在一定程度上损害了俄罗斯投资者的投资信心。

此外，一些俄罗斯民众对中国商品的不信任感根深蒂固，20世纪90年代，由于当时中国一些不法商贩将假冒伪劣产品输往俄罗斯，使一些俄罗斯民众因此对中国商品形成较强的负面印象，这对俄罗斯企业在中国的直接投资也有一定影响。

第三节 对俄罗斯与中国贸易和投资发展的建议

俄罗斯与中国贸易和投资发展前景良好，关键原因是俄罗斯与中国的经贸合作有着顶层保障。十年来，两国元首保持高频率会晤，在习近平主席和普京总统的战略引领和亲自推动下，中俄两国战略互信持续加深，两国的合作正在进入快车道。为了更好地推动两国的经贸关系发展，笔者汇总国内外相关学者的思考和主张，提出以下几点建议。

一、双方应重视和加强在能源领域的双边合作

能源合作是中俄两国贸易和投资中受益最广、影响最大的领域，是两国经贸合作的"压舱石"，加强中俄经济合作时要加以充分利用。

从贸易的角度看，近些年俄罗斯对中国出口显著增长的主要原因就是石油和天然气出口增长迅猛。在当前的国际政治与经济背景下，俄罗斯大幅度"向东看"，大力加强和中国的能源合作已经成为其摆脱西方制裁，确保能源贸易稳定增长的最佳选择。因为对于俄罗斯，中国是规模不亚于欧盟的巨大能源出口市场，向中国大量出口石油和天然气有利于俄罗斯经济发展和财政稳定；从投资的角度看，俄罗斯应该为中国对俄能源行业的投资给予稳定和可靠的政策保证，从而建立一个永久和稳定的对中国的能源供应渠道，这在复杂多变的国际环境中，对两国之间互利合作的成功程度具有决定性意义。实践证明，中国对俄罗斯的投资可以在俄罗斯矿产开发和建设中发挥关键作用。以亚马尔液化天然气项目为例，由于项目位于北极地区，自然条件恶劣，在2012年项目启动之

时，国际上有实力的企业及国际财团都纷纷退出，亚马尔项目遇到严重困难。2014年，中石油积极参与并获得亚马尔项目20%的股权。2016年由于卢布贬值，亚马尔项目再次出现资金困难，中国丝路基金有限责任公司再次注资，并持有亚马尔项目9.9%的股权。自此，中国成为亚马尔项目第二大股东，并参与了从模块化生产到提供钻机、从设计到建造的全过程。"亚马尔项目不仅保障了中国稳定的能源来源，也为该项目走出困境、成功实施发挥了关键性的作用，显示了关键时刻中国企业对于俄罗斯能源发展的重要作用。"❶

未来，中俄两国应发挥各自优势，以"能源+通道+市场"模式，构建中俄能源产业链，实现中俄两国在能源领域的全链条合作，以此来稳固双方能源领域的合作地位，提升中俄两国的贸易地位。❷

二、务实合作开辟中俄双边贸易合作的新渠道

近年来，俄罗斯与中国的贸易结构发生了可喜的变化。俄罗斯驻华商务代表阿列克谢·达赫诺夫斯基说，俄罗斯对中国产品需求广泛，2021年中俄机电产品贸易额434亿美元，增长40.7%，高出双边贸易增幅4.8个百分点。中方对俄罗斯出口汽车、家电、工程机械等快速增长，进口牛肉、乳品等农产品和食品保持良好势头。❸ 尽管如此，我们必须认识到俄罗斯与中国的贸易结构还有很大的改善空间。

两国企业应该在核能、火箭发动机制造、卫星导航系统建设、金属加工、机械制造、能源矿产等领域开展贸易合作。在这些领域，俄罗斯拥有核心技术和经验，而中国拥有完整的制造业产业链，双方能够实现优势互补，因而对于各自产业结构升级有着明显的推动作用。统计数据显示，2016—2021年，中国高新技术产品出口额快速稳定增长。在俄罗斯市场上，中国高技术出口产品主要以计算机与通信技术类产品为主，出口额约占出口总额的80%，在出口规模上占据绝对优势。在航空航天技术、材料技术及生命技术等附加值较大、知识

---

❶ 杨文兰，陈迁影. 加快推进中俄经贸高质量发展：基于产业链构建视角 [J]. 国际贸易，2020（2）：79.

❷ 杨文兰，陈迁影. 加快推进中俄经贸高质量发展：基于产业链构建视角 [J]. 国际贸易，2020（2）：80.

❸ 李春辉. 中俄经贸合作不断深化 [N]. 经济日报，2022-09-17.

产权密集领域,中国出口额相对较少。❶ 由于欧洲和美国对俄罗斯与中国实施封锁,给中俄两国在高新科技方面的合作发展提供了难得的契机。中国和俄罗斯应该强化国家层面科技交流,共同开发高技术领域的项目,以促进高科技的发展。双方在高科技领域的深度合作对于弥补两国工业结构的各自缺陷将是一个大好的机会。

此外,两国的农业和食品业可以成为一个新的贸易增长点。近年来,伴随着中国民众生活水平的提高,越来越多的俄罗斯食品,如植物油、蜂蜜、巧克力、啤酒、冰淇淋、大列巴面包对华出口量迅速增加并受到中国消费者喜爱;中国企业在水果、蔬菜等领域不断向俄罗斯提供高品质的农产品,也满足了俄罗斯民众的需求。

三、不断完善投资环境以增加投资吸引力

从中俄两国投资合作的长远角度来看,拓展中俄两国投资渠道,需要充分改善各自的投资环境和完善投资法律政策。尤其对于俄罗斯来说,其已经意识到促进中国对俄罗斯投资的重要性,作为世界第一外汇储备国,中国已经是世界极为重要的投资大国。

首先,中俄两国可以通过积极探索和交流各自在经济技术开发园区的建设与管理模式的经验,优化中国与俄罗斯投资合作的模式和领域,探讨如何改进各自的营商环境,不断创新与深化投资合作的新方向。

其次,俄罗斯与中国可以考虑建立一个国家级咨询机构,为两国的投资者提供有关在中国和俄罗斯经营的所有必要信息。同时两国还应该积极研究升级中俄投资协定,建立保护相互投资的机制以及解决投资纠纷的机构。

最后,中国可以考虑发挥丝路基金以及亚洲基础设施投资银行的作用,积极推进"一带一路"倡议与欧亚经济联盟建设对接合作。对两国企业提供大力支持,尤其是对连通两国的公路、铁路、港口等基建工程的扶持。❷ 俄罗斯应该充分利用中国在基础建设领域的技术和设备优势,推动俄罗斯国内日益老化的

---

❶ 于珂然. 中国高新技术产品对俄罗斯出口贸易研究 [J]. 山西农经,2020 (6):56.
❷ 刘晓春,赵嘉珩. 中国企业出海俄罗斯须防范多层次风险 [J]. 中国对外贸易,2019 (12):15.

基础设施建设，为其开展对外贸易提供便利条件。目前，中俄正在莫斯科—喀山高速铁路、西伯利亚铁路现代化项目上开展合作，基础设施领域的合作将有力推动中国与俄罗斯之间的贸易量的提升。

西方国家对俄的经济制裁使其积极推进"向东看"战略，"俄罗斯与中国产能合作的意愿强烈，故当前是提高中国对俄投资的机遇期，也是提升高新技术产品在俄进口比重的机遇期，亦是推进丝绸之路经济带的重要机遇期。"❶

四、提高双边贸易服务的便利化程度

当前，中俄两国的贸易服务体系不完善，限制了中俄贸易合作的顺利发展。为此，两国必须解决双方的贸易和服务制度存在的各种问题。

首先，中俄两国之间要建立共同认可的贸易和服务合作体系，规范中俄两国的双边贸易秩序和服务行为，不断改善和提升其贸易服务的技术、产品和效果。两国还应加强对双边贸易等方面的监管，以健全的监管机制，实现标准化和有效监管。在商品质量检验和安全监督管理的过程中，两国应积极按照 WTO 的规则建立彼此共同认证的体系，消除两国商品质量检验和安全监督机构给对方造成的不便。

其次，要积极给予中俄跨境贸易企业更便捷的申请手续，完善中俄贸易伙伴关系合作的法律法规，为中俄贸易持续健康发展创造基础和有利条件。"要简化海关手续，降低对外贸易企业的税费，不断提高海关服务的质量和效率。采取更为有效的措施提高海关管理水平，规范海关执法标准，形成统一海关过关规则，进一步消除经贸流通的固有障碍，增强通关便利性。"❷

再次，两国应该加快电子商务跨境运用。通过中俄贸易透明的电子申请措施的推行来消除经贸往来的阻力。"电子商务作为一种新型交易方式，在节省时间、拉近空间、降低交易成本等方面具有传统贸易方式无法比拟的优势。推动中俄跨境电子商务的发展，对于消除两国间地理距离对中俄双边贸易的负面影

---

❶ 刘伟，高志刚. 俄罗斯国家经济安全对中俄经贸合作的影响 [J]. 商业研究，2020 (1)：72.

❷ 段秀芳，王瑞鑫. "一带一盟"对接下中俄贸易特点及影响因素研究 [J]. 新疆财经大学学报，2021 (1)：16.

响意义重大。"❶

最后,两国应推动自由贸易区建设。建立中国与俄罗斯之间的自由贸易区,对于进一步挖掘双边贸易互补优势是一个非常有效的方式,也是中俄应对全球性金融风险的一个非常必要的途径。推动自由贸易区的建立,不仅可以提高双方贸易合作的水平以及优化双方贸易合作结构,还可以为两国间的直接投资提供更便利的条件,让原材料、劳动力、资本和货物在两国市场间自由流动,实现更大程度的市场一体化。

五、进一步加强边境地区经贸合作力度

随着中俄双边贸易合作的不断深入,部分边境地区的双边贸易经济合作发展进程不断加快,边境地区的双边贸易与经济合作进一步发展。边境合作是发展中俄贸易伙伴关系的良好基础。中国具有充裕的劳动力和资金,俄罗斯远东和西伯利亚地区则拥有丰富的自然资源,但是基础设施建设落后,急需完善基础设施建设,需要大量的资金进行开发。"俄罗斯也非常清楚,能否吸引更多外资进入远东地区是破解俄罗斯经济危机重要因素。"❷

中国东北应该利用地理优势加强和俄罗斯远东地区的产业合作,尤其是在能源和交通领域的合作,使双方之间的产业结构互补性优势充分发挥,这必将扩大和加强两国边境贸易,对促进东亚地区区域一体化也将起到积极的作用。为此中国东北和俄罗斯地方政府应该为企业提供更好的营商环境,在企业融资等方面提供有力帮助,解决资金难题。

六、增加本国货币直接贸易结算

为了有效解决中俄贸易过程中可能面临的跨境贸易结算方面的各种风险,两国必须考虑采取切实有效措施改变传统以美元为核心的货币结算体系,从而有助于极大降低中国和俄罗斯的生产商和进出口商面临的贸易结算风险。2019年6月中俄签署的联合声明明确指出,双方"加强对中俄投资基金、中俄地区

---

❶ 段秀芳,王瑞鑫."一带一盟"对接下中俄贸易特点及影响因素研究[J].新疆财经大学学报,2021(1):16.

❷ 梁雪秋.中俄金融合作及未来发展研究[J].学习与探索,2020(2):129.

合作发展投资基金等双边合作基金的引导,提升金融支持和服务水平,加强对双方投资者合法权益的保护,营造更加公平、友好和稳定的营商环境"。中国要持续推动人民币和卢布本币互换机制,从而增强人民币使用的便利性,进一步扩大人民币使用的范围。数据显示,俄罗斯占中国境外人民币贸易结算总额的4%,仅次于中国香港和英国,高于新加坡和美国。❶ 2019 年 6 月,时任俄罗斯联邦财政部长安东·西卢安诺夫和中国人民银行行长易纲签署关于北京与莫斯科之间以本币结算的过渡文件。根据协议,两国货币的相互结算将由两家银行——俄罗斯中央银行和中国工商银行进行。目前正在开发新的中俄企业本国货币相互结算机制,已开始研究对接国家电子支付系统 Swift 的类似物。人民币同卢布的本币结算对中俄双边贸易的促进优势极为显著,人民币在中俄双边贸易结算中占比自 2014 年的 3.1%已提升至 2021 年的 17.9%。直接结算将进一步扩大中俄经贸合作的程度,促进两国之间的金融合作,确保中俄贸易的安全。

在中俄两国高层频繁互访、全方位合作加强、中俄战略互信不断加深的背景下,未来两国将全力落实好元首重要共识,努力推动双边经贸合作高质量发展,可以预期双边贸易和投资将迎来一个大发展时期。

---

❶ Мингазов, Сергей, Вошлавтройкустран – лидеров по операциям с юанем за пределами Китая [J/OL]. [2022 – 12 – 30]. https:∥www. forbes. ru/finansy/477883 – rossia – vosla – v – trojku – stran – liderov – po – operaciam – s – uanem – za – predelami – kitaa? ysclid = lg083f9lyg247327961.

第三章　俄罗斯与欧洲国家的贸易和投资关系

俄罗斯与欧洲国家的贸易和投资关系在俄罗斯对外经贸关系中占据举足轻重的地位。这同俄罗斯的地理环境有着密切的关系。俄罗斯虽然幅员辽阔并横跨欧亚大陆，但其东部地区自然环境不佳、人口稀少、经济发展水平较低，使俄罗斯立国始就把经济往来重心放在欧洲国家上。

目前，俄罗斯十大贸易伙伴国和十大投资对象国中，欧洲国家都占一半，由此可见，俄罗斯与欧洲国家之间贸易与投资关系之密切。但是俄欧经贸关系极不稳定，受地缘政治的影响巨大，因而其发展前景不明朗。

第一节　俄罗斯与欧洲国家的贸易关系

进入 21 世纪以来，俄欧贸易额一直保持高增长，尤其是 2010 年以后更是进入快速道。但 2014 年乌克兰危机的爆发成为一个分水岭。因为俄罗斯宣布合并克里米亚导致西方国家对俄罗斯实施严厉的经济制裁，加上国际油价大幅下跌造成卢布严重贬值，进而造成俄罗斯严重的通货膨胀，引起 2015 年俄罗斯经济危机的爆发。当年度俄罗斯从欧洲国家的进口额度与 2014 年相比下降超 12 个百分点，出口额度与 2014 年相比下降超 7 个百分点。2016 年以后，俄欧贸易逐渐回暖，但 2020 年暴发的全球新冠疫情，使俄罗斯与欧洲主要贸易伙伴的贸易额再次大降。随着俄乌战争的爆发，欧盟又对俄罗斯实施了高强度经济制裁，俄罗斯与欧洲国家间的贸易在今后较长一段时间之内都难以恢复到 2020 年之前水平。

俄罗斯与欧洲国家的双边贸易发展严重不平衡。以 2021 年为例，俄罗斯的欧洲主要贸易伙伴国家是德国、荷兰、意大利、法国、波兰、英国。仅这六个贸易伙伴与俄罗斯之间的双边贸易额就占俄罗斯与欧洲国家贸易总额的 90% 以上。通过对俄罗斯与六个欧洲贸易伙伴贸易关系的梳理，可以了解俄罗斯与欧洲国家之间的主要贸易特点。

一、俄罗斯与德国的贸易关系

德国是俄罗斯在欧洲国家中最大的贸易伙伴。2021年，俄罗斯与德国贸易额占俄罗斯对外贸易额的7.26%，就2021年俄罗斯对外贸易额的份额而言，德国排名第二。2021年德国在俄罗斯出口贸易中的份额为6.03%，就2021年俄罗斯出口贸易份额而言，德国排名第三。2021年德国在俄罗斯进口贸易中的份额为9.32%，就2021年俄罗斯进口贸易份额而言，德国排名第二。❶

德国与俄罗斯在经济领域一直有着全面广泛的贸易联系。由表3-1可知，2012年，俄罗斯与德国经贸总额曾经达到623.29亿美元的历史顶峰。之后虽波动起伏，尤其是2020年的疫情导致俄罗斯与德国当年贸易额与上年相比下降20.99%，但是在2021年又重新恢复到569.97亿美元。这足以证明俄国与德国之间相互经济联系十分密切。2018年以前，俄罗斯对德国的贸易一直处于逆差状态。2013年，俄罗斯对德国的贸易逆差达到创纪录的149.43亿美元。从2018年开始俄罗斯扭转了此前一直对德国处于贸易逆差的情形，当年俄罗斯对德国贸易顺差86.73亿美元，2019年继续保持贸易顺差，2020年由于新冠疫情的原因，俄罗斯对德国出口额大减，再次对德国形成贸易逆差。2021年俄罗斯重新恢复了对德国的贸易顺差。不过，两国的相互贸易依赖度不一样。对俄罗斯而言，德国是仅次于中国的第二大贸易伙伴，而对德国而言，俄罗斯只是其第13大贸易伙伴。2021年，俄罗斯进口总额中约有10%来自德国，俄罗斯出口总额的5.5%流入德国；俄罗斯在德国进口总额中仅占2%，对俄罗斯出口在德国出口总额中的比重也不到2%。由此可见，俄罗斯对德国的贸易依赖度明显高于德国对俄罗斯的贸易依赖度。

---

❶ Обзоры внешней торговли России [DB/OL]. [2022-12-30]. https://russian-trade.com/reports-and-reviews/2022-02/torgovlya-mezhdu-rossiey-i-germaniey-v-2021-g/?ysclid=lcr1nl4kz4122874775.

表 3-1　2010—2021 年俄罗斯与德国进出口贸易额

单位：亿美元

年份	进口额	出口额	贸易总额
2010	266.01	158.62	424.63
2011	374.37	227.66	602.03
2012	382.90	240.39	623.29
2013	379.05	229.62	608.67
2014	329.47	249.50	578.97
2015	189.92	159.06	348.98
2016	226.85	214.52	441.37
2017	284.41	262.03	546.44
2018	255.11	341.84	596.95
2019	251.10	280.49	531.59
2020	233.82	186.19	420.01
2021	273.51	296.46	569.97

数据来源：联合国商品贸易统计数据库 https://comtradeplus.un.org/.

对表 3-2 进行仔细剖析，可以发现俄罗斯与德国商品贸易结构的主要特点。出口环节：俄罗斯对德国的出口额主要集中在 SITC3 类商品（该类商品主要是能源和矿产资源）。历年该类商品占俄罗斯向德国的出口额的比例都超过 40%，其中 2021 年矿产品出口占俄罗斯对德国出口总额的 41.25%。有数据统计表明 2021 年在德国石油的总消费中，进口自俄罗斯的比重为 34%，进口自俄罗斯的天然气在德国总消费量中的占比高达 51%，在硬煤方面，进口自俄罗斯的占比则为 46%。在其他一些重要矿产出口上，俄罗斯也是对德国经济至关重要的供应商。德国联邦经济部原材料局的统计数据显示，钢铁和有色金属是德国除能源之外从俄罗斯进口的第二大类商品，2020 年总体占比在 12% 左右。德国 44% 的镍是从俄罗斯进口；在钛金属上，德国从俄罗斯进口的份额也超过 40%；在钯金属上，德国从俄罗斯进口的份额甚至超过 80%，❶ 这些原料对德国的支柱产业机械、化工以及汽车行业都有着举足轻重的作用。进口环节：俄罗斯从德国的进口集中在 SITC5 类商品（该类商品主要是无机化学产品、有机化合物、药物等，2021 年占俄罗斯从德国进口总量的 24.92%）、SITC7 类商品（该类商品主要包括机械设备和零配件、电机和设备及其零件、运输工具及其零件和配件

---

❶ 德国经济对俄罗斯的依赖有多少？（朱宇方）[EB/OL].[2023-02-12]. https://german-studies-online.tongji.edu.cn/ea/56/c20a256598/page.htm.

等，2021年占俄罗斯从德国进口总量的47.84%）。这说明，德国作为世界重要的化工和机械制造大国，其产品在俄罗斯市场的竞争优势相当明显。在可预见的未来，在俄罗斯市场上，德国这两类商品依旧具有很大的出口优势。由此可见，俄罗斯与德国的产业结构互补性很强，俄德贸易在未来有望持续增长。

表3-2 2010—2021年俄罗斯与德国贸易结构

单位：亿美元

年份	类型	SITC0	SITC1	SITC2	SITC3	SITC4	SITC5	SITC6	SITC7	SITC8	SITC9
2010	进口	17.77	1.08	2.59	1.86	1.50	55.08	33.90	128.48	23.42	0.29
	出口	0.71	0.26	3.42	110.96	0.08	3.61	26.54	5.47	2.04	5.49
2011	进口	19.07	1.35	3.19	2.81	1.91	66.75	42.35	207.49	29.38	0.029
	出口	0.84	0.24	4.26	174.61	0.10	5.53	34.27	4.33	2.24	1.21
2012	进口	17.50	1.35	3.02	3.23	1.83	70.40	39.25	215.04	30.95	0.27
	出口	1.16	0.24	3.79	183.03	0.25	4.86	34.76	5.15	5.17	1.93
2013	进口	16.34	1.45	3.03	2.36	1.22	75.84	39.05	210.84	28.73	0.13
	出口	1.13	0.24	3.37	173.69	0.10	5.69	31.46	7.09	3.70	3.11
2014	进口	12.07	1.77	2.70	1.93	0.32	70.89	36.35	177.43	25.97	0.0028
	出口	1.32	0.34	3.41	182.37	0.098	4.41	26.24	27.69	3.58	—
2015	进口	7.32	1.22	2.03	0.86	0.15	49.46	22.26	91.73	14.84	0.0019
	出口	0.72	0.25	2.77	108.64	0.13	3.36	20.03	19.94	3.18	0.0009
2016	进口	8.61	1.60	2.57	1.13	0.11	49.58	23.83	119.07	20.21	0.092
	出口	0.95	0.32	2.97	91.03	0.076	2.96	17.78	7.04	2.59	88.75
2017	进口	10.80	2.05	3.22	1.21	0.13	58.62	30.71	155.11	22.41	0.11
	出口	0.98	0.36	4.17	119.70	0.08	3.24	17.78	10.12	4.32	102.26
2018	进口	9.62	2.74	2.99	1.38	0.19	60.33	29.62	128.89	19.13	0.16
	出口	1.41	0.32	4.40	164.20	0.088	4.37	29.77	6.10	3.05	128.10
2019	进口	9.82	2.14	3.36	1.11	0.21	67.20	27.87	119.52	19.64	0.18
	出口	1.54	0.43	5.28	128.18	0.079	3.86	25.35	6.59	2.32	106.82
2020	进口	9.37	2.59	3.13	1.21	0.10	55.87	25.61	107.92	19.40	8.56
	出口	1.76	0.49	4.75	90.82	0.11	3.11	22.71	4.38	1.91	56.09
2021	进口	10.30	3.21	3.11	1.45	0.089	68.17	28.93	130.86	22.11	5.22
	出口	2.33	0.44	8.98	122.30	0.22	4.33	34.10	7.06	3.23	113.42

数据来源：联合国商品贸易统计数据库 https://comtradeplus.un.org/.

二、俄罗斯与法国的贸易关系

法国是俄罗斯的重要贸易伙伴。2021年，法国在俄罗斯对外贸易额中的份额为2.81%，就2021年俄罗斯对外贸易额的份额而言，法国排名第12位。2021年法国在俄罗斯出口贸易中的份额为2.00%，就2021年俄罗斯出口贸易份额而言，法国排名第13位。2021年法国在俄罗斯进口贸易中的份额为4.16%，就2021年俄罗斯进口贸易份额而言，法国排名第六位。❶

由表3-3可知，俄罗斯与法国的贸易波动幅度比较大。2012年两国贸易总额达到212.26亿美元，到2015年猛然下降到86.30亿美元，2018年恢复到173.43亿美元，到2020年因为新冠疫情暴发又下降到128.42亿美元，2021年重新上升到221.21亿美元。年涨跌幅度经常达到30%以上。从进出口贸易差额看，俄罗斯与法国的贸易基本处于逆差状态。除了2010—2011年，俄罗斯对法国曾经有过约10亿美元的贸易顺差之外，在其他年份，俄罗斯对法国的贸易一直处于逆差状态。

表3-3　2010—2021年俄罗斯与法国进出口贸易额

单位：亿美元

年份	进口额	出口额	贸易总额
2010	82.07	93.22	175.29
2011	98.25	108.52	206.77
2012	138.06	74.20	212.26
2013	130.21	59.28	189.49
2014	105.52	48.39	153.91
2015	55.63	30.67	86.30
2016	92.58	49.83	142.41
2017	103.87	60.28	164.15
2018	95.62	77.81	173.43
2019	85.92	64.56	150.48
2020	80.84	47.58	128.42
2021	122.11	99.10	221.21

数据来源：联合国商品贸易统计数据库 https://comtradeplus.un.org/.

---

❶ Обзоры внешней торговли России [DB/OL]. [2022-12-30]. https://russian-trade.com/reports-and-reviews/2022-02/torgovlya-mezhdu-rossiey-i-frantsiey-v-2021-g/?ysclid=lcr2xzqqoq443605273.

对表 3-4 进行分析，可以发现俄罗斯与法国贸易结构的基本特点。出口环节：俄罗斯对法国出口产品集中在 SITC3 类商品（该类商品主要是能源商品，2021 年占俄罗斯对法国出口总额的 36.09%）。不过，俄罗斯向法国出口的 SITC3 类商品比例虽高，但是金额相对偏小，历年统计显示只有 2011 年达到最

表 3-4 2010—2021 年俄罗斯与法国贸易结构

单位：亿美元

年份	类型	SITC0	SITC1	SITC2	SITC3	SITC4	SITC5	SITC6	SITC7	SITC8	SITC9
2010	进口	7.03	4.91	1.03	0.11	0.36	30.58	6.74	24.85	5.80	0.62
	出口	0.07	0.03	1.24	79.62	0.69	1.01	1.81	0.82	0.44	7.44
2011	进口	8.01	5.35	1.32	0.14	0.48	33.17	8.52	34.37	6.63	0.21
	出口	0.11	0.04	1.37	95.75	0.71	0.77	3.26	0.93	0.34	5.21
2012	进口	7.75	6.14	1.14	0.16	0.51	35.01	8.30	66.01	7.61	5.39
	出口	0.25	0.03	1.27	62.15	0.89	0.82	2.21	1.39	0.59	4.54
2013	进口	8.21	6.27	1.15	0.17	0.50	37.74	8.25	57.54	7.55	2.80
	出口	0.21	0.06	1.29	43.65	0.88	1.12	3.04	2.37	0.41	6.20
2014	进口	6.56	5.34	1.14	0.22	0.07	34.36	6.78	44.46	6.53	0.0001
	出口	0.20	0.05	1.30	41.31	0.12	1.24	2.12	1.55	0.45	—
2015	进口	3.19	2.85	0.76	0.04	0.01	23.20	4.70	17.30	3.54	—
	出口	0.14	0.02	0.71	22.70	0.06	1.52	2.24	2.68	0.55	—
2016	进口	3.11	2.81	0.92	0.21	0.021	24.52	5.03	49.65	4.76	1.51
	出口	0.21	0.02	0.83	20.35	0.03	1.68	2.12	2.41	0.71	21.42
2017	进口	3.69	3.66	1.16	0.31	0.02	30.05	6.00	52.62	5.49	0.83
	出口	0.11	0.02	1.10	25.62	0.0028	1.36	2.46	2.60	0.69	26.28
2018	进口	3.35	3.84	1.40	0.42	0.028	29.41	6.60	44.30	5.12	1.13
	出口	0.19	0.01	1.58	31.92	0.01	1.36	3.07	1.99	0.36	37.12
2019	进口	3.31	3.87	1.30	0.30	0.038	30.42	6.34	34.12	5.42	0.75
	出口	0.36	0.01	1.60	29.60	0.012	1.27	3.10	1.74	0.40	26.42
2020	进口	3.59	3.59	1.86	0.26	0.037	23.19	5.36	17.28	4.90	20.71
	出口	0.55	0.058	1.17	25.59	0.027	0.69	2.32	1.40	0.36	15.42
2021	进口	4.61	4.03	1.57	0.35	0.052	29.09	6.56	22.38	5.90	46.93
	出口	1.09	0.01	4.60	35.77	0.0005	1.30	4.46	3.43	0.41	48.00

数据来源：联合国商品贸易统计数据库 https://comtradeplus.un.org/.

高的 95.75 亿美元，其他年份的此类产品出口额都比较少，甚至只有 20 多亿美元，当然，这并不意味着法国对俄罗斯此类商品的需求不强。据法国石油工业联盟（UFIP）的数据，来自俄罗斯的采掘业产品（石油、天然气）和精炼石油产品占法国此类进口产品份额的 77% 以上。❶ 法国进口额小是因为法国工业水平不如德国，此外，法国自身具有强大的核电生产能力。因此，法国对俄罗斯此类产品的需求相比德国要小得多。进口环节：俄罗斯进口商品集中在 SITC5 类商品（该类商品主要是香水、化妆品、盥洗用品、医药产品等）与 SITC7 类商品（该类商品主要是机械设备和零配件、电机设备和零配件、音响设备、运输设备等）。这两类法国商品在俄罗斯市场上很受欢迎，有相当的竞争力，2021 年占俄罗斯从法国总进口额的 42.15%。

三、俄罗斯与荷兰的贸易关系

荷兰是俄罗斯在欧洲地区国家中的第二大贸易伙伴。2021 年，荷兰在俄罗斯对外贸易额中的份额为 5.92%，就 2021 年俄罗斯对外贸易额的份额而言，荷兰排名第三。2021 年荷兰在俄罗斯出口中的份额为 8.58%，就 2021 年俄罗斯出口份额而言，荷兰排名第二。2021 年荷兰在俄罗斯进口中的份额为 1.46%，就 2021 年俄罗斯进口份额而言，荷兰排名第 15 位。❷

由表 3-5 可知，俄罗斯与荷兰的进出口贸易的明显特征就是俄罗斯对荷兰的出口额远远大于从荷兰的进口额。俄罗斯产品出口额是进口额的约 10 倍。总体而言，俄罗斯对荷兰的出口额巨大，每年都有数百亿美元之多，而从荷兰的进口数额则每年只有几十亿美元，最多的年份也没有超过 60 亿美元。因此，2010—2021 年，俄罗斯对荷兰一直保持巨额贸易顺差。出超最多的 2012 年，俄罗斯贸易顺差高达 700.56 亿美元，这是俄罗斯对任何国家都没有过的贸易顺差纪录。俄罗斯与荷兰进出口贸易严重不平衡的主要原因在于荷兰是欧洲主要的贸易中心，从俄罗斯进入该国的商品进一步分销到其他国家。根据荷兰中央统

---

❶ Российские углеводороды в Европе [J/OL]. [2022-12-30]. https://oilcapital.ru/tilda/2022-05-25/rossiyskie-uglevodorody-v-evrope-1045957? ysclid=ld02u2hpll112560091.

❷ Обзоры внешней торговли России [DB/OL]. [2022-12-30]. https://russian-trade.com/reports-and-reviews/2022-02/torgovlya-mezhdu-rossiey-i-niderlandami-v-2021-g/? ysclid=lcrdzg5ad6368675615.

计局的数据，55%的俄罗斯进口商品直接再出口，31%的进口商品加工后出口，只有14%的进口商品供国内消费。❶

表3-5 2010—2021年俄罗斯与荷兰进出口贸易额

单位：亿美元

年份	进口额	出口额	贸易总额
2010	44.38	532.41	576.79
2011	59.21	612.40	671.61
2012	59.80	760.36	820.16
2013	58.37	692.60	750.97
2014	52.65	666.83	719.48
2015	29.27	401.98	431.25
2016	34.48	318.16	352.64
2017	45.32	382.34	427.66
2018	36.93	434.50	471.43
2019	39.78	447.88	487.66
2020	37.48	248.19	285.67
2021	42.84	421.45	464.29

数据来源：联合国商品贸易统计数据库 https://comtradeplus.un.org/.

对表3-6进行仔细分析，可以发现俄罗斯与荷兰贸易结构的基本特点。出口环节：SITC3类商品是俄罗斯对荷兰最主要的出口商品种类，其出口额大部分年份占据俄罗斯对荷兰贸易额的80%以上（2021年矿产品出口占俄罗斯对荷兰出口总额的79.51%）。由此可见，荷兰在能源领域对俄罗斯有着较强的依赖。进口环节：俄罗斯从荷兰的进口以SITC5类商品（该类商品主要是塑料及其制品、药物等，2021年化学工业产品占俄罗斯从荷兰进口总量的26.00%）以及SITC7类商品（该类商品主要是运输工具及其零配件、船舶等，2021年机械、设备和车辆占俄罗斯从荷兰进口总额的40.57%）为主，由于荷兰在机械与化工领域的商品竞争力不强，因此，俄罗斯的同类商品从荷兰的进口额远较德国小，导致俄罗斯对荷兰的贸易顺差居高不下。

---

❶ 数据来源：荷兰中央统计局 https://www.cbs.nl/.

表 3-6　2010—2021 年俄罗斯与荷兰贸易结构

单位：亿美元

年份	类型	SITC0	SITC1	SITC2	SITC3	SITC4	SITC5	SITC6	SITC7	SITC8	SITC9
2010	进口	11.82	0.11	3.98	0.64	1.83	11.03	2.50	10.77	1.62	0.092
	出口	1.42	0.009	4.15	454.65	0.13	2.25	68.92	0.75	0.11	0.017
2011	进口	13.07	0.18	4.63	0.76	2.24	13.48	3.33	19.52	2.00	0.0002
	出口	2.24	0.005	3.71	536.12	0.12	2.86	66.65	0.55	0.14	—
2012	进口	11.38	0.25	5.01	0.88	1.80	14.13	3.14	20.75	2.28	0.17
	出口	1.98	0.006	3.79	666.07	0.42	3.68	83.76	0.50	0.13	0.02
2013	进口	13.86	0.25	5.08	0.69	1.33	13.87	3.14	17.82	2.24	0.09
	出口	3.22	0.01	2.81	598.97	0.85	5.10	79.28	1.53	0.13	0.69
2014	进口	10.80	0.24	4.13	0.49	1.04	13.28	3.07	16.92	2.67	—
	出口	6.25	0.04	2.41	572.94	0.09	7.32	77.07	0.59	0.14	—
2015	进口	4.46	0.18	2.54	0.26	0.96	9.19	1.60	8.28	1.80	0.0001
	出口	4.61	0.01	1.47	315.33	0.05	5.44	70.03	3.53	1.51	
2016	进口	4.11	0.24	1.74	0.33	1.00	9.18	2.11	13.62	2.08	0.07
	出口	6.02	0.01	1.70	262.87	0.03	5.66	32.16	2.01	0.31	7.40
2017	进口	4.31	0.43	1.92	0.35	0.83	10.28	2.53	22.37	2.28	0.02
	出口	7.68	0.02	2.47	319.10	0.38	5.98	34.06	2.55	0.29	9.82
2018	进口	4.36	0.47	1.53	0.32	0.74	10.16	2.80	14.15	2.41	0.001
	出口	8.16	0.02	2.74	355.65	0.46	7.93	39.33	2.96	0.22	17.03
2019	进口	4.16	0.66	2.97	0.38	0.52	10.61	2.45	15.90	1.97	0.15
	出口	9.07	0.05	1.82	356.93	0.67	8.34	47.37	1.96	0.20	21.46
2020	进口	3.54	0.65	2.89	0.43	0.38	9.33	2.99	15.03	1.97	0.27
	出口	9.26	0.05	2.13	175.33	0.40	4.63	41.67	1.44	0.23	13.05
2021	进口	3.16	0.44	4.06	1.00	0.38	11.14	3.14	17.38	1.85	0.28
	出口	15.00	0.06	4.55	335.11	0.33	5.12	32.18	2.16	0.35	26.58

数据来源：联合国商品贸易统计数据库 https://comtradeplus.un.org/.

四、俄罗斯与意大利的贸易关系

意大利是俄罗斯的第七大贸易伙伴。2021 年，意大利在俄罗斯对外贸易额中的份额为3.99%，就2021年俄罗斯对外贸易额的份额而言，意大利排名第七位。2021年意大利在俄罗斯出口贸易中的份额为3.93%，就2021年俄罗斯出口贸易份额言，意大利排名第七位。2021年意大利在俄罗斯进口贸易中的份额为4.10%，就2021年俄罗斯进口贸易份额而言，意大利排名第七位。❶

由表3-7可知，俄罗斯与意大利的贸易在2013年达到顶峰，贸易额高达437.10亿美元，在此之后，俄意贸易额风光不再。2015年俄罗斯经济危机导致当年俄罗斯与意大利的贸易额比2014年下降超过40%，几乎腰斩。2016年俄罗斯与意大利的贸易额甚至不到2013年贸易额的一半。在此之后，俄意贸易虽然有所恢复，但一直没有恢复到2014年之前水平。2021年，俄罗斯与意大利的贸易额达到313.17亿美元，但只有2013年贸易额的71.65%。从两国进出口贸易差额看，除了2020年新冠疫情原因俄罗斯对意大利出口锐减，造成该年俄罗斯对意大利贸易有1亿多美元的逆差外，其余年份俄罗斯对意大利一直保持贸易顺差状态。

表3-7　2010—2021年俄罗斯与意大利进出口贸易额

单位：亿美元

年份	进口额	出口额	贸易总额
2010	100.24	243.75	343.99
2011	132.93	278.99	411.92
2012	134.26	280.08	414.34
2013	145.54	291.56	437.10
2014	126.77	289.86	416.63
2015	79.28	162.04	241.32
2016	89.36	122.85	212.21
2017	116.76	140.45	257.21
2018	105.80	164.01	269.81
2019	109.08	143.42	252.50
2020	101.96	100.71	202.67
2021	120.34	192.84	313.17

数据来源：联合国商品贸易统计数据库 https：//comtradeplus.un.org/.

---

❶　Обзоры внешней торговли России［DB/OL］.［2022-12-30］. https：//russian-trade.com/reports-and-reviews/2022-02/torgovlya-mezhdu-rossiey-i-italiey-v-2021-g/?ysclid=lcre9bjqsr653868729.

通过对表 3-8 进行认真分析，可以看出俄意贸易结构具有这样的主要特点。出口环节：SITC3 类商品是俄罗斯对意大利最主要的出口种类，2015 年之前都占俄罗斯对意大利出口的 80% 以上。此类商品的出口在 2015 年以后持续下降。

表 3-8　2010—2021 年俄罗斯与意大利贸易结构

单位：亿美元

年份	类型	SITC0	SITC1	SITC2	SITC3	SITC4	SITC5	SITC6	SITC7	SITC8	SITC9
2010	进口	5.08	3.88	0.51	0.20	0.37	15.49	13.27	41.72	19.18	0.54
	出口	0.78	0.01	1.83	203.26	0.77	5.68	30.68	0.56	0.17	0.0003
2011	进口	6.96	4.88	0.75	0.28	0.54	18.61	16.04	62.15	22.72	0.003
	出口	2.14	0.01	2.98	227.68	1.02	7.02	37.45	0.48	0.22	0.00009
2012	进口	7.22	4.61	0.82	0.35	0.63	18.25	15.60	61.22	23.72	1.84
	出口	2.19	0.02	1.82	224.37	1.21	7.80	41.72	0.51	0.18	0.27
2013	进口	7.81	5.46	0.70	0.24	0.86	21.94	16.51	65.20	23.94	2.88
	出口	1.75	0.01	1.43	246.21	0.99	9.77	29.16	1.70	0.35	0.18
2014	进口	7.12	4.97	0.67	0.23	0.57	19.15	15.14	58.05	20.86	0.004
	出口	1.54	0.02	1.43	258.73	0.04	11.39	13.57	2.80	0.33	—
2015	进口	3.26	2.94	0.78	0.17	0.30	14.27	8.92	35.72	12.92	0.002
	出口	1.04	0.01	0.92	137.02	0.03	5.50	14.77	2.53	0.22	0.0002
2016	进口	3.44	2.99	1.48	0.17	0.37	15.45	9.67	39.37	16.31	0.10
	出口	1.02	0.01	0.97	68.96	0.0005	1.18	15.38	2.23	0.15	32.94
2017	进口	4.29	4.03	1.65	0.17	0.47	18.42	11.78	55.68	20.13	0.14
	出口	0.77	0.02	1.26	79.91	—	1.53	14.80	1.64	0.20	40.33
2018	进口	4.54	4.95	1.32	0.19	0.47	19.41	12.30	42.72	19.69	0.22
	出口	1.07	0.02	0.96	86.84	0.02	1.66	19.77	2.34	0.48	50.85
2019	进口	4.49	5.16	0.80	0.15	0.49	22.30	12.49	44.18	18.91	0.13
	出口	1.01	0.01	0.97	87.12	0.04	1.28	21.00	0.98	0.32	30.67
2020	进口	4.52	4.69	0.90	0.15	0.53	19.62	11.92	41.16	17.12	1.36
	出口	1.22	0.008	1.27	54.04	—	1.48	15.92	0.69	0.24	25.84
2021	进口	5.36	5.22	1.01	0.16	0.60	25.82	13.67	46.79	20.42	1.29
	出口	2.48	0.01	1.41	65.18	0.00005	3.46	25.82	0.95	0.42	93.12

数据来源：联合国商品贸易统计数据库 https://comtradeplus.un.org/.

2014 年，俄罗斯 SITC3 类商品对意大利的出口额曾经达到 258.73 亿美元，在此之后开始滑落，到 2021 年俄罗斯此类产品的出口额仅为 65.18 亿美元。这也导致俄意贸易额始终不能恢复到 2014 年之前贸易水平。进口环节：SITC5 类商品（该类商品主要是医药产品、香水、化妆品或盥洗用品等，2021 年占俄罗斯从意大利进口总量的 21.46%）、SITC7 类商品（该类商品主要是电机和设备及其零件、机械设备及其零部件等，2021 年占俄罗斯从意大利进口总量的 38.88%）、SITC8 类商品（该类商品主要是服装和配饰、鞋子、紧身裤和类似产品等，2021 年占俄罗斯从意大利进口总额的 16.97%）是俄罗斯从意大利主要进口商品种类。其中 SITC7 类商品的进口额一直位居俄罗斯进口商品种类榜首。由于近些年意大利机械工业水平总体下滑，俄罗斯此类进口商品额自 2018 年开始基本稳定在 40 多亿美元。

五、俄罗斯与英国的贸易关系

英国是俄罗斯的欧洲重要贸易伙伴。2021 年，英国在俄罗斯对外贸易额中的份额为 3.41%，就 2021 年俄罗斯对外贸易额的份额而言，英国排名第九。2021 年英国在俄罗斯出口贸易中的份额为 4.53%，就 2021 年俄罗斯出口贸易额而言，英国排名第六。2021 年英国在俄罗斯进口贸易中的份额为 1.52%，就 2021 年俄罗斯进口贸易份额而言，英国排名第 13 位。❶

由表 3-9 可知，2020 年之前，俄罗斯与英国的总体贸易额不高。新冠疫情暴发后的 2020 年和 2021 年，俄罗斯与英国的贸易额却屡创新高，2021 年度俄罗斯与英国的贸易额达到 2010 年以来的贸易峰值 267.42 亿美元。自 2010 年以来，除 2014 年外俄罗斯与英国的贸易始终保持顺差状态。2014 年之后，英国对俄罗斯的贸易出口急剧下滑；而 2015 年之后，俄罗斯对英国的贸易出口则总体呈增加态势，2021 年相较 2020 年略有下滑，因此俄罗斯对英国的贸易顺差基本为逐年递增，2021 年俄罗斯对英国的贸易顺差达到 178.08 亿美元之多。

---

❶ Обзоры внешней торговли России [DB/OL]. [2022-12-30]. https://russian-trade.com/reports-and-reviews/2022-02/torgovlya-mezhdu-rossiey-i-velikobritaniey-v-2021-g/?ysclid=lcrepo9aml904861321.

表 3-9 2010—2021 年俄罗斯与英国进出口贸易额

单位：亿美元

年份	进口额	出口额	贸易总额
2010	45.67	96.96	142.63
2011	71.63	103.50	175.13
2012	81.92	125.62	207.54
2013	81.06	123.55	204.61
2014	77.78	75.04	152.82
2015	37.00	45.24	82.24
2016	38.74	70.62	109.36
2017	45.45	88.62	134.07
2018	40.37	97.70	138.07
2019	40.37	132.72	173.09
2020	33.61	231.58	265.19
2021	44.67	222.75	267.42

数据来源：联合国商品贸易统计数据库 https://comtradeplus.un.org/.

对表 3-10 进行认真分析，可以发现 2015 年开始，俄罗斯与英国的贸易结构发生显著变化。出口环节：SITC3 类商品的出口显著减少，此类产品的出口从高峰时期的 2013 年 105.66 亿美元滑落到 2021 年的 33.14 亿美元。与此同时，俄罗斯对英国 SITC9 类商品（该类商品主要是黄金和宝石）的出口额从 2015 年的 0.43 亿美元猛然提升到 2016 年的 33.06 亿美元，2020 年更是大幅上升到 176.92 亿美元，占俄罗斯对英国出口总额的 76.40%。在进口环节：SITC7 类商品（该类商品主要是机械设备及零部件，2021 年占俄罗斯从英国进口总额的 45.91%）一直位居俄罗斯从英国进口商品的榜首。SITC5 类商品（该类商品主要是医药产品等，2021 年占俄罗斯从英国进口总量的 24.33%）也是俄罗斯主要进口商品。英国有着十分发达的医药产业。葛兰素史克公司、阿斯利康公司等世界一流的医药公司都是英国企业。

表 3-10 2010—2021 年俄罗斯与英国贸易结构

单位：亿美元

年份	类型	SITC0	SITC1	SITC2	SITC3	SITC4	SITC5	SITC6	SITC7	SITC8	SITC9
2010	进口	1.64	2.41	0.37	0.59	0.012	11.19	4.66	21.70	3.00	0.054
2010	出口	0.17	0.13	2.24	72.24	0.31	2.03	3.68	0.58	0.25	15.28
2011	进口	1.72	3.71	0.50	0.71	0.011	14.09	5.16	39.95	5.74	0.0036
2011	出口	0.25	0.20	1.10	88.37	0.26	2.09	6.83	0.60	0.25	3.49
2012	进口	1.55	4.48	0.49	0.83	0.0024	13.84	5.19	47.95	7.29	0.24
2012	出口	0.24	0.19	0.92	72.49	0.27	2.34	15.59	1.20	0.40	31.91
2013	进口	1.76	4.35	0.38	0.65	0.0030	16.10	4.96	45.70	6.96	0.10
2013	出口	0.26	0.30	1.39	105.66	0.31	1.34	8.32	1.40	0.35	4.17
2014	进口	1.68	3.88	0.27	0.65	0.0028	12.31	5.22	45.62	8.11	0.0001
2014	出口	0.29	0.35	2.81	58.68	0.16	1.51	4.80	0.96	0.39	5.04
2015	进口	0.89	2.34	0.20	0.46	0.0046	9.90	2.97	17.13	3.07	—
2015	出口	0.31	0.28	1.64	35.12	0.078	1.50	4.59	0.82	0.48	0.43
2016	进口	1.14	2.17	0.21	0.25	0.0080	10.11	2.79	18.54	2.98	0.50
2016	出口	0.39	0.18	1.18	23.26	0.0002	1.13	8.53	2.36	0.47	33.06
2017	进口	1.47	2.72	0.26	0.26	0.014	12.43	2.93	21.47	3.70	0.16
2017	出口	0.43	0.22	1.46	33.30	0.054	1.14	9.51	0.68	0.47	41.32
2018	进口	1.36	2.74	0.22	0.23	0.015	11.47	2.96	18.02	3.03	0.28
2018	出口	0.53	0.23	1.58	44.82	0.032	1.89	9.92	1.005	0.40	37.25
2019	进口	1.55	3.16	0.21	0.13	0.021	12.25	3.35	16.62	2.97	0.068
2019	出口	0.71	0.26	1.50	38.94	0.095	1.62	13.30	0.66	0.34	75.25
2020	进口	1.54	2.97	0.37	0.17	0.023	9.20	2.63	14.05	2.53	0.077
2020	出口	0.73	0.34	1.83	24.54	0.076	1.12	25.09	0.62	0.27	176.92
2021	进口	1.61	3.71	0.80	0.49	0.027	10.87	2.81	20.51	3.32	0.48
2021	出口	0.95	0.30	3.48	33.14	0.028	2.09	22.04	1.28	0.32	159.07

数据来源：联合国商品贸易统计数据库 https：//comtradeplus. un. org/.

六、俄罗斯与波兰的贸易关系

波兰是俄罗斯的传统贸易伙伴国家。2021 年，波兰在俄罗斯对外贸易额中的份额为 2.87%，就 2021 年俄罗斯对外贸易额的份额而言，波兰排名第 11 位。2021 年波兰在俄罗斯出口贸易中的份额为 3.40%，就 2021 年俄罗斯出口贸易份额而言，波兰排名第 11 位。2021 年波兰在俄罗斯进口贸易中的份额为 1.98%，就 2021 年俄罗斯进口贸易份额而言，波兰排名第 11 位。❶

波兰一直是俄罗斯在东欧国家中的第一大贸易伙伴。如表 3-11 所示，2011 年俄罗斯与波兰的贸易额高达 278.38 亿美元，2015 年开始由于俄罗斯经济危机，贸易额下降严重，2021 年也没有恢复到 2011 年水平，只有 225.30 亿美元，相当于 2014 年贸易水平。俄罗斯与波兰的贸易始终保持顺差状态，且贸易出口额一直远远大于贸易进口额。2011 年俄罗斯对波兰贸易顺差高达 145.50 亿美元。

表 3-11　2010—2021 年俄罗斯与波兰进出口贸易额

单位：亿美元

年份	进口额	出口额	贸易总额
2010	58.25	142.16	200.41
2011	66.44	211.94	278.38
2012	74.67	197.53	272.20
2013	83.21	194.08	277.29
2014	70.69	157.60	228.29
2015	38.40	95.13	133.53
2016	44.53	93.44	137.97
2017	55.33	118.15	173.48
2018	51.42	166.07	217.49
2019	50.79	127.58	178.37
2020	48.53	95.66	144.19
2021	58.08	167.22	225.30

数据来源：联合国商品贸易统计数据库 https：//comtradeplus.un.org/.

对表 3-12 进行认真分析，可以发现俄罗斯与波兰贸易结构的基本特点。出

---

❶　Обзоры внешней торговли России [DB/OL]. [2022-12-30]. https：//russian-trade.com/reports-and-reviews/2022-02/torgovlya-mezhdu-rossiey-i-polshey-v-2021-g/?ysclid=lcrezduter39507983.

口环节：俄罗斯对波兰的出口主要集中在 SITC3 类商品，除 2021 年外，历年此类商品额都超过总出口额的 50%（2021 年矿产品出口额占俄罗斯对波兰出口总额的 49.77%）。进口环节：俄罗斯主要进口产品是 SITC7 类商品（主要是机械

表 3-12　2010—2021 年俄罗斯与波兰贸易结构

单位：亿美元

年份	类型	SITC0	SITC1	SITC2	SITC3	SITC4	SITC5	SITC6	SITC7	SITC8	SITC9
2010	进口	9.91	0.14	0.22	0.12	0.083	10.51	11.23	19.03	6.92	0.042
	出口	0.11	0.027	3.74	128.32	0.053	4.48	4.41	0.81	0.17	0.00005
2011	进口	9.78	0.25	0.22	0.38	0.17	11.52	13.23	22.45	8.38	0.00015
	出口	0.14	0.023	5.07	190.94	0.093	5.30	6.88	3.09	0.35	0.020
2012	进口	12.73	0.30	0.26	0.55	0.20	12.50	14.07	25.24	8.76	0.0033
	出口	0.18	0.046	4.66	177.21	0.033	6.74	6.10	2.08	0.27	0.17
2013	进口	15.32	0.42	0.47	0.59	0.22	12.69	14.75	29.13	9.57	0.0088
	出口	0.45	0.058	4.47	173.96	0.062	7.63	6.37	0.67	0.22	0.15
2014	进口	10.70	0.41	0.63	0.48	0.056	10.34	14.04	24.82	9.17	—
	出口	1.15	0.086	3.93	137.99	0.075	7.26	6.17	0.64	0.28	—
2015	进口	3.33	0.16	0.70	0.31	0.029	7.00	9.23	12.33	5.26	—
	出口	1.03	0.091	3.26	75.73	0.044	6.31	7.06	1.04	0.53	
2016	进口	3.27	0.20	1.20	0.28	0.011	7.37	9.43	17.23	5.50	0.00005
	出口	0.72	0.074	3.23	62.89	0.027	6.82	8.07	2.03	0.40	9.13
2017	进口	4.10	0.20	0.60	0.46	0.012	8.38	11.50	23.14	6.88	0.014
	出口	0.54	0.11	4.60	83.62	0.04	8.70	8.45	1.52	0.47	10.08
2018	进口	3.94	0.18	0.71	0.49	0.0013	8.29	10.22	21.22	6.33	0.00019
	出口	0.83	0.08	3.70	119.73	0.05	8.83	12.02	2.03	0.45	18.30
2019	进口	3.91	0.21	0.69	0.35	0.0034	8.80	10.21	20.58	5.99	0.001
	出口	0.62	0.08	3.19	88.95	0.08	8.45	11.50	1.60	0.53	12.53
2020	进口	3.69	0.23	0.63	0.29	0.0057	7.82	9.22	21.19	5.02	0.39
	出口	0.76	0.04	2.63	60.66	0.13	6.62	10.78	1.57	0.60	11.83
2021	进口	4.12	0.39	0.69	0.53	0.0083	9.13	10.56	26.61	5.65	0.34
	出口	1.12	0.05	4.54	83.22	0.33	12.25	18.78	1.82	0.86	44.21

数据来源：联合国商品贸易统计数据库 https://comtradeplus.un.org/.

设备及零配件、电机设备及零部件，录音和录像设备等，2021年占俄罗斯从波兰进口总量的45.82%），也是俄罗斯历年来从波兰最主要的商品进口类别。此外，SITC5类商品（主要是塑料及其制品、香水、化妆品或盥洗用品、药物等，2021年化学工业产品占俄罗斯从波兰进口总量的15.72%）也是主要的进口大类商品。这种贸易结构与冷战时苏联与东欧国家产业布局有关。因此，波兰虽然工业水平不如德、法等国家，但得益于波兰与原苏联地区密切的工业联系与合作，波兰上述两类商品一直对俄罗斯保持较高的出口额。

七、俄罗斯与欧洲国家贸易的特点

俄罗斯与欧洲国家贸易关系的主要特点是贸易结构严重不平衡。俄罗斯对欧洲国家进出口商品结构具有明显的单一性。俄罗斯对于欧洲主要贸易伙伴的最主要的出口产品就是SITC3类商品。石油、天然气和煤炭等能源产品的出口常年占到俄罗斯对欧洲国家贸易出口额的50%以上。除此之外，SITC9类以及SITC5类商品在俄罗斯的进出口贸易结构中也占有一定比重。而包括食品类、机械和运输设备类商品的出口额占俄罗斯向欧洲国家出口总额比例还不足2%。自2010年以来国际原油价格持续飙升，在一定程度上刺激了俄罗斯的能源产业发展，并增加了俄罗斯对欧洲国家的石油出口额。因此，贸易结构的单一性反而使俄罗斯对欧洲国家的贸易一直保持顺差状态，且呈现出逐年上升之势。据统计，俄罗斯与欧洲10个主要贸易伙伴的顺差由2010年的377.70亿美元增长到2021年的618.47亿美元。俄欧贸易结构不平衡的根源是双方产业结构严重不平衡。由于俄欧经济和科技水平的发展存在明显差异，因而在贸易结构上就表现出俄罗斯以低附加值和资源型产品来换取欧洲国家技术含量高的机械和电子设备、奢侈品及信息类产品。这种贸易结构一方面使双方对对方市场都有依赖，另一方面，这种依赖不完全对称。欧洲市场对俄罗斯的重要性明显高于俄罗斯市场对欧洲国家的重要性。因此，当欧盟持续对俄罗斯能源以外的其他商品进口设置反倾销政策与配额限制障碍时，俄罗斯对此深感不满与无奈。

第二节　俄罗斯与欧洲国家的投资关系

欧洲国家既是俄罗斯十分重要的投资引入国，也是俄罗斯极为重要的对外投资对象国。多年来，欧盟国家对俄罗斯的净投资占俄罗斯外国投资总额的 80% 以上。据俄罗斯中央银行统计，2019 年俄罗斯国有金融机构有 47% 的债权融资是在欧盟金融市场上完成的。这清楚地表明俄罗斯金融和投资市场对欧洲金融市场的依赖程度。❶

一、欧洲国家对俄罗斯的投资情况

（一）欧洲国家对俄罗斯投资的基本概况

欧洲国家对俄罗斯投资年流量如表 3-13 所示。

表 3-13　2010—2021 年欧洲国家对俄罗斯的投资年流量

单位：百万美元

国家	2010 年	2011 年	2012 年	2013 年	2016 年	2017 年	2018 年	2019 年	2020 年	2021 年
德国	3 196	2 234	2 265	335	224	470	341	245	-1 449	3 628
法国	2 592	1 107	1 232	2 121	1 997	854	1 134	2 044	1 460	159
意大利	309	154	280	118	133	30	579	260	-315	46
英国	1 142	2 007	46	18 927	478	2 076	2 522	4 686	9 126	7 108
荷兰	3 733	7 383	10 330	5 716	165	-1 427	7 846	6 393	1 975	-8 957
芬兰	347	217	349	216	253	50	582	-276	-236	12
瑞士	-1	741	401	1 086	1 842	1 511	1 690	23	-877	645
瑞典	1 831	2 025	1 322	-1 203	530	20	372	-250	-2 220	367
波兰	17	6	17	-49	116	5	-27	67	-9	135
捷克	72	78	-187	36	171	73	-32	-101	60	34
塞浦路斯	12 287	12 999	1 985	8 266	-436	8 674	-10 108	7 932	-3 895	27 956
匈牙利	374	454	683	736	362	184	259	284	133	97
爱尔兰	2 326	5 306	9 877	10 399	-1 789	889	-3 850	3 193	-343	4 207
卢森堡	2 892	4 106	10 814	11 638	-939	3 378	-506	-2 814	-10 803	-4 422

数据来源：俄罗斯联邦统计局网站 https：//rosstat.gov.ru/storage/mediabank/Strani_mira_2022.pdf.

在俄罗斯投资最多的 6 个欧洲国家依次是德国、英国、芬兰、法国、意大

---

❶ Андрей Мовчан, Экономические отношения России и ЕС. Худшие друзья－лучшие враги [J/OL]. [2022-12-30]. https：//carnegie.ru/commentary/63664.

利和塞浦路斯。德国对俄罗斯的投资项目最多，2020年德国对俄罗斯的投资项目为26个。德国投资者对俄投资合作项目主要涉及石油、天然气、汽车、电力以及航空航天等领域。❶

塞浦路斯对俄罗斯的投资增减幅度比较大，塞浦路斯一直是俄罗斯主要的直接投资来源地。这个地中海国家在俄罗斯一共投资了1 666亿美元，达到世界各国在俄罗斯总投资的1/3以上。塞浦路斯对俄罗斯投资的绝大部分实际上来自在塞浦路斯注册的俄罗斯企业的离岸公司，因此，塞浦路斯作为名义上俄罗斯的主要投资者的地位是不可动摇的。从表3-13可以看出，法国、英国与荷兰是塞浦路斯之外，在俄罗斯投资增幅最多的三个欧洲国家。甚至在新冠疫情暴发的2020年，英国对俄罗斯投资依然继续大幅上升。相比之下，德国对俄罗斯的投资在2020年却大幅减少。荷兰与英国以及英国附属地如泽西岛、巴哈马、百慕大和英属维尔京群岛对俄罗斯的投资与塞浦路斯情形相似，从这些地方流向俄罗斯的资金有许多是来自俄罗斯在当地所设的子公司。2015年这些地区与国家在俄罗斯的直接投资总额为604亿美元，2018年已经达到967亿美元，2019年为1 040亿美元，2020年年初增加到1 286亿美元。❷

(二) 欧洲国家对俄罗斯的主要投资领域与主要项目

1. 能源领域的主要投资项目

能源领域的投资是欧洲国家对俄罗斯最大的投资领域，对石油和天然气领域的投资一直是欧洲企业在俄罗斯投资的重点所在。

荷兰皇家壳牌集团公司一直在俄罗斯的萨雷木斯克油田进行开发，该油田于2004年年底正式产油。荷兰皇家壳牌集团公司还与俄罗斯天然气工业股份公司、日本的三井物产和三菱集团组成的联合财团对俄"萨哈林2号"天然气项目进行投资，金额高达数十亿美元，其中皇家壳牌集团公司持有27.5%的股份。法国道达尔公司与俄罗斯及挪威企业在俄罗斯共同开发哈尔扬金斯克油田。其

---

❶ Названы страны-лидеры по инвестициям в Россию [J/OL]. [2022-12-30]. https://finance.rambler.ru/economics/46549658-nazvany-strany-lidery-po-investitsiyam-v-rossiyu/?ysclid=ld125lth1g694905706.

❷ Какие страны вкладываются сегодня в Россию [J/OL]. [2022-12-30]. https://forpost-sz.ru/a/2020-10-14/kakie-strany-vkladyvayutsya-segodnya-v-rossiyu?ysclid=la1z0fbafx463294694.

中，道达尔公司拥有50%的股份，投资金额已达数亿美元。道达尔能源还拥有俄罗斯最大能源项目亚马尔液化天然气项目20%的股份、北极-2液化天然气项目21.6%的股份、哈里亚油田（Kharyaga）20%的股份以及诺瓦泰克天然气公司19.4%的股份。英国石油公司（BP）是欧洲国家对俄罗斯第三大投资企业，该公司与俄罗斯秋明石油公司合资建立了俄罗斯秋明英国石油控股公司（TNK-BP），如今，该公司在俄罗斯已建造4家石油加工厂及拥有上千家加油站。意大利埃尼集团（ENI）与意大利国家电力公司（ENEL）也在俄罗斯投下了巨额资金。2007年，这两家公司以58亿美元联合购买了俄罗斯尤科斯石油股份公司及其分公司60%和40%的股票，同时还购买了俄罗斯天然气公司20%的股票，从而加强了意大利能源企业与俄罗斯能源企业的合作。❶

2. 电力领域的主要投资项目

欧洲公司的大量投资也出现在俄罗斯电力行业。欧洲国家的公司在俄罗斯拥有总容量约为22吉瓦（不包括在建电厂）的发电厂，几乎占俄罗斯总发电量（截至2022年1月1日为246.6吉瓦）的9%。其中意大利国家电力公司（ENEL）拥有总容量为5.74吉瓦的gres和风力发电厂（WPP）；5个容量总计为11.25吉瓦的TPP属于德国能源控股公司；丹麦维斯塔斯风力系统公司（Vestas Wind Systems A/S）在俄罗斯乌里扬诺夫斯克投资开设其叶片制造厂，还投资了三个风电站。芬兰富腾集团（FORTUM）起初是对俄罗斯彼得格勒能源企业进行投资，之后又对俄罗斯发电站进行巨额投资，此外，富腾集团在俄罗斯还拥有TPP和风电场，总容量为4.67吉瓦。富腾集团还积极投资可再生能源，截至2021年年底，其在俄罗斯总投资高达132亿卢布。❷

3. 制造业领域的主要投资项目

德国大众公司投资615亿卢布在卡卢加和下诺夫哥罗德建立汽车工厂；戴

---

❶ Вестник экономикиЕвразийского союза［J/OL］.［2022-12-30］. https：//eurasian-magazine. ru/ratings/top-25-krupneyshikh-investitsionnykh-proektov-rossii-s-uchastiem-inostran-nogo-kapitala/? ysclid=ld1h38trcy51817387.

❷ Вестник экономикиЕвразийского союза［J/OL］.［2022-12-30］. https：//eurasian-magazine. ru/ratings/top-25-krupneyshikh-investitsionnykh-proektov-rossii-s-uchastiem-inostran-nogo-kapitala/? ysclid=ld1h38trcy51817387.

姆勒奔驰股份公司投资465亿卢布在切尔尼纳贝列日尼建立汽车生产基地。❶

此外，俄罗斯最大合资汽车公司 Avtoframos 的所有者是法国与俄罗斯，其中67.6%的投资来自法国雷诺汽车公司，另外32.4%的投资来自俄罗斯国家技术集团。法国雷诺汽车公司还以10亿多美元的价格购买了俄罗斯最大车企伏尔加汽车公司25%的股份，成为俄罗斯最大的战略投资商。❷ 西班牙倍耐力集团投资30亿卢布在基洛夫建设生产17英寸轮胎的工厂；法国库恩集团（Kuhn）投资30亿卢布建设农业机械工厂；圣戈班（Saint-Gobain）集团投资30亿卢布建设隔热材料生产工厂；芬兰诺基亚轮胎（Nokian Tyres）公司在圣彼得堡郊区投资5亿美元建立一家大型轮胎生产企业。❸

4. 基础设施领域的主要投资项目

在俄罗斯的铁路工程领域，德国西门子公司投资12亿卢布与俄罗斯西纳拉（Sinara）运输机械公司成立一家合资企业。该公司主要生产货运内燃机车以及客运高速电动列车。❹

5. 食品领域的主要投资项目

欧洲国家投资商在食品工业领域主要有丹麦嘉士伯公司对俄罗斯啤酒业进行投资，自20世纪90年代开始，世界第四大酿酒集团——丹麦嘉士伯公司就开始向俄罗斯投资，并取得在圣彼得堡成立的波罗的海啤酒企业的控制权；比利时英博啤酒集团占据俄罗斯啤酒市场将近1/5的份额；英国和荷兰合资企业联合利华公司投资12.5亿卢布通过收购卡林娜等俄罗斯本土日化产品生产企业进入俄罗斯市场；法国达能集团在俄罗斯投资超过10亿欧元，拥有13家工厂，

---

❶ Вестник экономики Евразийского союза ［J/OL］. ［2022-12-30］. https：//eurasian-magazine. ru/ratings/top-25-krupneyshikh-investitsionnykh-proektov-rossii-s-uchastiem-inostran-nogo-kapitala/? ysclid=ld1h38trcy51817387.

❷ 王跃生，杨力. 欧盟国家对俄罗斯的直接投资问题 ［J］. 俄罗斯中亚东欧市场，2010（12）：26-32.

❸ Вестник экономики Евразийского союза ［J/OL］. ［2022-12-30］. https：//eurasian-magazine. ru/ratings/top-25-krupneyshikh-investitsionnykh-proektov-rossii-s-uchastiem-inostran-nogo-kapitala/? ysclid=ld1h38trcy51817387.

❹ Вестник экономики Евразийского союза ［J/OL］. ［2022-12-30］. https：//eurasian-magazine. ru/ratings/top-25-krupneyshikh-investitsionnykh-proektov-rossii-s-uchastiem-inostran-nogo-kapitala/? ysclid=ld1h38trcy51817387.

7200多名员工；瑞士雀巢集团投资10亿卢布在俄罗斯开设了一家宠物食品生产厂。❶

6. 服务业领域的主要投资项目

在服务业领域，欧盟企业的对俄投资不断增多，目前已经有许多知名企业对服务业进行投资。例如，瑞典宜家集团在俄罗斯已成立十多家家居连锁店，并投资将近20亿卢布在俄罗斯建立宜家购物中心；德国麦德龙集团在俄罗斯成立的连锁店已超过30家；法国欧尚集团也在俄罗斯境内成立了大型超市，并开设多家连锁店。❷

7. 欧洲国家在俄罗斯金融领域的主要投资项目

近些年，欧洲国家的银行也不断加大对俄罗斯金融业投资。目前主要的直接投资分别是：德国的德意志银行以4.5亿美元购买了俄罗斯联合金融集团（UFG）大约60%的股份；意大利联合信贷银行（UniCredit SpA）收购了莫斯科国际银行；奥地利联合信贷银行（Bank Austria Unicredit）并购了俄罗斯进出口银行；德国安联保险集团（Allianz SE）则是在俄保险业投资额最大的欧盟保险公司。❸

（三）欧洲国家对俄罗斯投资的主要特点

（1）欧洲企业对进入俄罗斯市场十分谨慎。虽然俄罗斯政府制定了关税优惠、利润自由支配以及保护产权等措施来促进欧洲国家对俄罗斯投资，但俄罗斯基础设施陈旧、投资项目审批程序复杂以及政府官员腐败等问题使很多欧洲公司对俄罗斯营商环境不满意，因此欧洲国家对俄直接投资并不积极。欧洲国家对俄投资集中程度较高的领域，如能源、汽车、农业以及服务业都是俄罗斯市场相对成熟且投资成本回收快和投资风险性小的领域。对俄罗斯经济产生重要影响的领域，如机械制造、电子信息以及社会保障等则投资较少。

---

❶ Вестник экономикиЕвразийского союза［J/OL］.［2022-12-30］. https：//eurasian-magazine. ru/ratings/top-25-krupneyshikh-investitsionnykh-proektov-rossii-s-uchastiem-inostran-nogo-kapitala/？ ysclid=ld1h38trcy51817387.

❷ 王跃生，杨力. 欧盟国家对俄罗斯的直接投资问题［J］. 俄罗斯中亚东欧市场，2010（12）：26-32.

❸ Кузнецов Алексей Владимирович，Прямые инвистиции из Евросоюза в России［J/OL］.［2022-12-30］. https：//www. perspektivy. info/print. php？ ID = 35937&ysclid = ldeau33shp688663486.

（2）欧洲国家对俄投资的地域分布特点比较明显。其投资主要集中在俄罗斯的欧洲部分和矿产资源丰富的地区，欧洲国家对俄罗斯投资的基本原则是能够确保其获取稳定能源以及投资环境市场化程度较高，能够确保投资获益高，从而能保证欧盟投资资本和能源的双向安全。这反映出欧洲国家普遍认识到俄罗斯国内经济发展不平衡的特点，在可预见的未来，欧洲国家对俄罗斯投资地域仍然会维持现状。

（3）欧洲国家对俄投资存在很大的双重性。欧洲投资为俄罗斯带来了工艺先进与质量优异的产品，降低了生产成本，提高了劳动生产率和就业率，推动了科技进步，对俄罗斯现代企业制度的建立以及产权治理结构的改造均起到了一定的助推作用；但是俄罗斯对欧洲国家对俄投资结构的失衡使俄罗斯的出口结构与经济结构无法借助国际资本流动而得到优化又感到不满。欧盟认为俄罗斯单方面在欧洲市场扩大势力范围，对欧洲公司进入俄罗斯市场百般阻挠的行为令人失望。因此，欧洲国家对俄罗斯的投资始终不温不火。❶

二、俄罗斯对欧洲国家的投资情况

俄罗斯对欧洲国家的投资很难统计。主要原因是俄罗斯公司喜欢通过离岸公司和类似司法管辖区进入欧洲国家，而这类投资十分难以统计。包括接受俄罗斯直接投资的欧洲国家的中央银行的官方统计数据因此也是不真实的。这些国家和地区所接受的俄罗斯资金很多又回流到俄罗斯。因此，俄罗斯对欧洲投资排名前三位的国家和地区又是对俄罗斯投资最多的国家和地区。

从真实的投资角度看，俄罗斯跨国公司在欧洲国家投资的目的是增加能源产品的销售，因此，俄罗斯在欧洲国家投资最主要的部分集中在天然气运输基础设施上。目前，俄罗斯在欧洲国家投资最大的三个项目为亚马尔-欧洲天然气管道、北溪天然气管道和北溪-2天然气管道。

（1）亚马尔-欧洲天然气管道。俄罗斯主要的天然气出口管道，它将西西伯利亚北部的天然气田与欧洲的消费者联系起来，经过俄罗斯、白俄罗斯、波兰。

（2）北溪天然气管道。该管道的建设始于2005年12月9日。这条1224千米的天然气管道从俄罗斯（列宁格勒州）到德国北部的卢布明。2011年10月，

---

❶ 陈新明．论影响俄欧关系的三大要素［J］．国际论坛，2008（6）：16-21．

天然气管道建设完成。主要用于瑞典、丹麦、德国、法国和芬兰等国家接收俄罗斯天然气。

（3）北溪-2 天然气管道。2015 年 9 月 4 日，"北溪-2"开始建设，通过铺设一条由俄罗斯经波罗的海海底到德国的天然气管道，可绕过乌克兰把俄罗斯天然气输送到德国，再通过德国干线管道输送到其他欧洲国家。

上述三条管道中前两条管道已经建成并且投入使用，而北溪-2 虽已建成，但因为政治因素，至今未正式投入使用。

除能源领域之外，俄罗斯公司在欧洲国家的金融、房地产、电信以及服务行业都有投资，但是项目金额都不高。其主要原因是俄罗斯投资者在许多欧洲国家是负面形象，因为"欧洲国家确信俄罗斯扩张的存在，对它的担忧的滋长导致某些国家对俄罗斯投资设置政治障碍，这是不公平的竞争行为"。❶

第三节　俄罗斯与欧洲国家的能源合作与矛盾

一、俄欧之间的能源合作

作为世界主要能源出口国，俄罗斯历来将欧洲国家看作重要的能源合作伙伴。能源合作是俄欧经济合作的最重要领域。因为俄欧能源合作有利于双方经济的增长。对于俄罗斯而言，欧洲国家一直是俄罗斯油气出口创汇的主要地区，也是其能源产业资金与先进技术的来源地。俄罗斯能源产业一直存在勘探和开发设备老化的问题，导致新油田开发难度大，大量的资金以及先进技术投入是解决其困难的关键，所以欧洲国家的资金与技术对于俄罗斯能源产业的发展是不可或缺的。

对于欧洲国家而言，经济一体化程度的不断加深使其对能源的需求日益增加，尽管欧盟于 2019 年批准了欧洲绿色协议，但是欧盟自己也承认，到 2030 年

---

❶ Привлечение российских инвестиций европейским союзом [J/OL]. [2022-12-30]. https://expbiz.ru/biznes-stati/mezhdunarodnyj-biznes/privlechenie-rossijskikh-investitsij-evropejskim-soyuzom.html?ysclid=ld12kz4r3h288513996.

石油与 2015 年相比最多减少进口 23%~25%，天然气相比减少 13%~19%，❶ 因而欧洲大部分国家愿意与俄罗斯建立长期而稳定的能源合作关系。总体来看，双方的能源合作是颇有成效的，欧洲主要能源企业都积极参与俄罗斯能源勘探、开发以及管道铺设等领域的投资活动，并且在开发新能源与节能技术以及构建共同能源市场上有共识。为了有效保证俄欧之间的能源合作的效果，"俄欧已建立起政府间、跨政府以及跨国这三个层次的能源合作机制。其中，政府间能源合作机制是双方开展能源战略合作的基础；跨政府能源合作机制是决定能源合作效率的关键；而跨国能源合作机制是决定能源合作成果的基石。俄欧在这三个层面的能源合作机制为促进双方能源关系发展奠定了坚实基础。"❷

二、俄欧之间能源合作中的矛盾

虽然俄欧能源贸易合作属于各自的刚需，但在合作过程中，双方在能源战略、管道建设、能源合作重点等方面皆存在分歧。这也反映出俄欧之间在能源问题上存在较明显的利益冲突。

1. 俄欧在能源战略与能源政策上存在明显差异

俄罗斯政府的能源战略的目标是：保障俄罗斯能源安全；扩大俄罗斯在国际能源市场的影响力；充分获得国外能源技术和设备以推动俄罗斯自身经济的发展。俄罗斯对欧能源战略核心是以地缘经济利益谋求地缘政治利益，从而以能源优势实现国家利益最大化。

欧盟对俄罗斯的能源战略核心，一是保障自身安全与稳定的能源供应；二是提高能源使用效率，确保能源安全生产；三是促进能源领域改革，逐渐开放能源市场；四是制定统一的能源政策，应对能源安全风险；五是使俄罗斯融入欧盟统一的能源市场体系。欧盟希望通过捆绑俄罗斯确保其能源供应的安全与

---

❶ Наталья Пискулова, "Зеленая сделка"：риски и возможности для ЕС и России [J/OL]. [2022-12-30]. https：//russiancouncil.ru/analytics-and-comments/analytics/zelenaya-sdelka-riski-i-vozmozhnosti-dlya-es-i-rossii/? ysclid=ldeb9z7ka3534645519.

❷ 陈新明. 俄欧关系争执激烈的思想根源与主要问题 [J]. 俄罗斯中亚东欧研究，2010 (4)：73-77.

稳定，因此欧洲国家和俄罗斯之间的能源安全诉求存在明显分歧。❶

由此可见，对于俄罗斯而言，确立其在欧洲能源市场中的主导地位是其主要目标。对于欧盟而言，以《欧洲能源宪章》为基础、以市场自由化为原则的战略是保障其能源安全的根本。

2. 俄欧在"北溪-2"天然气管道上的合作与斗争

能源作为俄欧经济关系最直接、最现实的利益载体，一直都是俄罗斯与欧盟博弈的砝码。为了满足欧洲国家的能源需求，俄罗斯和欧洲公司合资建设了"北溪-2"天然气管道项目，通过该管道干线每年可输送 550 亿立方米的天然气到欧洲各国。但"北溪-2"项目未来能否运营取决于美俄欧三方的博弈。因为在"北溪-2"项目上，俄罗斯、欧洲各国和美国各有不同的战略诉求。俄罗斯希望通过"北溪-2"管道项目的合作从西方制裁中获得战略突破，并大力发展能源出口；德国是"北溪-2"项目的直接受益者，该项目使德国成为欧洲能源的中转中枢；美国试图通过制裁手段和对德国施压，将俄罗斯挤出欧洲能源市场，为美国向欧洲国家出口天然气创造必要条件。作为已有天然气管道中转过境国的乌克兰和波兰强烈反对"北溪-2"管道，是因为两国在俄罗斯天然气过境费上有着巨额收益。"北溪-2"天然气管道项目表明了欧洲各国两难之境。如果"北溪-2"正式投入运营，那么欧洲各国的天然气需求能够得到很大程度的满足，但是其对俄罗斯天然气的需求量会超过 40%。这会持续引发欧盟尤其是反俄情绪强烈的中东欧国家对俄罗斯天然气高度依赖的担忧，给今后俄欧能源合作带来变数和不确定性。

3. 俄欧能源合作关注的重点截然不同

俄欧能源合作的关注重点的分歧在于能源供应安全以及能源价格市场化方面。欧盟认为，俄罗斯国内能源价格与出口到欧盟的能源价格相差悬殊是不能接受的。欧盟希望实现能源市场自由化，要求俄罗斯能源的国内价格与国际价格应当保持一致。欧盟对俄罗斯开展中东和亚太地区的能源外交尤其不满。欧盟认为，俄罗斯与哈萨克斯坦及土库曼斯坦签署购买天然气协议的目的是将其作为俄罗斯增加世界能源影响力和话语权的战略工具，让欧洲国家更加依赖俄

---

❶ 亚历山大·米哈伊洛维奇·斯米尔诺夫. 俄罗斯与欧盟开展能源外交的比较分析[J]. 粟瑞雪, 译. 俄罗斯学刊, 2015（2）: 93-96.

罗斯独家输送天然气。因此，欧盟明确提出不希望出现包括俄罗斯、海湾地区和里海地区在内的"欧亚能源联盟"。

俄罗斯认为，欧盟主张能源出口多元化不仅会增加生产成本，而且不利于俄方继续保持其在能源出口上的优势地位，使俄罗斯在国际能源市场的话语权减少。为此，俄罗斯通过与中亚国家连接的能源管道，签订合作协议、建立合作企业等手段对中亚国家的石油与天然气出口进行管控，削弱欧洲国家在能源市场上讨价还价的能力。在此过程中，将欧洲能源消费国和俄罗斯能源供给国之间形成强大的利益捆绑关系，以确保俄罗斯对欧洲能源出口赚得盆满钵满。[1]

第四节 俄罗斯与欧洲国家经贸合作的问题与前景

由于俄罗斯与欧洲国家存在战略、体制和文化等诸多领域的差异与矛盾，使得双方在经贸领域的合作面临诸多挑战与困难，甚至可以说影响俄欧经贸合作的一些障碍是难以消除的。

（一）俄欧在对外战略目标上有根深蒂固的矛盾

俄罗斯在国际事务处理上，一直坚持按照自己的利益奉行独立自主的对外政策，俄罗斯认为在与欧盟发展合作关系时，不能以牺牲本国利益和主权为代价，欧盟也无权干涉俄主权和内政。在欧盟看来，俄罗斯对外扩张的历史传统以及庞大的核力量让欧洲各国不安。因此，欧盟一直希望削弱俄罗斯的基本力量，使俄罗斯成为依附于欧盟的国家。两者在战略目标上的完全对立无疑会导致双方在经济合作过程中产生矛盾。

（二）文化差异导致俄欧之间缺乏战略互信

由于俄罗斯地处欧亚地区，使得欧洲文明与亚洲文明都对俄罗斯产生了影响，俄罗斯的国徽上的双头鹰反映了这一特点。欧盟认为俄罗斯并不是一个真正意义上的欧洲国家，其在社会结构与价值观体系等诸多方面与欧洲存在本质区别。这种区别导致双方相互之间缺乏信任感，且这种不信任感根深蒂

---

[1] Karen Smith Stegen. Deconstructing the "Energy Weapon": Russia's Threat to Europe as Case Study [J]. Energy Policy, 2011: 6056.

固，难以根除。尤其是一些曾经笼罩在俄罗斯帝国统治阴云下的中东欧国家，对俄罗斯一直持有怀疑和敌视的态度。同样，在俄罗斯看来，欧盟与美国联手打压俄罗斯，是不考虑、不尊重俄罗斯的国家利益的行为。这同样也加剧了俄罗斯对欧盟的不信任。这种战略互疑对俄欧经济合作的顺利进行颇为不利。

（三）美国对俄欧经贸关系具有重大影响

作为世界头号强国，美国的战略思维逻辑就是绝不允许世界上存在一个能够挑战其霸权地位的国家。因此，美国一直对奉行独立自主政策，拥有相当国力的俄罗斯进行遏制打压。欧洲大部分国家作为美国的盟国，在削弱俄罗斯实力，压缩俄罗斯战略空间的目标上和美国保持一致。此外，美国不时挑唆欧盟，使欧盟与俄罗斯产生相互对立，产生不信任。美国还不断通过北约东扩来挤压俄罗斯的安全空间，刺激俄罗斯的民族感情，严重影响了俄罗斯与整个西方关系的发展，阻碍了俄欧经贸合作的深化。

因此，欧盟在涉及俄罗斯的政策时不得不将美国因素考虑在内，并不能完全根据自身的利益来制定欧盟对俄经贸政策。

（四）俄欧经贸合作关系的未来趋势

从现实的角度看，俄乌战争的"扩散效应"已波及俄罗斯与欧盟战略合作的多个领域。欧盟采取的高强度制裁措施以及俄罗斯相应的反制裁措施加剧了俄欧之间的矛盾，增加了双方之间的紧张度与冲突性。自2013年以来，俄罗斯与欧洲国家贸易额在俄对外贸易总额中的比重逐年下降，从2013年的49.6%降至2020年的38.1%。2020年1—9月，俄德、俄荷和俄意贸易在俄对外贸易总额中的占比分别从2013年的8.9%、9.0%和6.4%降至7.2%、5.2%和3.5%。[1]

从中长期看，即使俄乌战争结束，俄欧经贸合作回归到正常水平，仍有一定的难度，俄欧经贸合作关系的进一步改善仍会步履维艰。但俄欧双边经贸合作关系向前发展也有一定的可能性。欧盟和俄罗斯市场对彼此都非常重要，地理上的接近性、双边贸易结构的互补性和长期的商业交流等因素对于维持

---

[1] 孙壮志. 俄罗斯发展报告2021年 [M]. 北京：社会科学文献出版社，当代世界出版社，2021：186.

俄罗斯与欧洲国家之间经贸关系发展仍有作用。2022年的贸易数字表明，俄罗斯在欧盟最大进口国的排名中仍然位列第五，排在中国、美国、英国和瑞士之后。尤其是俄罗斯能源对于欧盟的重要性无法替代。这是因为，其一，欧盟在能源供应上高度依赖进口，而俄罗斯作为欧盟能源进口的重要来源地价值始终存在；其二，波斯湾地区的动荡与冲突让欧洲难以放心，出于能源供应安全及能源来源多样化双重因素的考虑，欧盟不能将其能源进口转向波斯湾地区；其三，俄罗斯能源品质优良，在欧洲市场广受欢迎，且欧盟已经修建完备天然气管道运输设施，使俄罗斯输往欧洲的天然气价格远低于其他地区对欧洲的能源出口价格；其四，美国政府极度的民族利己主义、保护主义以及对现有国际贸易制度的肆意破坏，与欧洲国家利益并不相容。俄乌战争中，美国趁火打劫以4倍的高价向欧国家出售天然气，使欧洲许多国家的政府与民众心理很受伤。因此，美国对俄罗斯与欧洲国家利益的漠视，也可能成为俄罗斯与欧洲国家改善关系的额外动力。当然，俄欧经贸关系未来持续正常发展的关键在于欧盟是否愿意正视俄罗斯的利益诉求，这对今后俄欧双方未来经贸合作将产生深远的影响。

第四章 俄罗斯与独联体国家的贸易和投资关系

由于历史、文化、经济和地缘等多重因素影响,俄罗斯与独联体国家之间一直保持着十分密切的关系。俄罗斯在国际社会的影响力需要独联体国家来支撑。因此,俄罗斯与独联体国家的贸易和投资关系一直是俄罗斯对外经贸关系的重点部分。

第一节 俄罗斯与独联体国家的贸易关系

俄罗斯对独联体国家出口的一个主要特点是与向其他国家出口相比,商品出口种类的优势要全面得多。因此,俄罗斯与所有的独联体国家贸易都保持顺差状态,且顺差额较大。

一、俄罗斯与白俄罗斯的贸易关系

白俄罗斯在2021年俄罗斯对外贸易额中的份额为4.90%,就2021年俄罗斯对外贸易额的份额而言,白俄罗斯排名第四位。2021年,白俄罗斯在俄罗斯出口中的份额为4.64%,就2021年俄罗斯出口贸易份额而言,白俄罗斯排名第五位。白俄罗斯在2021年俄罗斯进口贸易中的份额为5.33%,就2021年俄罗斯进口贸易份额而言,白俄罗斯排名第四位。❶

由表4-1可知,俄罗斯与白俄罗斯互为对方极为重要的贸易伙伴。白俄罗斯是俄罗斯的第四大贸易伙伴(仅次于中国、德国和荷兰),也是俄罗斯在独联

---

❶ Обзоры внешней торговли России [DB/OL]. [2022-12-30]. https://russian-trade.com/reports-and-reviews/2022-02/torgovlya-mezhdu-rossiey-i-belarusyu-v-2021-g/?ysclid=lc3dmydnuj585913323.

体国家中最大的贸易伙伴。俄罗斯则是白俄罗斯的第一大贸易伙伴，俄白贸易额 2021 年的份额占白俄罗斯对外贸易总额的 50.9%，包括 37.5% 的出口和 66.4% 的进口。❶ 俄罗斯与白俄罗斯的贸易关系紧密，两国在经济各个领域都进行了富有成效的合作，对 2010—2021 年俄罗斯与白俄罗斯贸易关系进行梳理，却发现俄白贸易额起伏较大，呈 N 形波动。2010 年，俄罗斯与白俄罗斯贸易总额为 280.35 亿美元，到了 2011 年猛然上升到 394.39 亿美元，之后又逐年下滑，到了 2015 年俄白贸易总额下降到 204.17 亿美元，随后又逐年增加，2018 年上升到 356.86 亿美元。2020 年由于新冠疫情原因，俄白贸易总额下降至 285.84 亿美元。2021 年，俄罗斯与白俄罗斯的贸易总额反弹至 387.66 亿美元。

俄罗斯对白俄罗斯贸易始终呈顺差状态。2021 年，俄罗斯对白俄贸易顺差达到 74.94 亿美元。俄罗斯与白俄罗斯贸易顺差如此巨大，同俄罗斯与白俄罗斯的贸易结构有正相关性。

表 4-1 2010—2021 年俄罗斯与白俄罗斯进出口贸易额

单位：亿美元

年份	进口额	出口额	贸易总额
2010	99.54	180.81	280.35
2011	145.09	249.30	394.39
2012	129.92	213.80	343.72
2013	139.59	168.70	308.29
2014	123.16	165.40	288.56
2015	79.89	124.28	204.17
2016	102.15	147.62	249.78
2017	133.16	203.36	336.52
2018	129.06	227.80	356.86
2019	136.63	217.08	353.71
2020	126.05	159.79	285.84
2021	156.36	231.30	387.66

数据来源：联合国商品贸易统计数据库 https：//comtradeplus.un.org/.

---

❶ Елена Кузьмина，Региональное сотрудничество России и Белоруссии в рамках ЕАЭС [J/OL].[2022-12-30]. https：//russiancouncil.ru/analytics-and-comments/analytics/regional-noe-sotrudnichestvo-rossii-i-belorussii-v-ramkakh-eaes/? ysclid=lakhcpx3hm655642501#1.

对表 4-2 进行分析可以发现俄罗斯与白俄罗斯贸易结构的基本特点。出口环节：俄罗斯对白俄罗斯的贸易出口的第一大类商品始终是 SITC3 类商品。2021 年该类商品出口额占俄罗斯对白俄罗斯出口总额的 30.35%。这说明白俄罗斯由于本国油气资源的匮乏，大量进口此类商品成为其经济发展的刚需。第二大类重

表 4-2　2010—2021 年俄罗斯与白俄罗斯贸易结构

单位：亿美元

年份	类型	SITC0	SITC1	SITC2	SITC3	SITC4	SITC5	SITC6	SITC7	SITC8	SITC9
2010	进口	—	—	—	—	—	—	—	—	—	99.54
	出口	—	—	—	—	—	—	—	—	—	180.81
2011	进口	—	—	—	—	—	—	—	—	—	145.09
	出口	—	—	—	—	—	—	—	—	—	249.30
2012	进口	17.44	0.15	2.29	1.94	0.11	8.66	29.70	45.68	23.93	0.02
	出口	4.19	1.13	5.51	142.97	0.55	11.33	26.32	17.10	4.66	0.02
2013	进口	28.79	0.38	2.97	7.44	0.10	8.22	29.25	40.33	22.06	0.05
	出口	6.28	1.19	6.68	85.42	0.11	13.39	28.12	41.53	5.68	0.002
2014	进口	36.79	0.48	2.36	10.84	0.13	8.66	21.41	27.30	15.16	0.03
	出口	8.20	1.00	7.10	83.64	0.61	13.69	26.75	17.80	6.59	0.004
2015	进口	28.25	0.41	1.72	4.07	0.08	5.71	12.57	18.47	8.57	0.03
	出口	5.71	1.06	4.48	62.39	0.54	11.51	18.51	14.94	5.13	0.003
2016	进口	32.62	0.57	2.51	1.90	0.10	7.89	16.43	29.17	10.73	0.23
	出口	6.97	0.80	4.80	48.71	0.60	11.87	21.04	19.66	6.13	27.04
2017	进口	38.70	0.89	3.36	1.64	0.10	10.50	20.97	38.80	12.86	5.33
	出口	8.76	0.84	6.85	67.71	0.90	15.58	28.53	28.16	7.55	38.47
2018	进口	37.57	0.76	3.82	0.58	1.07	10.03	20.71	34.38	12.74	7.41
	出口	9.19	0.86	8.03	84.14	0.75	17.05	32.01	30.41	8.31	37.06
2019	进口	39.43	0.74	3.94	0.80	1.55	11.51	21.73	36.73	14.05	6.16
	出口	10.44	0.97	6.88	69.06	0.87	18.00	31.94	30.61	9.95	38.36
2020	进口	37.94	0.76	4.57	1.85	1.66	10.69	20.89	33.43	14.05	0.21
	出口	10.03	1.07	6.47	37.60	1.01	16.48	28.42	23.61	9.86	29.23
2021	进口	41.95	0.91	4.46	1.65	2.48	13.47	27.71	45.40	17.76	0.57
	出口	12.82	1.19	8.97	70.21	1.72	24.72	41.35	29.80	11.78	28.74

数据来源：联合国商品贸易统计数据库 https://comtradeplus.un.org/.

要出口商品类型是SITC6类商品（该类商品主要是工业制成品，2021年出口额占俄罗斯对白俄罗斯出口总量的17.88%）。这也是白俄罗斯经济发展急需的工业产品。进口环节：白俄罗斯号称苏联的"装配车间"，因此，白俄罗斯的机械制造优势非常突出，特别是汽车制造、机床制造和农业机械制造等。另外，白俄罗斯的电子技术、无线电技术和IT行业也较为发达。因此，SITC7类商品一直是俄罗斯第一大进口商品类型。2021年机器、设备和车辆进口额占俄罗斯从白俄罗斯进口总量的29.04%。从2014年开始，俄罗斯SITC0类商品进口迅速增加，2021年食品和农业原料进口额占俄罗斯从白俄罗斯进口总量的26.83%。

俄白之间有贸易优惠协定，因此，两国都能以较低的价格从对方手里获得自己所需要的商品，俄罗斯能够以低价获得卡车、农业机械和设备、冰箱、家具、服装、鞋类、农产品和食品。而白俄罗斯则能够以极其优惠的价格获得俄罗斯能源，特别是低价天然气。例如，2021年白俄罗斯来自俄罗斯的天然气供应价格为每千立方米128.5美元。而对于西欧国家，价格达到每千立方米240美元。由于白俄罗斯天然气在燃料和能源资源总消费中的份额为60%，俄罗斯能源价格优惠有助于白俄罗斯的经济增长，反过来又使白俄罗斯企业能够增加俄罗斯所需的相对物美价廉的商品供应。

二、俄罗斯与哈萨克斯坦的贸易关系

哈萨克斯坦是俄罗斯在独联体国家中的第二大贸易伙伴，也是俄罗斯在中亚地区国家中的最大贸易伙伴。哈萨克斯坦在俄罗斯对外贸易额中的份额为3.26%，就2021年俄罗斯对外贸易额的份额而言，哈萨克斯坦排名第十位。哈萨克斯坦在2021年俄罗斯出口贸易中的份额为3.76%，就2021年俄罗斯出口贸易份额而言，哈萨克斯坦排名第八位。哈萨克斯坦在2021年俄罗斯进口贸易中的份额为2.43%，就2021年俄罗斯进口贸易份额而言，哈萨克斯坦排名第九位。❶

由表4-3可知，2010—2021年俄罗斯与哈萨克斯坦贸易关系起伏较大。2010年，俄罗斯与哈萨克斯坦贸易总额为151.39亿美元，2012年达到243.01

---

❶ Обзоры внешней торговли России [DB/OL]. [2022-12-30]. https://russian-trade.com/reports-and-reviews/2022-02/torgovlya-mezhdu-rossiey-i-kazahstanom-v-2021-g/?ysclid=lc3h2vcp1g171734256.

亿美元，之后逐年滑落到 2016 年的 144.39 亿美元，随后又呈总体增加态势，2021 年俄哈贸易总额上升至历史最高水平，达到 256.26 亿美元。俄罗斯对哈萨克斯坦贸易始终呈顺差状态，每年都基本保持在 50 亿美元以上。俄罗斯与哈萨克斯坦之间贸易差额大与两国产业结构密切相关。

表 4-3　2010—2021 年俄罗斯与哈萨克斯坦进出口贸易额

单位：亿美元

年份	进口额	出口额	贸易总额
2010	44.49	106.90	151.39
2011	69.13	141.74	210.87
2012	94.09	148.92	243.01
2013	56.65	172.18	228.83
2014	71.72	138.62	210.34
2015	42.75	103.02	145.77
2016	37.11	107.28	144.39
2017	50.94	138.44	189.38
2018	52.96	129.23	182.19
2019	57.10	142.87	199.97
2020	50.55	140.51	191.06
2021	71.32	184.94	256.26

数据来源：联合国商品贸易统计数据库 https://comtradeplus.un.org/.

对表 4-4 进行认真分析，可以发现俄罗斯与哈萨克斯坦贸易结构的基本特点。出口环节：俄罗斯在大多数种类的商品出口上都对哈萨克斯坦保有绝对优势。其中 SITC0 类商品（该类商品主要是谷物、面粉、淀粉或牛奶的成品、糖果等，2021 年出口额占俄罗斯对哈萨克斯坦出口总量的 11.07%）、SITC3 类商品（该类商品主要是矿物燃料、沥青等，2021 年出口额占俄罗斯对哈萨克斯坦出口总额的 6.53%）、SITC5 类商品（该类商品主要是塑料及其制品、橡胶及橡胶制品等，2021 年出口额占俄罗斯对哈萨克斯坦出口总额的 11.81%）、SITC6 类商品（该类商品主要是工业制成品等，2021 年出口额占俄罗斯对哈萨克斯坦出口总额的 26.24%）、SITC7 类商品（该类商品主要是运输工具及其零件和配件、机械设备及零部件、电机设备及零部件等，2021 年出口额占俄罗斯对哈萨克斯坦出口总额的 24.85%），这五类商品俄罗斯都对哈萨克斯坦保持巨额顺差。

在进口环节：哈萨克斯坦只有 SITC2 类商品（该类商品主要是黑色金属及制品等，2021 年占俄罗斯从哈萨克斯坦进口总额的 37.90%）对俄罗斯保持顺差，原因是俄罗斯每年都需从哈萨克斯坦进口大量此类商品作为工业生产原材料。俄

表4-4　2010—2021 年俄罗斯与哈萨克斯坦贸易结构

单位：亿美元

年份	类型	SITC0	SITC1	SITC2	SITC3	SITC4	SITC5	SITC6	SITC7	SITC8	SITC9
2010	进口	—	—	—	—	—	—	—	—	—	44.94
	出口	—	—	—	—	—	—	—	—	—	106.90
2011	进口	—	—	—	—	—	—	—	—	—	69.13
	出口	—	—	—	—	—	—	—	—	—	141.74
2012	进口	1.85	0.04	20.84	8.99	0.002	5.36	15.18	29.05	12.76	0.001
	出口	10.03	2.22	6.63	42.16	1.02	12.53	31.31	35.33	7.68	0.02
2013	进口	3.41	0.06	19.76	9.45	0.0005	4.66	10.81	7.61	0.89	0.001
	出口	12.20	2.39	4.22	47.43	1.03	13.85	40.15	41.26	9.63	0.002
2014	进口	2.61	0.10	21.41	10.46	0.006	5.36	15.14	13.00	2.21	1.42
	出口	13.23	2.52	5.35	17.81	1.02	13.27	33.69	40.77	10.95	0.01
2015	进口	1.73	0.16	13.74	11.14	0.02	5.86	6.31	1.44	0.45	1.90
	出口	9.42	2.15	4.48	13.62	1.12	10.73	26.35	27.22	7.93	0.003
2016	进口	2.34	0.23	13.51	9.61	0.01	3.38	8.36	3.43	0.84	1.39
	出口	10.01	2.34	4.82	13.72	1.45	11.87	25.31	24.74	8.85	4.17
2017	进口	2.12	0.20	19.50	5.79	0.03	3.46	14.23	3.40	0.80	1.39
	出口	11.91	2.42	4.90	19.17	1.20	16.82	34.83	32.27	10.63	4.29
2018	进口	2.75	0.17	19.44	5.25	0.01	5.23	14.91	3.04	0.43	1.73
	出口	11.42	2.50	4.68	13.64	1.09	15.24	33.96	31.03	9.88	5.80
2019	进口	3.22	0.16	21.44	4.46	0.01	6.45	14.29	4.74	0.45	1.88
	出口	13.83	3.05	5.46	8.38	1.02	15.60	37.26	34.43	11.61	12.21
2020	进口	3.27	0.29	19.31	3.42	0.01	2.21	12.23	3.52	0.37	5.92
	出口	15.59	3.29	5.79	9.01	1.13	16.09	33.87	33.88	11.57	10.29
2021	进口	4.04	0.30	27.03	4.52	0.02	2.71	21.19	4.70	0.61	6.20
	出口	20.47	4.48	7.64	12.07	1.61	21.85	48.53	45.95	15.09	7.24

数据来源：联合国商品贸易统计数据库 https://comtradeplus.un.org/.

罗斯与哈萨克斯坦的贸易结构同苏联时期产业布局有着密切关系。在苏联分工体系中,哈萨克斯坦重点发展粮食生产和有色金属开采、冶炼及初级加工业。这种分工导致哈萨克斯坦至今其支柱产业仍然是采矿业。而俄罗斯是苏联的主要工业基地。此外,哈萨克斯坦是中亚最大的粮食生产国,在独联体国家中仅次于俄罗斯,粮食生产排名位居第二。但是其出口额远远不如从俄罗斯进口额,其中缘由是哈萨克斯坦国内粮食加工和储存能力低下以及运输不畅,导致国内粮食购买力低下。相反,俄罗斯政府对食品安全问题高度重视,采取了一系列有力的政策措施来支持农业和粮食生产,俄罗斯粮食收成不断创下历史纪录,其结果就是俄罗斯每年向哈萨克斯坦出口大量粮食。不过,俄罗斯与哈萨克斯坦虽然贸易总额大,但两国均为资源大国,商品出口的雷同性特征突出、互补性弱,因而对两国贸易的进一步发展有一定的制约性。

三、俄罗斯与吉尔吉斯斯坦的贸易关系

吉尔吉斯斯坦在2021年俄罗斯对外贸易额中的份额为0.32%,就2021年俄罗斯对外贸易额的份额而言,吉尔吉斯斯坦排名第49位。吉尔吉斯斯坦在2021年俄罗斯出口贸易中的份额为0.44%,就2021年俄罗斯出口贸易份额而言,吉尔吉斯斯坦排名第42位。吉尔吉斯斯坦在2021年俄罗斯进口贸易中的份额为0.11%,就2021年俄罗斯进口贸易份额而言,吉尔吉斯斯坦排名第67位。❶

作为欧亚经济联盟的成员国之一,俄罗斯是吉尔吉斯斯坦最大的贸易伙伴。由表4-5可知,2010—2021年俄罗斯与吉尔吉斯斯坦总体贸易额波动较大,从2010年13.68亿美元上升到2013年的21.39亿美元,之后下降到2015年的13.51亿美元,到2017年重新上升到19.30亿美元,2020年又下降到16.97亿美元,2021年再次回升至25.04亿美元。吉尔吉斯斯坦产品在俄罗斯市场的竞争力薄弱,所以,俄罗斯对吉尔吉斯斯坦一直保持较大幅度的贸易顺差,两国的年贸易总额不过20亿美元左右,俄罗斯贸易顺差却自2012年起每年都有10多亿美元。

---

❶ Обзоры внешней торговли России [DB/OL]. [2022-12-30]. https://russian-trade.com/reports-and-reviews/2022-02/torgovlya-mezhdu-rossiey-i-kirgiziey-v-2021-g/?ysclid=lc3hqhc49n469581202.

表4-5 2010—2021年俄罗斯与吉尔吉斯斯坦进出口贸易额

单位：亿美元

年份	进口额	出口额	贸易总额
2010	3.93	9.75	13.68
2011	2.91	11.56	14.47
2012	1.96	16.34	18.30
2013	1.10	20.29	21.39
2014	0.71	17.38	18.09
2015	0.62	12.89	13.51
2016	1.91	12.46	14.37
2017	2.30	17.00	19.30
2018	2.48	16.35	18.83
2019	3.22	15.59	18.81
2020	2.40	14.57	16.97
2021	3.48	21.56	25.04

数据来源：联合国商品贸易统计数据库 https://comtradeplus.un.org/.

对表4-6进行仔细分析，可以发现俄罗斯与吉尔吉斯斯坦的贸易是完全不对等的，俄罗斯在7个贸易种类中对吉尔吉斯斯坦具有较大的贸易顺差。其中，出口额比较大的商品种类有SITC0类商品（该类商品主要是谷物、蔬菜、水果及肉类制品等，2021年占俄罗斯对吉尔吉斯斯坦出口总额的15.72%）、SITC3类商品（该类商品主要是矿物燃料、石油等，2021年出口额占俄罗斯对吉尔吉斯斯坦出口总额的35.62%）、SITC5类商品（该类商品主要是塑料及其制品等，2021年出口占俄罗斯对吉尔吉斯斯坦出口总额的9.46%）、SITC6类商品（该类商品主要是工业制成品等，2021年出口额占俄罗斯对吉尔吉斯斯坦出口总额的22.22%）。进口环节：吉尔吉斯斯坦只有SITC2类商品（该类商品主要是铜及铜制品等，2021年占俄罗斯从吉尔吉斯斯坦进口总额的39.08%）对俄罗斯保持贸易顺差，这种贸易结构与吉尔吉斯斯坦产业布局和客观自然环境有关。无论是在苏联时期还是解体之后吉尔吉斯斯坦重要的经济来源都是农业和畜牧业。其中瓜果种植、棉花种植和小麦种植是当地农业的主要项目。然而吉尔吉斯斯坦是一个山区内陆国家，90%以上的国土是海拔1500多米的山地，可耕土地和平原面积较小，大规模发展农业本身不现实，因此农业虽然是其国民经济支柱，但至今依然没有摆脱粮食不能自给自足的情况。在自然资源方面，吉尔吉斯斯坦不像哈萨克斯坦或者土库曼斯坦那样拥有丰富的石油、天然气等资源，其他资源也不多。因此，吉尔吉斯斯坦在绝大多数贸易领域都需要从俄罗斯大量进口商品，导致俄罗斯与吉尔吉斯斯坦的贸易结构极度不合理。

表 4-6　2010—2021 年俄罗斯与吉尔吉斯斯坦贸易结构

单位：亿美元

年份	类型	SITC0	SITC1	SITC2	SITC3	SITC4	SITC5	SITC6	SITC7	SITC8	SITC9
2010	进口	1.48	0.13	0.21	—	—	0.09	0.06	0.12	1.80	0.02
	出口	0.71	0.28	0.30	5.71	0.21	0.69	1.12	0.52	0.20	0.004
2011	进口	0.41	0.11	0.41	—	0.0001	0.05	0.11	0.17	1.57	0.07
	出口	1.15	0.31	0.44	6.03	0.27	0.92	1.66	0.58	0.21	0.005
2012	进口	0.13	0.09	0.51	—	0.00004	0.04	0.18	0.17	0.79	0.04
	出口	1.14	0.31	0.51	9.86	0.35	1.16	1.93	0.81	0.21	0.05
2013	进口	0.07	0.10	0.39	—	—	0.01	0.20	0.20	0.05	0.07
	出口	1.33	0.35	0.66	12.75	0.42	1.19	2.28	0.99	0.27	0.06
2014	进口	0.07	0.10	0.25	0.00003	0.001	0.02	0.08	0.16	0.03	—
	出口	1.39	0.39	0.56	10.01	0.39	1.20	2.37	0.82	0.25	—
2015	进口	0.09	0.05	0.29	0.00003	—	0.02	0.01	0.14	0.02	—
	出口	1.24	0.31	0.25	6.84	0.39	0.93	2.09	0.63	0.22	0.0001
2016	进口	0.22	0.003	0.51	0.0001	0.0001	0.07	0.25	0.55	0.26	0.06
	出口	1.22	0.30	0.09	5.74	0.32	1.10	2.32	1.04	0.32	0.001
2017	进口	0.40	0.001	0.79	0.0004		0.06	0.22	0.31	0.42	0.10
	出口	1.83	0.32	0.16	8.02	0.34	1.43	3.02	1.29	0.58	0.002
2018	进口	0.36	0.01	1.05	0.0001	0.0003	0.11	0.10	0.35	0.48	0.04
	出口	1.76	0.30	0.15	7.13	0.31	1.53	3.43	1.24	0.49	0.003
2019	进口	0.62	0.001	0.89	0.003	—	0.37	0.14	0.53	0.64	0.01
	出口	1.89	0.33	0.16	5.77	0.30	1.67	3.63	1.23	0.61	0.003
2020	进口	0.65	0.01	0.66	0.01	0.0002	0.17	0.12	0.23	0.51	0.03
	出口	2.21	0.31	0.27	4.52	0.35	1.75	3.33	1.13	0.67	0.04
2021	进口	0.91	0.004	1.36	0.046	0.001	0.12	0.15	0.25	0.59	0.05
	出口	3.39	0.43	0.36	7.68	0.43	2.04	4.79	1.66	0.73	0.06

数据来源：联合国商品贸易统计数据库 https://comtradeplus.un.org/.

四、俄罗斯与乌兹别克斯坦的贸易关系

乌兹别克斯坦是俄罗斯在中亚地区国家中的第二大贸易伙伴。俄罗斯也是仅次于中国（2021年19.2%）的乌兹别克斯坦第二大贸易伙伴（2021年17.9%）。乌兹别克斯坦在2021年俄罗斯对外贸易额中的份额为0.88%，就2021年俄罗斯对外贸易额的份额而言，乌兹别克斯坦排名第23位。乌兹别克斯坦在2021年俄罗斯出口贸易中的份额为1.06%，就2021年俄罗斯出口贸易份额而言，乌兹别克斯坦排名第19位。乌兹别克斯坦在2021年俄罗斯进口贸易中的份额为0.58%，就2021年俄罗斯进口贸易份额而言，乌兹别克斯坦排名第32位。[1]

表4-7 2010—2021年俄罗斯与乌兹别克斯坦进出口贸易额

单位：亿美元

年份	进口额	出口额	贸易总额
2010	15.13	16.64	31.77
2011	17.56	19.83	37.39
2012	13.91	23.25	37.16
2013	12.57	28.04	40.61
2014	8.70	31.14	39.84
2015	5.76	22.21	27.97
2016	7.77	20.92	28.69
2017	10.46	28.58	39.04
2018	10.63	33.18	43.81
2019	11.79	39.08	50.87
2020	12.22	46.60	58.82
2021	17.05	52.04	69.09

数据来源：联合国商品贸易统计数据库 https://comtradeplus.un.org/.

由表4-7可知，2010—2021年俄罗斯与乌兹别克斯坦贸易关系总体保持平稳，从2010年31.77亿美元上升到2013年的40.61亿美元，之后俄罗斯经济危机导致双边贸易额下降到2015年的27.97亿美元，随后逐年保持增长，即使是

---

[1] Обзоры внешней торговли России [DB/OL]. [2022-12-30]. https://russian-trade.com/reports-and-reviews/2022-02/torgovlya-mezhdu-rossiey-i-uzbekistanom-v-2021-g/?ysclid=lc45cwmwu7221114074.

新冠疫情暴发的 2020 年也增长到 58.82 亿美元，2021 年更是上升至创纪录的 69.09 亿美元。自 2010 年以来，俄罗斯与乌兹别克斯坦贸易一直保持顺差状态，且 2012 年之后贸易顺差急剧增加，2021 年已经达到近 35 亿美元的规模。

表 4-8　2010—2021 年俄罗斯与乌兹别克斯坦贸易结构

单位：亿美元

年份	类型	SITC0	SITC1	SITC2	SITC3	SITC4	SITC5	SITC6	SITC7	SITC8	SITC9
2010	进口	4.45	0.17	0.71	—	—	0.68	2.22	5.56	1.35	0.002
	出口	0.70	0.05	2.64	0.56	0.58	1.57	5.84	4.12	0.57	0.01
2011	进口	3.62	0.20	1.22	0.0001	0.001	0.91	2.77	7.22	1.62	0.00004
	出口	1.13	0.04	3.62	1.14	1.09	1.93	6.87	3.49	0.51	0.01
2012	进口	1.44	0.17	0.35	0.00001	—	0.53	2.37	6.73	1.92	0.39
	出口	0.89	0.07	3.86	2.18	1.24	2.02	7.74	4.33	0.50	0.40
2013	进口	0.82	0.15	0.63	—	—	0.42	2.52	5.99	2.01	0.02
	出口	1.13	0.08	5.04	4.07	1.29	2.44	8.41	4.99	0.58	0.02
2014	进口	0.37	0.15	0.92	—	—	0.34	2.55	2.72	1.64	—
	出口	1.48	0.07	4.78	4.71	1.42	2.78	9.02	6.11	0.76	—
2015	进口	0.43	0.16	0.47	—	0.00001	0.35	2.48	0.53	1.34	—
	出口	1.69	0.06	2.44	4.53	1.01	2.37	6.42	3.11	0.59	—
2016	进口	1.02	0.11	0.64	—	—	0.64	3.08	0.42	1.85	0.01
	出口	1.42	0.10	2.02	3.80	1.38	2.45	5.87	3.28	0.59	0.02
2017	进口	1.40	0.16	0.43	—	0.0001	1.44	3.64	1.03	2.34	0.03
	出口	1.97	0.06	2.68	4.70	1.09	2.92	8.37	6.04	0.68	0.07
2018	进口	1.87	0.10	0.46	—	0.0006	1.73	3.80	0.49	2.13	0.05
	出口	2.27	0.02	3.25	3.88	1.20	3.46	11.62	6.57	0.69	0.22
2019	进口	2.15	0.12	0.52	0.002	0.0003	1.74	3.99	0.68	2.57	0.02
	出口	2.90	0.11	2.97	2.41	1.51	4.03	13.51	9.16	1.50	0.98
2020	进口	3.28	0.07	0.46	—	0.0001	0.77	4.37	0.48	2.78	0.01
	出口	4.57	0.15	3.20	4.15	2.04	4.40	15.11	7.28	1.49	4.19
2021	进口	3.90	0.10	0.76	0.003	—	1.03	6.62	0.78	3.78	0.09
	出口	4.67	0.49	3.79	3.06	2.73	5.76	18.70	10.07	1.91	0.86

数据来源：联合国商品贸易统计数据库 https：//comtradeplus.un.org/。

对表 4-8 进行仔细分析，可以发现俄乌贸易结构具有以下特点。出口环节：俄罗斯有 6 个贸易种类商品对乌兹别克斯坦出口处于绝对优势地位。其中 SITC2 类商品（该类商品主要是金属及其产品，2021 年占俄罗斯对乌兹别克斯坦出口总额的 7.28%）、SITC4 类商品（动物或植物来源的脂肪和油及其分解产品、现成的食用脂肪等，2021 年占俄罗斯对乌兹别克斯坦出口总额的 5.25%）、SITC6 类商品（该类商品主要是工业制成品等，2021 年占俄罗斯对乌兹别克斯坦出口总额的 35.93%）、SITC7 类商品（该类商品主要是机械与电机设备及零部件、运输工具及其零部件等，2021 年占俄罗斯对乌兹别克斯坦出口总额的 19.35%），这四类商品出口贸易顺差额大。进口环节：乌兹别克斯坦只有 SITC8 类商品（该类商品主要是纺织品和鞋类，2021 年占俄罗斯从乌兹别克斯坦进口总额的 22.17%）对俄罗斯保持贸易顺差。虽然乌兹别克斯坦矿产资源丰富，在苏联时期，工业布局也较完整，但是俄乌贸易结构反映出乌兹别克斯坦具有一定国际竞争力的商品不多。乌兹别克斯坦向俄罗斯出口的产品主要是纺织产品和鞋类、新鲜和加工的水果和蔬菜产品，都是可替代性商品，高附加值商品数量很少，因而对俄罗斯长期贸易逆差的趋势难以扭转。

五、俄罗斯与阿塞拜疆的贸易关系

阿塞拜疆在 2021 年俄罗斯对外贸易额中的份额为 0.43%，就 2021 年俄罗斯对外贸易额的份额而言，阿塞拜疆排名第 39 位。2021 年，阿塞拜疆在俄罗斯出口贸易中的份额为 0.47%，就 2021 年俄罗斯出口贸易份额而言，阿塞拜疆排名第 40 位。阿塞拜疆在 2021 年俄罗斯进口贸易中的份额为 0.35%，就 2021 年俄罗斯进口贸易份额而言，阿塞拜疆排名第 39 位。❶

阿塞拜疆是俄罗斯在高加索地区国家中最重要的贸易伙伴。由表 4-9 可知，2010—2021 年俄罗斯与阿塞拜疆贸易关系有所波动，从 2010 年 18.63 亿美元上升到 2013 年的 35.79 亿美元，俄罗斯经济危机导致双边贸易额下降到 2016 年的 20.18 亿美元，之后逐渐增长到 2021 年的 33.56 亿美元。与其他独联体国家情况相类似，俄罗斯与阿塞拜疆贸易一直保持着顺差状态。但是近些年俄阿两国

---

❶ Обзоры внешней торговли России [DB/OL]. [2022-12-30]. https：//russian-trade.com/reports-and-reviews/2022-02/torgovlya-mezhdu-rossiey-i-azerbaydzhanom-v-2021-g/?ysclid=lc499exypo761249830.

的贸易顺差呈逐渐缩小之势，表明阿塞拜疆商品在俄罗斯市场的竞争力正在逐渐增强。

表 4-9 2010—2021 年俄罗斯与阿塞拜疆进出口贸易额

单位：亿美元

年份	进口额	出口额	贸易总额
2010	3.86	14.77	18.63
2011	5.71	21.96	27.67
2012	5.64	28.46	34.10
2013	6.36	29.43	35.79
2014	4.52	21.44	25.96
2015	4.41	16.76	21.17
2016	4.49	15.69	20.18
2017	6.95	20.01	26.96
2018	7.73	17.13	24.86
2019	8.57	23.13	31.70
2020	8.14	20.75	28.89
2021	10.32	23.24	33.56

数据来源：联合国商品贸易统计数据库 https：//comtradeplus.un.org/.

对表 4-10 进行分析，可以发现俄罗斯与阿塞拜疆贸易结构的基本特点。出口环节：俄罗斯对阿塞拜疆出口主要集中在 SITC0 类商品（该类商品主要是谷物等，2021 年占俄罗斯对阿塞拜疆出口总额的 26.25%）、SITC6 类商品（该类商品主要是工业制成品等，2021 年占俄罗斯对阿塞拜疆出口总额的 22.98%）、SITC7 类商品（该类商品主要是机械和电机设备及零部件、运输设备及零部件等，2021 年占俄罗斯对阿塞拜疆出口总额的 20.70%），这三类商品的贸易顺差几乎占俄罗斯对阿塞拜疆贸易顺差的 80%。这种贸易顺差格局源自苏联时期产业分工，阿塞拜疆的经济以石油加工、机械制造、有色冶金为主要支柱产业。特别是石油工业，多年来一直占工业总产值的 2/3 以上。但是这种产业结构使其对俄罗斯出口没有太多帮助，因为俄罗斯此类商品的国际竞争力更强，每年阿塞拜疆需要从俄罗斯进口大量的石油生产设备。在进口环节：阿塞拜疆只有

SITC0类商品对俄罗斯出口额较大，2021年占俄罗斯从阿塞拜疆进口总额的56.59%。由于阿塞拜疆农业的主导类别是经济作物，主要盛产棉花、茶叶、水果、蔬菜和烟草等，粮食产量不高。因此，阿塞拜疆一方面大量出口蔬菜、茶

表4-10　2010—2021年俄罗斯与阿塞拜疆贸易结构

单位：亿美元

年份	类型	SITC0	SITC1	SITC2	SITC3	SITC4	SITC5	SITC6	SITC7	SITC8	SITC9
2010	进口	2.13	0.21	0.07	0.47	—	0.12	0.58	0.04	0.073	0.12
	出口	2.06	1.35	1.45	0.12	0.037	1.19	4.47	3.50	0.24	0.32
2011	进口	2.70	0.17	0.11	0.76	0.00004	0.22	1.44	0.051	0.08	0.14
	出口	3.70	1.75	1.75	0.23	0.086	1.34	5.54	4.57	0.41	2.53
2012	进口	3.32	0.20	0.11	0.61	0.0003	0.22	0.83	0.04	0.06	0.21
	出口	3.35	2.15	1.85	0.28	0.32	1.44	5.76	4.33	0.49	8.43
2013	进口	2.73	0.22	0.07	0.53	—	0.18	0.77	0.52	0.08	1.20
	出口	4.36	1.79	2.15	0.23	0.30	1.48	6.27	3.66	0.39	8.74
2014	进口	2.74	0.29	0.05	0.62	—	0.45	0.50	0.09	0.05	—
	出口	5.09	2.26	1.90	0.85	0.33	1.59	6.04	2.84	0.52	—
2015	进口	2.46	0.22	0.04	0.49	0.00001	0.09	0.39	0.01	0.68	
	出口	4.43	1.90	0.93	0.31	0.30	1.21	4.19	3.01	0.44	
2016	进口	3.06	0.18	0.05	0.50	0.0007	0.08	0.42	0.10	0.08	—
	出口	3.86	1.05	0.77	0.81	0.48	1.26	3.48	3.36	0.56	0.018
2017	进口	4.26	0.23	0.11	0.61	0.00004	0.12	0.71	0.36	0.03	0.47
	出口	4.89	0.66	1.04	0.52	0.46	1.43	4.34	2.57	0.34	3.71
2018	进口	5.10	0.15	0.11	0.94	0.00006	0.11	0.67	0.07	0.04	0.50
	出口	3.45	0.26	1.09	0.75	0.47	1.75	5.25	3.64	0.37	0.06
2019	进口	5.52	0.22	0.13	1.01	0.000005	0.33	0.58	0.07	0.04	0.63
	出口	5.47	0.21	1.19	2.28	0.41	2.67	5.49	4.93	0.33	0.15
2020	进口	5.58	0.07	0.11	0.44	0.00004	0.46	0.56	0.20	0.04	0.63
	出口	6.14	0.19	1.11	0.83	0.49	2.43	4.86	3.68	0.32	0.65
2021	进口	5.84	0.07	0.11	0.82	0.000002	2.11	0.56	0.09	0.04	0.63
	出口	6.10	0.26	1.34	0.73	0.78	2.12	5.34	4.81	0.39	1.33

数据来源：联合国商品贸易统计数据库 https://comtradeplus.un.org/.

叶、水果和烟叶给俄罗斯，另一方面阿塞拜疆又从俄罗斯进口大量粮食，导致在 SITC0 类商品上，两国都既大量出口又大量进口的情形产生。

第二节　俄罗斯与独联体国家的投资关系

一、俄罗斯与独联体国家的投资概况

虽然俄罗斯与独联体国家的相互投资额并不高，但实际上无论是俄罗斯还是独联体国家对对方的投资都是真金白银。俄罗斯一直是独联体国家区域内第一大资本输出国，2010—2020 年数据如表 4-11 所示。

表 4-11　俄罗斯在独联体国家的直接投资（年度流量）

单位：百万美元

年份	白俄罗斯	哈萨克斯坦	乌兹别克斯坦	吉尔吉斯斯坦	阿塞拜疆	亚美尼亚	摩尔多瓦
2010	934	-225	151	11	9	5	21
2011	—	—	—	—	—	—	—
2012	470	845	9	-2	-6	130	131
2013	863	671	-12	11	37	94	43
2014	609	657	17	43	-33	272	-212
2015	736	643	10	159	1	156	-14
2016	629	476	-114	125	-43	-58	-12
2017	494	727	-77	150	4	34	-15
2018	646	366	-50	52	149	91	10
2019	588	187	96	33	13	42	0.2
2020	474	—	—	—	—	—	—

数据来源：俄罗斯中央银行 http：//www.cbr.ru/statistics/？PrtId=svs.

俄罗斯公司在独联体国家中的直接投资存量占比超过 80%，且投资的种类也较为广泛。"俄罗斯的资本投资，主要集中在燃料工业领域（约占俄罗斯在欧亚经济联盟各国直接投资总额的 47%）、有色金属冶金行业（约占 18%）和电信行业（约占 11%）。金融与运输行业也获得了较多的投资。❶

---

❶ E. 维诺库罗夫. 欧亚经济联盟：发展现状与初步成果［J］. 俄罗斯研究，2018（6）：3-26.

相比之下，独联体国家对俄罗斯的投资相对数额小得多，投资的领域和项目也较为有限。

2010—2018年，俄罗斯吸引的白俄罗斯、哈萨克斯坦和亚美尼亚直接投资（流量）从6800万美元增至1.872亿美元，增长1.75倍。其中哈萨克斯坦投资额度最高。因为哈萨克斯坦的能源通道要经过俄罗斯，所以哈萨克斯坦愿意在俄罗斯能源基础设施项目上进行投资。

二、俄罗斯与白俄罗斯的投资关系

（一）俄罗斯对白俄罗斯的投资情况

俄罗斯是白俄罗斯的第一大投资国，但是投资额和投资比例有所下降。2011—2019年，俄罗斯对白俄罗斯的直接投资额从2011年的94亿美元下降到2019年的28.7亿美元。俄罗斯投资占白俄罗斯外资总额的比例相应也从2011年的50%下降到2019年的38.3%。截至2019年1月1日，俄罗斯在白俄罗斯投资的组织有2 500家，其中1 300多家是合资企业。❶

俄罗斯对白俄罗斯主要投资领域和项目具体情况如下。

1. 能源领域主要投资项目

俄罗斯在白俄罗斯投资主要集中在石油和天然气行业。2001—2018年，俄罗斯天然气股份公司的全资子公司俄罗斯天然气工业股份公司在通过白俄罗斯向欧洲运送天然气管道的建设和运营的相关投资高达98亿美元。此外，俄罗斯卢克石油公司在白俄罗斯还拥有两家企业。卢克石油公司的白俄罗斯子公司在白俄罗斯经营着该国最大的私人加油站网络。俄罗斯石油公司的子公司RN-Zapad通过投资掌管了明斯克地区石油产品的批发和零售贸易。俄罗斯国家原子能公司在白俄罗斯投资建造了一座核电站，已经投入资金高达110亿美元。❷

2. 信息技术领域主要投资项目

俄罗斯企业在白俄罗斯IT领域的投资积极性很高。白俄罗斯高科技产品

---

❶ Подробнее на РБК，Как связаны экономики Белоруссии и России，Что важно знать [J/OL]．[2022-12-30]．https：//www.rbc.ru/economics/19/08/2020/5f3bcfd09a7947dbc3a-fb76b？ysclid=lc4je29kfq36697121．

❷ Е. Ж. Ешаманова. Казахстан - Россия：сотрудничество на каспии [J/OL]．[2022-12-30]．https：//eurasia.expert/arifmetika-integratsii-skolko-rossiya-investiruet-v-belarus/．

"RTI"的开发商和制造商是俄罗斯白鲸（BelEnvision）集团在白俄罗斯的子公司。俄罗斯软线（Softline）公司已在白俄罗斯的明斯克市、莫吉廖夫市、戈梅利市、维捷布斯克市和布列斯特市开设了技术支持开发中心。它还是白俄罗斯另一家IT企业主动技术公司的大股东。

俄罗斯移动运营商俄罗斯移动电话系统（Mobile TeleSystems）公司拥有其白俄罗斯子公司49%的股份。俄罗斯铁路公司则是白俄罗斯电信公司的大股东。互联网公司央捷科斯（Yandex）在明斯克拥有一个研究开发中心。Mail.Ru集团也在白俄罗斯进行投资。❶ 俄罗斯在白俄罗斯信息技术领域的投资巨大，主要原因是白俄罗斯在苏联时期就是主要的信息技术和产业聚集地，因此，俄罗斯在此领域的投资一直持续且金额巨大。

3. 金融与零售领域主要投资项目

2001—2018年，俄罗斯对白俄罗斯信贷机构的投资达11亿美元，俄罗斯银行的子公司在白俄罗斯金融市场的影响力仅逊于白俄罗斯两家国有银行：白俄罗斯银行和白俄罗斯农工银行。俄罗斯储蓄银行拥有白俄罗斯储蓄银行98.43%的股份，它还投资白俄罗斯信息技术、房地产、保险等领域。俄罗斯外贸银行（VTB银行）拥有白俄罗斯子公司99.9%的股份。❷

根据欧亚开发银行（EDB）一体化研究中心的数据，多年来对白俄罗斯的投资排名仅次于俄罗斯和英国的第三位投资国一直是塞浦路斯，2018年，塞浦路斯在白俄罗斯的投资份额为7.8%。但实际上以塞浦路斯之名对白俄罗斯进行的大多数投资是俄罗斯在塞浦路斯所设的离岸公司。因此，俄罗斯在白俄罗斯的实际投资额要远远大于官方统计数据。❸

（二）白俄罗斯对俄罗斯的投资

白俄罗斯对俄罗斯的投资份额一直在增加，从2011年的19亿美元增加到

---

❶ Региональное сотрудничество России и Белоруссии в рамках ЕАЭС [J/OL]. [2022-12-30]. https：//eurasia.expert/arifmetika-integratsii-skolko-rossiya-investiruet-v-belarus/.

❷ Арифметика интеграции，сколько Россия инвестирует в Беларусь [J/OL]. [2022-12-30]. https：//dzen.ru/media/eurazia/arifmetika-integracii-skolko-rossiia-investiruet-v-belarus-5dc8f6a7f5a25e6c5ca72f0e.

❸ Арифметика интеграции，сколько Россия инвестирует в Беларусь [J/OL]. [2022-12-30]. https：//dzen.ru/media/eurazia/arifmetika-integracii-skolko-rossiia-investiruet-v-belarus-5dc8f6a7f5a25e6c5ca72f0e.

2018 年的 41 亿美元。截至 2019 年 1 月 1 日，白俄罗斯在俄罗斯投资的组织有 2500 家，其中 1300 多家是合资企业。❶

白俄罗斯对俄罗斯的投资主要流向是俄罗斯的能源、工业、运输和物流业、农业、零售贸易和制药业。白俄罗斯在俄罗斯的主要投资区域是莫斯科、圣彼得堡、普斯科夫、斯摩棱斯克地区以及俄罗斯远东地区。❷

1. 能源领域主要投资项目

2013 年，白俄罗斯国家石油公司（Belorusneft）收购俄罗斯石油公司扬普尔（Yangpur）石油公司。该公司拥有俄罗斯亚马尔-涅涅茨自治区 1.036 万平方千米的矿产开发权，目前已经发现 6 个矿床，其中 5 个正在开采中。❸

2. 农业领域主要投资项目

白俄罗斯企业在俄罗斯的最大投资是 2016 年收购俄罗斯乌拉尔钾肥公司 20% 的股份。❹

(三) 俄罗斯与白俄罗斯的投资特点

俄罗斯与白俄罗斯相互投资的特点就是双向投资。目前白俄罗斯与俄罗斯的双向投资在机械工程、石化、能源、运输、建筑等领域全面展开，超过 8000 家白俄罗斯和俄罗斯企业通过相互交付原材料和零部件进行合作。例如，白俄罗斯明斯克汽车厂生产的卡车一半的部件是在俄罗斯生产的。在第三代红外光

---

❶ Подробнее на РБК, Как связаны экономики Белоруссии и России. Что важно знать [J/OL]. [2022-12-30]. https：//www.rbc.ru/economics/19/08/2020/5f3bcfd09a7947Jc3af-b76b? ysclid=lc4je29kfq36697121.

❷ Текст：Любовь Проценко, Владимир Ефимов：Инвестиции Беларуси в Москву выросли более чем в семь раз за пять лет [J/OL]. [2022-12-30]. https：//rg.ru/2022/04/12/reg-cfo/vladimir-efimov-investicii-belarusi-v-moskvu-vyrosli-bolee-chem-v-sem-raz-za-piat-let.html? ysclid=ldei7b2l70940273284.

❸ Вячеслав Румянцев, "Инвестиции требуют интеграции"：Зачем Беларуси и России общий финансовый рынок ЕАЭС [J/OL]. [2022-12-30]. https：//eurasia.expert/zachem-belarusi-i-rossii-obshchiy-finansovyy-rynok-eaes/? utm_source=yandex.eu&utm_medium=organic&utm_campaign=yandex.eu&utm_referrer=yandex.eu.

❹ Вячеслав Румянцев, "Инвестиции требуют интеграции"：Зачем Беларуси и России общий финансовый рынок ЕАЭС [J/OL]. [2022-12-30]. https：//eurasia.expert/zachem-belarusi-i-rossii-obshchiy-finansovyy-rynok-eaes/? utm_source=yandex.eu&utm_medium=organic&utm_campaign=yandex.eu&utm_referrer=yandex.eu.

电探测器的基础上，俄罗斯与白俄罗斯正在联合开发一种高科技技术，用于制造特殊和两用热成像设备，两国还联合开发了用于军民两用车辆控制和安全系统的新一代电子元件，这些设备与技术被广泛运用于两国的生产企业与研究机构。❶

因此，俄罗斯和白俄罗斯之间的相互投资为两国之间经济联系的发展做出了积极的贡献，有助于两国相互贸易的增长。

三、俄罗斯与哈萨克斯坦的投资关系

（一）俄罗斯对哈萨克斯坦的投资情况

俄罗斯对哈萨克斯坦的投资额在所有对哈萨克斯坦投资的国家和地区中排名第六。在2021年10月第十七届哈萨克斯坦和俄罗斯区域间合作论坛上，哈萨克斯坦总统托卡耶夫列举了两国相互投资数据："过去15年来俄罗斯的直接投资额已超过160亿美元。其中2021年上半年俄罗斯在哈萨克斯坦的直接投资额增加20%。俄罗斯对哈萨克斯坦经济的直接投资额增长17%，达到7.04亿美元，在哈萨克斯坦，俄罗斯资本参与的企业超过1万家，占外资参与企业总数的36.1%。在工业领域，两国正在实施价值17亿美元的8个大型项目。"❷ 2014—2020年俄罗斯对哈萨克斯坦投资情况如表4-12所示。

俄罗斯对哈萨克斯坦投资的主要领域和项目具体情况如下。

1. 矿产领域主要投资项目

俄罗斯对哈萨克斯坦投资的关键领域是能源行业。俄罗斯卢克石油公司在哈萨克斯坦里海大陆架的油田和管道运输方面进行了投资。该项目的总投资为65亿美元。俄罗斯铝业公司对哈萨克煤炭公司（Bogatyr Komir）露天煤矿进行了投资，该项目的总投资额约为50亿美元。俄罗斯国家原子能公司对哈萨克斯

---

❶ Елена Кузьмина, Региональное сотрудничество России и Белоруссии в рамках ЕАЭС [J/OL]. [2022-12-30]. https：//russiancouncil.ru/analytics-and-comments/analytics/regional-noe-sotrudnichestvo-rossii-i-belorussii-v-ramkakh-eaes/？ ysclid=ldej1v1kj7907254449.

❷ Рост прямых российских инвестиций в Казахстан в 1-м полугодии составил 20% [J/OL]. [2022-12-30]. http：//www.finmarket.ru/news/5581161？ ysclid=lakiq780yv402269597.

坦铀矿进行了投资开采，这些投资对俄罗斯而言都具有战略意义。❶

表 4-12 俄罗斯对哈萨克斯坦的投资

单位：百万美元

行业	2014 年	2015 年	2016 年	2017 年	2018 年	2019 年	2020 年
燃料与能源	668.1	1 468.3	2 492.8	2 516	2 101.4	2 069.7	1 889.5
制造业	335.7	1 587.6	2 517.9	2 768	3 075.4	3 429.0	4 031.8
电力、燃气	315.7	179.1	595.5	842	150.2	294.3	264.3
建设	197.7	234.4	120.0	136	161.3	240.5	235.4
批发和零售贸易	2 435.8	2 250.3	2 478.3	2 089	2 132.5	2 103.8	2 306.2
运输和仓储	640.3	838.9	1 035.5	1 175	1 036.6	963.5	1 189.8
金融和保险	1 590.1	1 040.1	1 130.6	1 200	1 446.1	1 750.1	2 234.8

数据来源：哈萨克斯坦共和国国家银行，https：//ratel.kz/outlook/nado_trizhdy_podumat_prezhde_chem_investirovat_v_ekonomiku_strany_lider_kotoroj_stradaet_messianskimi_kompleksami? ysclid=lc4mm9zxzo259634234.

2. 制造业领域主要投资项目

俄罗斯伏尔加汽车公司在哈萨克斯坦乌斯季卡缅诺戈尔斯克地区组装拉达汽车；耶弗拉兹（Evraz）集团公司在哈萨克斯坦库斯塔奈地区生产轧钢；罗斯托夫公司（Rostselmash）在科克舍套进行农业机械生产；彼得堡拖拉机厂在科斯塔奈地区投资生产拖拉机。❷

（二）哈萨克斯坦对俄罗斯的投资

据哈萨克斯坦总统卡托卡耶夫在第十七届哈萨克斯坦和俄罗斯区域间合作论坛提供的信息，哈萨克斯坦在俄罗斯投资达 45 亿美元。❸ 2015—2021 年哈萨克斯坦对俄罗斯的直接投资情况详见表 4-13。

---

❶ Рост прямых российских инвестиций в Казахстан в 1-м полугодии составил 20% ［J/OL］．［2022-12-30］．http：//www.finmarket.ru/news/5581161? ysclid=lakiq780yv402269597.

❷ Межгосударственные отношения России и Казахстана ［J/OL］．［2022-12-30］．https：//ria.ru/20220819/diplomatiya-1810493227.html.

❸ Рост прямых российских инвестиций в Казахстан в 1-м полугодии составил 20% ［J/OL］．［2022-12-30］．http：//www.finmarket.ru/news/5581161? ysclid=lakiq780yv402269597.

哈萨克斯坦对俄罗斯的投资主要集中在能源领域。俄罗斯天然气工业股份公司和哈萨克斯坦国家石油天然气（KazMunayGas）公司创建了合资企业，用于购买和销售天然气，并在俄罗斯进行加工。

表4-13 哈萨克斯坦对俄罗斯的投资

单位：百万美元

行业	2015年	2016年	2017年	2018年	2019年	2020年	2021年
制造业	18.3	26.5	420.6	24.7	30.5	27.5	24.7
建设	24.3	39.0	48.7	43.6	53.5	50.0	50.7
批发和零售贸易	95.6	87.4	87.8	80.4	84.2	58.4	18.6
金融和保险	239.8	141.1	154.4	92.3	166.6	81.5	95.6
能源矿产	619.5	1 833.4	1 985.4	2 001.7	2 343.7	2 018.1	2 086.6

数据来源：俄罗斯联邦中央银行 https://cbr.ru/statistics/statpubl/.

此外，哈萨克斯坦投入巨资和俄罗斯对里海现有管道的运营和新管道的建设进行积极合作。开发里海石油和天然气资源与向世界市场运输石油和天然气密切相关，在这方面俄罗斯的作用很大，因为哈萨克斯坦生产的石油主要通过俄罗斯阿特劳-萨马拉输油管道运输。因此，哈萨克斯坦与俄罗斯方面一起投资扩大这条石油管道的容量，计划逐步将其产能首先增加到2000万吨，然后增加到2500万吨。❶

四、俄罗斯与乌兹别克斯坦的投资关系

俄罗斯是乌兹别克斯坦的第二大投资国。据统计，俄罗斯在乌兹别克斯坦的累计投资额超过100亿美元，有1000多家俄罗斯资本参与的企业在乌兹别克斯坦注册。❷ 2016年，俄罗斯的投资占乌兹别克斯坦GDP的21.7%，2020年则为35.7%。❸ 俄罗斯先后在建材、采矿冶金、能源、农业、机械制造、制药工

---

❶ Е. Ж. Ешаманова. Казахстан－Россия：сотрудничество на каспии［J/OL］.［2022-12-30］. https：//eurasia.expert/arifmetika-integratsii-skolko-rossiya-investiruet-v-belarus/.

❷ Узбекистан и Россия в промышленной кооперации［J/OL］.［2022-12-30］. https：//news.myseldon.com/ru/news/index/263196344.

❸ За 5 лет объём российских инвестиций в Узбекистан удвоился［J/OL］.［2022-12-30］. https：//www.spot.uz/ru/2021/11/18/investments/.

业、汽车、数字经济和高科技等领域进行了投资。

俄罗斯对乌兹别克斯坦主要投资和项目如下。

1. 能源领域主要投资项目

俄罗斯在乌兹别克斯坦最大的投资项目是俄罗斯国家原子能公司在乌兹别克斯坦纳沃伊地区建造一座核电站。2018年9月，两国在莫斯科签署协议，决定建造两台配备 VVER-1200 反应堆的"三加"一代动力装置，其中第一台计划在 2028 年年底之前启动。这不仅是乌兹别克斯坦，也是整个中亚地区的首座核电站。该核电站的建设可以使乌兹别克斯坦发电容量增加 20%。项目的总投资额估计为 110 亿美元。俄罗斯卢克石油公司投资 6.6 亿美元与乌兹别克斯坦石油公司合作在布哈拉地区建造天然气加工厂。此外，俄罗斯提供政府贷款 9 亿美元在乌兹别克斯坦实施 25 亿立方米天然气田的勘探和开发项目。该项目包括建设天然气加工厂和基础设施，生产、运输和销售天然气。❶

2. 冶金领域主要投资项目

俄罗斯金融集团 VTB 银行和乌兹别克斯坦内维尔（Navoi）冶金厂签署合作协议，为一项投资计划提供资金，以实现工厂的现代化和扩大生产能力，信贷总额度为 10 亿美元，为期 5 年。该工厂采用世界最现代化的技术和设备，将有助于相关行业的发展，如建筑业、汽车行业、家用电器的生产。❷

3. 农业机械领域主要投资项目

俄罗斯罗斯托夫公司与乌兹别克斯坦奇尔奇克（Chirchik）农业机械工厂合作建立了联合收割机和其他类型的产品的生产。❸

4. 汽车领域主要投资项目

俄罗斯著名的重型卡车制造商卡玛斯集团在乌兹别克斯坦撒马尔罕进行重型卡车的零部件和车身的生产，并且在塔什干地区建立了一条瞪羚商用车生产

---

❶ Узбекистан и Россия в промышленной кооперации [J/OL]. [2022-12-30]. https://news.myseldon.com/ru/news/index/263196344.

❷ Узбекистан и Россия в промышленной кооперации [J/OL]. [2022-12-30]. https://news.myseldon.com/ru/news/index/263196344.

❸ Узбекистан и Россия в промышленной кооперации [J/OL]. [2022-12-30]. https://news.myseldon.com/ru/news/index/263196344.

线。在位于撒马尔罕的汽车厂，启动了几种型号的拉达汽车的系列组装。❶

5. 建材领域主要投资项目

俄罗斯控股公司欧洲水泥集团已开始在塔什干地区建立基础生产建筑材料的产业集群，项目总投资超过1.6亿美元。❷

6. 电信领域主要投资项目

俄罗斯电信控股公司以Beeline品牌运营，自2006年以来已在乌兹别克斯坦投资超过10亿美元。❸

五、俄罗斯与阿塞拜疆的投资关系

1000多家俄罗斯资本公司在碳氢化合物生产和运输、化学工业、能源、石化、制药、机械工程和货物运输领域开展业务。❹

俄罗斯企业在阿塞拜疆的旗舰项目包括商用卡车的组装生产，建立俄罗斯制造的直升机维护和维修服务中心，联合收割机的（组装）生产，向阿塞拜疆供应俄罗斯制造的铁路车辆等。俄罗斯最大的重型卡车制造商成为阿塞拜疆阿拉兹山谷经济区工业区的第一家外国公司。

阿塞拜疆对俄罗斯的投资有限。据阿塞拜疆副总理沙欣·穆斯塔法耶夫（Shahin Mustafayev）2021年1月在"俄罗斯-阿塞拜疆经济关系的现状和前景"会议上表示，阿塞拜疆对俄罗斯的投资已经达到12亿美元。❺ 阿塞拜疆企业对俄罗斯的投资主要集中于化学工业和房地产。❻

---

❶ Узбекистан и Россия в промышленной кооперации [J/OL]. [2022-12-30]. https://news.myseldon.com/ru/news/index/263196344.

❷ Узбекистан и Россия в промышленной кооперации [J/OL]. [2022-12-30]. https://news.myseldon.com/ru/news/index/263196344.

❸ Узбекистан и Россия в промышленной кооперации [J/OL]. [2022-12-30]. https://news.myseldon.com/ru/news/index/263196344.

❹ Объем взаимных инвестиций РФ и прикаспийских стран приблизился к $30 млрд [J/OL]. [2022-12-30]. https://tass.ru/ekonomika/15957227?ysclid=lc67ktyrzu159347323.

❺ Азербайджан инвестировал в Россию более 1,2 млрд долларов [J/OL]. [2022-12-30]. https://caliber.az/post/45602/.

❻ Объём инвестиций Азербайджана в экономику Москвы вырос в четыре раза за пять лет [J/OL]. [2022-12-30]. https://russian.rt.com/business/news/1011946-moskva-azerbaidzhan-ekonomika?ysclid=lc67klezb869213265.

第三节　俄罗斯与独联体国家经贸关系的现状与前景

一、俄罗斯与独联体国家经贸关系的问题

苏联解体时，保持独联体国家之间的经济联系对所有国家来说都十分重要。因为可以为各国缺乏国际竞争力的制成品保留传统市场。最初，独联体各国维持统一的经济空间似乎并不难。毕竟，各国之间长期以来一直保持稳定的经济联系，各国之间没有贸易壁垒，有单一货币，有统一的技术标准、统一的商品质量认证体系和运输系统以及通用的俄语。随着时间的流逝，情况发生了改变。

首先，独联体国家之间经济联系正在松弛。由于各国国家经济利益不对称、技术和经济发展水平不同以及产业结构不平衡等原因使独联体国家的经济走向一个完全不同的坐标系，在这个坐标系中有新的经济运行规则。因此，进入21世纪以来，各国的经济联系日渐松弛。自2010年以来，独联体国家相互之间的直接投资存量一直在下降。最显著的下降出现在2014年，独联体国家的相互投资同比下降16%，到2015年年底又下降5%。❶

其次，独联体国家对于推动经济一体化意见不一。一体化的基础是技术和经济发展达到高度工业化以及生产和交换的多样化，当各国的货物和服务互补时，当行业内贸易达到高水平取代部门间贸易时，各国之间才愿意形成一个经济有机体。相反，只能提供有限农产品和原材料的国家，与其说是互补的伙伴，不如说是一个负担。目前，荷兰在俄罗斯出口中的份额（2020年为10%）已经超过欧亚经济联盟国家的份额（9.6%），中国在俄罗斯进口中的份额（14.6%）超过所有独联体国家的总份额（11%）。

最后，俄罗斯与独联体国家间的政治关系对双方经贸关系产生影响。由于与乌克兰和格鲁吉亚的关系严重恶化，导致上述两国退出独联体，阿塞拜疆和亚美尼亚的冲突也对俄罗斯与两国之间的经贸往来产生不利影响。近些年，俄罗斯与中亚国家的对话也变得困难重重。这些都对发展合作和执行已缔结的协

---

❶ E.维诺库罗夫. 欧亚经济联盟：发展现状与初步成果 [J]. 封帅，译. 俄罗斯研究，2018 (6): 14.

议产生负面影响。❶

二、俄罗斯与独联体国家经贸关系的前景

独联体国家市场规模是全世界最大的市场之一，国土面积广阔、人口众多，耕地、淡水资源都极为丰富。其 GDP 约占世界的 5%。独联体国家还拥有统一的能源、运输和电信系统，且独联体国家强大而完备的原材料基础、地理上的接近性以及发达的科学和技术潜力加上交流语言俄语，这一切决定了独联体国家经济整合的巨大潜力。

当前，独联体国家一体化进程需要俄罗斯与独联体其他国家创造更有效的一体化的组织架构。为此，俄罗斯决心通过主导构建与发展欧亚经济联盟推动独联体一体化进程。2015 年 1 月 1 日，欧亚经济联盟正式成立，随后，亚美尼亚和吉尔吉斯斯坦加入。目前，欧亚经济联盟有五个成员国及摩尔多瓦，乌兹别克斯坦和古巴（2020 年）三个观察员国。

俄罗斯的动机是出于对"欧亚主义"地缘政治的利益诉求，力图通过自身的优势，推动独联体经济一体化，打造欧亚大陆上继东北亚与欧盟之后的第三个经济中心。❷ 在未来，欧亚经济联盟计划扩展到所有独联体国家，成为自欧盟和北美自由贸易协定之后世界上第三个区域联盟。其地缘经济作用可与欧盟和北美自由贸易区协定相媲美。

欧亚经济联盟对俄罗斯的对外贸易有积极作用。欧亚经济联盟国家在俄罗斯制造业产品出口中的份额从 2000 年的 30% 增长到目前的 55%，可见欧亚经济联盟的成立对俄罗斯与联盟成员国之间的贸易合作关系起到了一定的促进作用。❸

不过，欧亚经济联盟的发展并不是一帆风顺的，自欧亚经济联盟成立至今，成员国经济一体化融合进程缓慢。"除了搭建联盟的外形框架以外，在其他方面

---

❶ Источник, Внешнеэкономические связи России со странами СНГ：проблемы и перспективы развития［J/OL］.［2022-12-30］. https://finuni.ru/vneshneekonomicheskie-svyazi-rossii-so-stranami-sng-problemy-i-perspektivy-razvitiya.

❷ 李金叶. 中亚俄罗斯经济发展研究报告［M］. 北京：经济科学出版社，2018：141.

❸ 黄茜. 欧亚经济联盟内部与外部分工网络的基本特征及其影响因素分析［J］. 俄罗斯学刊，2021（2）：110-136.

成效并不显著。在商品贸易上，2019 年欧亚经济联盟的内部贸易仅占其对外贸易总额的 7.8%，而全球 50% 以上的贸易是在区域经济集团内部进行的。"❶ 联盟内大规模的相互投资也没有实现，联盟成员国都将吸引外资的重点放在联盟之外。"由于欧亚经济联盟成员国缺乏相互投资，使联盟内成员国产业发展缺乏深度合作，极大影响了联盟内部贸易的发展。"❷

　　对此，从经济利益出发，俄罗斯将极力在促进内部贸易发展的基础上提升欧亚经济联盟的影响力。当前，俄罗斯主导的欧亚经济联盟"在借鉴全球相关自贸协定的基础上，充分总结并及时更新升级已签署四项自贸协定，并为正在进行的与埃及、以色列和韩国自贸谈判。"❸ 如果欧亚经济联盟积极朝着和他国建立更多的自由贸易区，并签署更多的贸易与经济合作协定方向前行，那么其潜力将会得到有效发挥，其前景还是乐观可期的。

---

　　❶ 宫艳华. 欧亚经济联盟对外经济合作评析 [J]. 欧亚经济，2020（6）：50.
　　❷ 杨文兰，王琰，宋芳. 对欧亚经济联盟内部贸易发展评估及启示 [J]. 欧亚经济，2021（6）：103.
　　❸ 郑猛. 欧亚经济联盟一体化：特征事实与深度评估 [J]. 太平洋学报，2022（3）：77.

第五章　俄罗斯与美洲国家的贸易和投资关系

俄罗斯与美洲国家的贸易和投资主要集中在俄罗斯与美国、加拿大、墨西哥、巴西这几个美洲大国之间。总体看，俄罗斯与美洲国家的经贸关系除了美国以外，其他国家都不是俄罗斯对外贸易和投资的重点所在。

第一节　俄罗斯与美洲国家的贸易关系

俄罗斯与美洲国家的贸易额在俄罗斯对外贸易额中所占比例不大，不到俄罗斯对外贸易总额的10%。除美国之外，其他国家都不是俄罗斯的重要贸易伙伴。

一、俄罗斯与美国的贸易关系

美国是俄罗斯在美洲国家中最大的贸易伙伴。2021年，美国在俄罗斯对外贸易额中的份额为4.38%，就2021年俄罗斯贸易额的份额而言，美国排名第五位。2021年，美国在俄罗斯出口贸易中的份额为3.57%，就2021年俄罗斯出口贸易份额而言，美国排名第九位。2021年，美国在俄罗斯进口贸易中的份额为5.75%，就2021年俄罗斯进口贸易份额而言，美国排名第三位。[1]

如表5-1所示，2010—2021年美国与俄罗斯贸易关系起伏比较大。2012年，俄罗斯与美国贸易总额达到285.27亿美元，之后几年俄美贸易额一直保持在相近水平。2015年，美国因为俄罗斯与乌克兰之间冲突，对俄罗斯进行经济制裁，双方的贸易额大幅下降到198.83亿美元。然而2016年，俄美贸易额出现明显反弹，至2021年俄美贸易额上升到历史峰值350.13亿美元。受2022年俄

---

[1] Обзоры внешней торговли России [DB/OL]. [2022-12-30]. https://russian-trade.com/reports-and-reviews/2022-02/torgovlya-mezhdu-rossiey-i-ssha-v-2021-g/?ysclid=lc1aurvrvv319921117.

乌冲突的影响，美国与俄罗斯的贸易额在2022年再次大幅度下降，2022年1—8月，美国累计对俄罗斯出口只有13亿美元，但是进口额仍然达到121亿美元，俄罗斯对美国的贸易顺差达到创纪录的108亿美元。这足以证明俄罗斯的一些出口商品在俄美贸易关系中起着不可替代的作用。

表5-1 2010—2021年俄罗斯与美国进出口贸易额

单位：亿美元

年份	进口额	出口额	贸易总额
2010	98.34	119.33	217.67
2011	128.81	156.26	285.07
2012	155.05	130.22	285.27
2013	167.18	111.77	278.95
2014	185.94	95.53	281.47
2015	114.90	83.93	198.83
2016	121.35	100.98	222.33
2017	142.83	117.91	260.74
2018	126.91	125.69	252.60
2019	134.29	131.89	266.18
2020	132.13	109.58	241.71
2021	172.65	177.48	350.13

数据来源：联合国商品贸易统计数据库 https://comtradeplus.un.org/.

对表5-2进行认真分析，可以发现俄罗斯与美国贸易结构的主要特点。出口环节：俄罗斯对美国的出口额主要集中在SITC3类商品上，2021年俄罗斯此类商品出口占俄罗斯对美国贸易出口额的50.43%。这说明美国虽然发起了"页岩油气革命"，使其自给率有所提高，但是因成本与技术问题，美国从俄罗斯进口的油气份额并没有减少，甚至进口额度还有所增加，从2010年的59.89亿美元上升到2021年的89.51亿美元。因此，从俄罗斯进口能源产品仍然是美国的刚需。SITC6类商品（该类商品主要是钢铁有色金属等，2021年占俄罗斯对美国出口总额的30.85%）则是俄罗斯对美国的第二大类出口商品。SITC9类商品（该类商品主要是贵金属和宝石，2021年占俄罗斯对美国出口总额的6.34%）在美国市场上也具有相当的竞争力。进口环节：俄罗斯从美国的进口主要是SITC7

类商品（此类商品主要是勘探与开发石油和天然气所使用的机械设备、计算机及零部件、通信器材、电气设备、汽车等，2021年机器、设备和车辆类商品占俄罗斯从美国进口总额的33.03%），这类商品历年来都是俄罗斯从美国进口的第

表 5-2 2010—2021年俄罗斯与美国贸易结构

单位：亿美元

年份	类型	SITC0	SITC1	SITC2	SITC3	SITC4	SITC5	SITC6	SITC7	SITC8	SITC9
2010	进口	11.33	1.37	2.53	2.02	0.01	17.86	6.46	45.48	11.10	0.17
	出口	0.37	0.21	1.91	59.89	0.004	7.49	31.41	2.00	0.81	15.22
2011	进口	13.63	1.98	2.76	4.28	0.02	22.28	7.90	61.93	13.99	0.04
	出口	0.27	0.17	1.67	93.95	0.006	1.68	2.31	2.64	1.12	2.43
2012	进口	17.44	2.33	3.28	2.70	0.02	23.24	8.36	80.51	15.86	1.30
	出口	0.26	0.19	1.51	60.52	0.003	10.53	37.22	3.49	3.82	12.66
2013	进口	11.54	3.09	5.28	1.50	0.01	24.53	8.96	95.66	15.31	1.27
	出口	0.31	0.21	1.79	41.34	0.01	10.04	35.54	3.60	3.79	15.13
2014	进口	7.92	2.55	5.27	0.48	0.07	21.88	9.75	123.06	14.98	0.001
	出口	0.34	0.15	1.69	38.11	0.01	9.59	37.60	3.44	4.61	—
2015	进口	1.58	1.59	4.52	0.27	0.04	19.39	6.98	70.35	10.16	0.004
	出口	0.30	0.12	1.35	30.56	0.004	12.44	30.10	7.15	1.89	—
2016	进口	2.14	1.43	3.72	0.30	0.04	16.75	6.75	76.15	13.37	0.68
	出口	0.33	0.11	1.54	40.11	0.002	6.80	34.47	5.18	1.02	11.78
2017	进口	2.56	1.43	3.10	0.38	0.04	19.62	6.92	93.15	14.80	0.84
	出口	0.37	0.11	1.41	43.72	0.003	8.83	48.04	5.72	1.24	8.44
2018	进口	1.57	1.26	2.92	0.40	0.01	21.02	7.13	79.62	11.80	1.17
	出口	0.42	0.11	1.59	49.27	0.003	12.10	44.85	7.50	1.10	8.74
2019	进口	1.52	1.30	3.02	0.30	0.05	28.52	7.58	78.30	12.23	1.47
	出口	0.45	0.12	1.85	68.94	0.004	9.10	37.05	5.06	1.10	8.20
2020	进口	1.59	1.39	3.62	0.27	0.07	24.30	6.49	42.05	11.87	40.48
	出口	0.90	0.15	1.07	54.91	0.005	4.97	35.54	2.22	0.98	8.83
2021	进口	1.89	1.61	4.11	0.27	0.11	32.40	7.60	57.02	14.16	53.49
	出口	1.05	0.14	1.78	89.51	0.07	12.30	54.76	5.26	1.35	11.25

数据来源：联合国商品贸易统计数据库 https://comtradeplus.un.org/.

一大类商品大项。SITC5 类商品（主要是药物、塑料及其制品、其他化工产品等，2021 年化学工业产品占俄罗斯从美国进口总量的 18.77%）是俄罗斯从美国进口的第二大类商品。由此可见，美国在高附加值商品制造上仍然具有很强的国际竞争力，其在国际化工和机械制造业上的地位与水平依然十分牢固。总体而言，俄罗斯对美国的出口优势是低附加值的原料性资源产品，进口的是高附加值的机械设备和电子设备、飞机、高技术化工产品以及食品。"俄美双方的这种贸易结构对俄罗斯极为不利，但俄罗斯又别无选择，因为俄经济原材料化的倾向不仅较为严重，而且今后还有进一步强化的趋势。"❶ 由于俄罗斯现阶段经济发展的需求，使其必须进口大量高技术机械和化工类技术设备来提高俄罗斯工业技术水平。因此，俄美贸易结构在较长一段时间之内不会发生明显变化。

二、俄罗斯与加拿大的贸易关系

加拿大在 2021 年俄罗斯对外贸易额中的份额为 0.21%，就 2021 年俄罗斯贸易额的份额而言，加拿大排名第 59 位。2021 年，加拿大在俄罗斯出口贸易中的份额为 0.15%，就 2021 年俄罗斯出口贸易份额而言，加拿大排名第 61 位。2021 年，加拿大在俄罗斯进口贸易中的份额为 0.32%，就 2021 年俄罗斯进口贸易份额而言，加拿大排名第 43 位。❷

由表 5-3 可知，俄罗斯与加拿大贸易额在 2012 年达到 28.18 亿美元的历史峰值。到了 2015 年俄加贸易额呈断崖式下降，当年俄加贸易额仅仅只有 2014 年俄加贸易额的 60%，这与俄罗斯国内经济危机和加拿大对俄罗斯经济制裁有关。从此之后，俄加贸易额再也达不到 2014 年之前的水平。不过两国贸易从 2017 年重新显示出积极增长的势头。2019 年达到 17.55 亿美元。2020 年，在新冠疫情蔓延和各国采取限制性措施导致经济困难的背景下，双边贸易额下降 34.25%。到了 2021 年，俄罗斯和加拿大之间的贸易增长率高达 44.37%，贸易额大幅反弹到 16.66 亿美元。从进出口贸易差额看，俄罗斯与加拿大的贸易一直处于逆差状态，每年都有一定的逆差。2012 年，俄罗斯对加拿大的贸易逆差高达 21.28

---

❶ 郭连成，米军. 俄美经贸合作关系论析 [J]. 世界经济与政治，2004（2）：79.

❷ Обзоры внешней торговли России [DB/OL]. [2022-12-30]. https://russian-trade.com/reports-and-reviews/2022-02/torgovlya-mezhdu-rossiey-i-kanadoy-v-2021-g/?ysclid=lc1efv44p0798447524.

亿美元，而当年两国的贸易总额也不过28.18亿美元。俄罗斯较高贸易逆差情形的产生与两国产业结构有关。❶

表5-3 2010—2021年俄罗斯与加拿大进出口贸易额

单位：亿美元

年份	进口额	出口额	贸易总额
2010	12.13	7.69	19.81
2011	16.84	5.37	22.21
2012	24.73	3.45	28.18
2013	17.96	4.71	22.67
2014	14.97	6.05	21.02
2015	8.15	4.52	12.67
2016	7.98	4.23	12.21
2017	10.72	6.51	17.23
2018	7.46	5.81	13.27
2019	9.38	8.17	17.55
2020	8.35	3.19	11.54
2021	9.28	7.38	16.66

数据来源：联合国商品贸易统计数据库 https://comtradeplus.un.org/.

对表5-4进行分析，可以看出俄罗斯与加拿大贸易结构的基本特点。出口环节：俄罗斯主要向加拿大市场出口SITC5类商品（该类商品主要是化肥、冶金和基础化学工业产品等，2021年俄罗斯化学工业产品出口额占俄罗斯对加拿大出口总额的27.91%）和SITC6类商品（该类商品主要是黑色金属和铝制品等，2021年俄罗斯金属及其产品出口额占俄罗斯对加拿大出口总额的39.02%），上述两类商品占俄罗斯对加拿大出口额的65%以上。进口环节：俄罗斯主要从加拿大进口SITC5类商品（该类商品主要是医药产品、有机化

---

❶ Хорошилов Евгений Евгеньевич, Современное состояние российско-канадских экономических отношений [J/OL]. [2022-12-30]. https://rusus.jes.su/s20705476001895-2-4-1/.

表 5-4　2010—2021 年俄罗斯与加拿大贸易结构

单位：亿美元

年份	类型	SITC0	SITC1	SITC2	SITC3	SITC4	SITC5	SITC6	SITC7	SITC8	SITC9
2010	进口	3.51	0.05	0.28	0.09	0.15	0.92	1.17	5.11	0.83	0.01
	出口	0.04	0.02	0.11	5.87	0.001	1.00	0.42	0.07	0.15	0.001
2011	进口	5.78	0.06	0.23	0.14	0.22	1.14	1.47	6.91	0.89	—
	出口	0.06	0.02	0.11	3.29	0.001	1.10	0.55	0.12	0.11	0.001
2012	进口	7.77	0.10	0.14	0.16	0.35	1.28	1.55	9.88	1.02	2.50
	出口	0.04	0.04	0.05	0.17	0.0004	0.88	0.99	0.25	0.16	0.87
2013	进口	4.29	0.14	0.10	0.15	0.10	1.51	1.66	8.22	0.90	0.89
	出口	0.09	0.04	0.14	0.56	0.0004	1.16	1.66	0.16	0.10	0.81
2014	进口	4.49	0.06	0.22	0.20	0.23	1.10	1.38	6.56	0.72	—
	出口	0.05	0.03	0.50	1.67	0.001	0.74	2.65	0.26	0.14	—
2015	进口	0.35	0.03	0.08	0.10	0.003	0.95	0.83	5.25	0.56	—
	出口	0.06	0.03	0.30	1.20	0.0004	0.87	1.82	0.17	0.05	0.01
2016	进口	0.39	0.02	0.21	0.11	0.01	1.47	0.85	4.08	0.77	0.08
	出口	0.07	0.02	0.24	0.30	0.001	0.59	2.11	0.15	0.11	0.64
2017	进口	0.68	0.03	0.38	0.12	0.005	1.34	0.86	6.40	0.83	0.07
	出口	0.07	0.05	0.18	2.45	0.001	0.97	2.21	0.21	0.12	0.26
2018	进口	0.63	0.03	0.11	0.10	0.01	1.85	0.80	3.29	0.58	0.06
	出口	0.06	0.04	0.19	2.23	0.004	0.73	1.68	0.19	0.10	0.30
2019	进口	0.70	0.03	0.14	0.10	0.004	2.93	0.78	3.94	0.54	0.21
	出口	0.07	0.04	0.08	5.28	0.0004	0.79	1.21	0.26	0.09	0.34
2020	进口	0.69	0.01	0.13	0.12	0.004	1.94	0.70	2.80	0.49	1.46
	出口	0.08	0.05	0.04	0.41	0.0004	0.76	1.21	0.22	0.09	0.33
2021	进口	0.56	0.03	0.17	0.14	0.01	2.00	0.80	2.95	0.58	2.05
	出口	0.18	0.04	0.09	0.89	0.002	2.06	2.88	0.40	0.12	0.72

数据来源：联合国商品贸易统计数据库 https://comtradeplus.un.org/.

合物等。2021年该类商品占俄罗斯从加拿大进口总额的21.55%）、SITC7类商品（该类商品主要是机械设备及零部件、电气和电子工业产品、仪器仪表、农业设备和零部件、运输设备等，2021年此类商品占俄罗斯从加拿大进口总量的31.79%）。近两年，加拿大大额出口商品除了机械设备还有飞机。例如，2021年1—11月，加拿大出口到俄罗斯市场的飞机交付额为8100万美元，主要是二手涡轮螺旋桨飞机庞巴迪，与2020年相比增长72.8%。❶ 由此可见，加拿大在一些高技术设备领域具有很强的国际竞争力。

三、俄罗斯与墨西哥的贸易关系

墨西哥在2021年俄罗斯对外贸易额中的份额为0.61%，就2021年俄罗斯贸易额的份额而言，墨西哥排名第32位。2021年，墨西哥在俄罗斯出口贸易中的份额为0.69%，就2021年俄罗斯出口贸易份额而言，墨西哥排名第31位。墨西哥在2021年俄罗斯进口贸易中的份额为0.47%，就2021年俄罗斯进口贸易份额而言，墨西哥排名第35位。❷

由表5-5可知，俄罗斯与墨西哥的贸易额不高，每年的贸易额基本不超过30亿美元。俄罗斯与墨西哥的贸易额在2015年有一个大的下滑，但2016年之后，俄墨贸易额迅速恢复。2021年，俄罗斯与墨西哥的贸易额上升到历史峰值47.83亿美元，与2020年相比增长1倍以上。从两国的进出口贸易差额看，2014年之前俄罗斯对墨西哥的贸易一直处于逆差状态，从2014年开始，俄罗斯对墨西哥的贸易额一直保持顺差状态。2021年俄罗斯对墨西哥的贸易顺差达到20.23亿美元。

---

❶ Хорошилов Евгений Евгеньевич, Современное состояние российско-канадских экономических отношенийЕвгеньевич［J/OL］.［2022-12-30］. https://rusus.jes.su/s207054760018952-4-1/.

❷ Обзоры внешней торговли России［DB/OL］.［2022-12-30］. https://russian-trade.com/reports-and-reviews/2022-02/torgovlya-mezhdu-rossiey-i-meksikoy-v-2021-g/?ysclid=lc1owa4jcq204276983.

表 5-5　2010—2021 年俄罗斯与墨西哥进出口贸易额

单位：亿美元

年份	进口额	出口额	贸易总额
2010	4.79	2.88	7.67
2011	8.37	5.77	14.14
2012	10.94	4.92	15.86
2013	10.48	8.55	19.03
2014	7.83	13.70	21.53
2015	5.90	9.87	15.77
2016	7.51	10.77	18.28
2017	10.84	15.57	26.41
2018	9.38	20.04	29.42
2019	11.09	14.77	25.86
2020	10.15	11.38	21.53
2021	13.80	34.03	47.83

数据来源：联合国商品贸易统计数据库 https://comtradeplus.un.org/.

对表 5-6 进行仔细分析，可以发现俄罗斯与墨西哥贸易结构的基本特点。

出口环节：SITC6 类商品（该类商品主要是金属及其产品，2021 年该类商品出口额占俄罗斯对墨西哥出口总额的 78.49%）是俄罗斯对墨西哥最主要的出口商品种类，说明此类商品是墨西哥市场的刚需。此外，俄罗斯在 SITC5 类商品（该类出口商品主要是药物与肥料等，2021 年化学工业产品占俄罗斯对墨西哥出口总额的 17.43%）也拥有强大的竞争力。进口环节：每年俄罗斯从墨西哥进口商品中 SITC7 类商品（该类商品主要是运输工具及其零件和配件、电机和设备及其零件等，该类商品 2021 年占俄罗斯从墨西哥进口总额的 69.35%）一直是俄罗斯最主要的进口商品。这表明墨西哥 SITC7 类商品在俄罗斯市场上表现不俗。

表 5-6 2010—2021 年俄罗斯与墨西哥贸易结构

单位：亿美元

年份	类型	SITC0	SITC1	SITC2	SITC3	SITC4	SITC5	SITC6	SITC7	SITC8	SITC9
2010	进口	0.27	0.35	0.04	0.0004	0.0002	0.22	0.19	3.31	0.42	0.001
2010	出口	—	0.001	0.02	—	—	2.21	0.20	0.43	0.01	—
2011	进口	1.18	0.45	0.06	0.0001	0.0004	0.49	0.41	5.13	0.65	—
2011	出口	0.00004	0.005	0.15	0.37	—	4.41	0.75	0.08	0.004	—
2012	进口	1.70	0.63	0.07	0.0004	0.001	0.28	0.70	6.73	0.83	0.001
2012	出口	0.28	0.02	0.09	0.0001	—	2.91	1.01	0.14	0.01	0.47
2013	进口	0.41	0.60	0.06	0.0002	0.001	0.46	0.69	6.70	1.57	0.0005
2013	出口	0.44	0.01	0.08	1.58	—	1.91	4.47	0.05	0.01	0.002
2014	进口	0.34	0.45	0.04	0.0001	0.0003	0.36	0.65	4.58	1.42	—
2014	出口	1.23	0.01	0.12	0.52	—	1.50	10.19	0.11	0.01	—
2015	进口	0.30	0.45	0.03	0.0001	0.001	0.29	0.50	3.45	0.88	—
2015	出口	0.26	0.01	0.08	0.28	—	0.86	8.25	0.13	0.01	—
2016	进口	0.23	0.39	0.04	0.00002	0.002	0.24	0.60	4.49	1.52	0.001
2016	出口	0.83	0.02	0.42	0.15	—	0.81	8.25	0.28	0.01	0.01
2017	进口	0.35	0.44	0.97	0.00004	0.003	0.38	0.59	6.26	1.85	0.002
2017	出口	0.67	0.02	0.76	0.12	—	1.53	12.25	0.19	0.02	0.01
2018	进口	0.32	0.48	0.50	0.00004	0.004	0.46	0.52	5.69	1.41	0.001
2018	出口	2.03	0.02	0.76	0.20	—	1.37	15.37	0.22	0.02	0.04
2019	进口	0.38	0.60	1.04	—	0.004	0.47	0.60	6.46	1.54	—
2019	出口	0.27	0.02	0.85	1.38	—	1.79	10.34	0.09	0.01	0.01
2020	进口	0.39	0.75	0.46	—	0.0045	0.48	0.54	6.11	1.41	0.003
2020	出口	0.22	0.01	0.52	0.21	—	2.18	7.97	0.20	0.02	0.04
2021	进口	0.40	0.73	0.36	—	0.01	0.70	0.38	9.57	1.64	0.01
2021	出口	0.15	0.01	0.85	0.27	—	5.93	26.71	0.10	0.01	0.003

数据来源：联合国商品贸易统计数据库 https://comtradeplus.un.org/.

四、俄罗斯与巴西的贸易关系

巴西是俄罗斯在南美洲最大的贸易伙伴。2021 年，巴西在俄罗斯对外贸易额中的份额为 0.95%，就 2021 年俄罗斯贸易额的份额而言，巴西排名第 19 位。2021 年，巴西在俄罗斯出口贸易中的份额为 1.07%，就 2021 年俄罗斯出口贸易份额而言，巴西排名第 18 位。2021 年，巴西在俄罗斯进口贸易中的份额为

0.76%，就 2021 年俄罗斯进口贸易份额而言，巴西排名第 27 位。❶

由表 5-7 可知，俄罗斯与巴西的贸易额在美洲地区仅次于俄罗斯与美国的贸易额，但是俄罗斯与巴西每年的贸易额也不高。2020 年之前，俄巴贸易额一直稳定在 40 亿~65 亿美元。2021 年，俄罗斯与巴西的贸易额达到创纪录的 74.84 亿美元。从两国的进出口贸易额看，2018 年之前俄罗斯对巴西的贸易处于逆差状态，从 2018 年开始，俄罗斯对巴西的贸易转为顺差。2020 年，俄罗斯对巴西的贸易又转为微小的逆差。2021 年，俄罗斯对巴西的贸易顺差达到 30.38 亿美元。

表 5-7　2010—2021 年俄罗斯与巴西进出口贸易额

单位：亿美元

年份	进口额	出口额	贸易总额
2010	40.67	17.23	57.90
2011	43.78	21.03	64.81
2012	—	—	—
2013	—	—	—
2014	—	—	—
2015			
2016			
2017	32.40	26.58	58.98
2018	24.71	25.84	50.55
2019	21.54	24.55	46.09
2020	20.10	19.94	40.04
2021	22.23	52.61	74.84

数据来源：联合国商品贸易统计数据库 https://comtradeplus.un.org/.

对表 5-8 进行认真分析，可以发现俄罗斯与巴西贸易结构主要特点。出口环节：俄罗斯 SITC5 类商品（该类商品主要是肥料，2021 年此类商品占俄罗斯对巴西出口总额的 68.77%）是俄罗斯对巴西最主要的出口商品种类，其根源在于俄罗斯的磷矿和钾矿资源丰富，加工磷复肥的能力强，但本国的需求量并不

---

❶　Обзоры внешней торговли России [DB/OL]. [2022-12-30]. https://russian-trade.com/reports-and-reviews/2022-02/torgovlya-mezhdu-rossiey-i-braziliey-v-2021-g/?ysclid=lc1pdeld3h591166755.

高,可供出口的磷复肥较多。而巴西作为农业大国对原材料的进口需求十分强烈。俄罗斯和巴西均为沿海国家,海运便利,运输成本较低,所以巴西主要是

表5-8 2010—2021年俄罗斯与巴西贸易结构

单位:亿美元

年份	类型	SITC0	SITC1	SITC2	SITC3	SITC4	SITC5	SITC6	SITC7	SITC8	SITC9
2010	进口	32.61	3.21	2.71	0.003	0.004	0.22	0.86	0.70	0.34	0.02
	出口	0.06	0.01	0.37	4.55	—	8.57	3.12	0.34	0.11	0.10
2011	进口	34.07	3.61	3.11	—	0.01	0.23	0.89	1.41	0.46	0.0001
	出口	0.01	0.004	1.10	2.42	—	16.34	0.87	0.21	0.03	0.03
2012	进口	22.62	3.97	2.73	—	0.01	0.24	1.05	2.51	0.46	0.001
	出口	0.12	0.001	1.13	2.46	—	16.82	1.38	0.22	0.01	0.90
2013	进口	25.48	3.50	1.39	—	0.01	0.26	1.41	2.36	0.52	0.003
	出口	0.14	0.001	0.70	1.66	—	15.59	1.42	0.16	0.02	0.16
2014	进口	29.82	2.73	3.79	—	0.01	0.45	1.21	1.36	0.30	—
	出口	0.01	0.001	1.01	1.53	—	18.63	1.45	0.26	0.01	—
2015	进口	20.03	2.65	4.10	0.0002	0.06	0.28	1.33	0.65	0.19	—
	出口	0.02	0.001	1.37	1.18	—	15.73	0.81	0.09	0.03	—
2016	进口	14.87	2.28	5.77	0.00005	0.05	0.36	0.93	1.11	0.20	0.001
	出口	0.02	0.001	0.60	6.29	—	15.39	0.51	0.34	0.11	0.12
2017	进口	17.08	1.79	6.54	—	0.04	0.47	1.30	4.89	0.29	—
	出口	0.01	0.002	0.86	5.03	0.00002	18.95	0.93	0.55	0.22	0.02
2018	进口	5.08	1.65	8.50	0.0001	0.01	0.50	1.52	7.18	0.27	—
	出口	0.06	0.003	1.55	4.00	—	19.18	0.55	0.46	0.03	0.01
2019	进口	7.94	1.82	7.35	0.0001	0.01	0.60	1.46	2.13	0.24	0.0002
	出口	0.26	0.003	0.85	3.07	—	19.19	0.67	0.47	0.01	0.02
2020	进口	6.74	1.51	6.47	0.0002	0.01	0.93	1.21	2.34	0.20	0.70
	出口	0.70	0.002	0.64	3.09	—	14.31	0.80	0.34	0.01	0.06
2021	进口	7.19	1.41	7.76	0.001	0.02	1.14	1.22	2.89	0.22	0.38
	出口	0.43	0.01	0.90	11.48	—	36.18	3.04	0.50	0.02	0.04

数据来源:联合国商品贸易统计数据库 https://comtradeplus.un.org/.

从俄罗斯进口磷复肥的。这些进口的磷复肥对巴西农业生产发挥了显著作用。❶ SITC3 类商品也是主要的出口大类商品。2021 年，矿产品出口额占俄罗斯对巴西出口总额的 21.82%。由于巴西本身就是一个油气资源比较丰富的国家，因而俄罗斯此类商品出口数量和金额并不算多，2021 年出口金额只有 11.48 亿美元。进口环节：SITC0 类商品（主要包括咖啡、茶、马黛茶或巴拉圭茶和香料）和 SITC2 类商品（该类商品主要是药用植物和技术用途植物、烟草和工业烟草替代品等）是俄罗斯从巴西最主要的进口种类商品。2021 年，这两类商品进口额占俄罗斯从巴西进口总量的 67.25%。值得一提的是，俄罗斯食品类商品的进口额逐年下降，说明巴西此类商品在俄罗斯市场上的竞争力正在下降。

第二节 俄罗斯与美洲国家的投资关系

无论是俄罗斯还是美洲国家，彼此都不将对方作为投资的重点区域，因而双方的投资额在各自对外投资总额中所占比例不大，如表 5-9 和表 5-10 所示。

表 5-9　俄罗斯在美洲的投资（年流量）

单位：百万美元

年份	美国	加拿大	巴西	开曼群岛	巴哈马群岛	百慕大	维尔京群岛
2010	1 060	863	1	74	457	1 056	1 834
2011	—	—	—	—	—	—	—
2012	688	1 105	3	-13	443	1 136	7 395
2013	739	177	1	507	560	571	62 223
2014	1 654	-34	1	789	756	2 997	718
2015	819	41	32	934	1 054	-261	3 301
2016	873	264	7	-301	1 205	480	1 795
2017	126	-30	120	-1 197	1 300	279	1 401
2018	653	-118	168	180	1 258	-39	885
2019	-577	-113	93	-36	223	-561	665

数据来源：https://rosstat.gov.ru/storage/mediabank/Strani_mira_2022.pdf.

---

❶ Большой потенциал, Российско-Бразильский бизнес-форум прошёл в Москве [J/OL]. [2022-12-30]. https://regnum.ru/news/economy/3512610.html.

表 5-10　美洲国家在俄罗斯的投资（年流量）

单位：百万美元

年份	美国	加拿大	开曼群岛	巴哈马群岛	百慕大
2010	435	109	382	2 282	436
2011	276	−41	−20	1 829	594
2012	285	15	95	2 111	−320
2013	485	96	−79	2 791	404
2014	708	−14	6	3 638	1 777
2015	209	13	−79	5 108	2 239
2016	402	−35	12	5 802	2 551
2017	495	−4	12	6 211	1 256
2018	376	−37	43	1 009	843
2019	−105	1	158	1 143	967
2020	402	5	−176	629	1 109
2021	376	6	18	1 186	776

数据来源：https：//rosstat.gov.ru/storage/mediabank/Strani_mira_2022.pdf.

由表 5-9 和表 5-10 可知，俄罗斯与美洲国家间的相互投资额不高，而且美洲国家在俄罗斯的投资有相当一部分是来自开曼群岛、维尔京群岛这样的离岸岛屿，这些离岸岛屿的资金来源不明，相当一部分并不是来自美洲国家。

一、俄罗斯与美国的投资关系

（一）美国对俄罗斯的投资

美国对俄罗斯投资在美国的对外投资中占有重要的地位。因为它有利于美国生产结构调整和升级，拓展产业的转移空间，扩大低层次产品的贸易。

1. 美国对俄罗斯的投资额

俄罗斯与美国的统计数据非常不一致。根据俄罗斯中央银行的数据，2018年美国的投资额为 30.5 亿美元。2019 年，美国投资额只有 11.9 亿美元，与上一年相比，美国在俄罗斯直接投资的数量减少 61%，项目为 20 个，而 2018 年为 33 个。2020 年，美国在俄罗斯的投资额超过 22 亿美元，2021 年美国投资额约

18亿美元。❶ 而根据2021年俄罗斯美国商会与安永合作进行的调查显示,美国公司在俄罗斯的直接投资总额为960.5亿美元,同时调查表明有84%的美国公司表示,他们计划在不久的将来在俄罗斯投资新项目。同时73.5%的在俄罗斯有投资的美国公司认为俄罗斯是一个战略市场。❷

另外,根据联合国贸易和发展会议的数据,2018年以前,美国一直排在外国在俄罗斯直接投资国家的第一位,美国占所有外国在俄罗斯直接投资的8.9%(4411亿美元中的391亿美元)。联合国贸易和发展会议认为俄罗斯的美国商会的估计要更准确,即美国在俄罗斯的实际投资比俄罗斯中央银行的统计数据实际要高出近13倍。❸

其缘由是许多投向俄罗斯的美国资本不是直接来自美国,而是通过第三国。例如,一家美国公司可以通过爱尔兰子公司购买俄罗斯公司的股份。在这种情况下,在俄罗斯银行的统计数据中,此类投资将登记为来自爱尔兰的投资,而不是来自美国的投资。此外,许多美国公司已经在俄罗斯经营了一二十年,在此期间,其俄罗斯子公司在俄罗斯获得了充裕的资本,并再投资于它们在当地的业务,这些投资也没有被计算在美国对俄罗斯直接投资数据之内。

2. 美国公司在俄罗斯的主要投资领域和项目

美国在俄罗斯投资领域比较广泛,由于俄罗斯拥有巨大的市场,具有技术水平高而又廉价的劳动力、巨大的销售市场和丰富的原料基础,因此,矿产资源、汽车业、电子制造业、木材加工业、食品业、建筑业、服务业等领域对美国投资者具有相当的吸引力。根据俄罗斯美国工商会的计算,美国最重要的三个投资领域包括能源和自然资源(38%)、消费品生产(32%)以及航空航天业(13%)。美国参与的俄罗斯商业活动的其他领域是工业生产(6%)、酒店业

---

❶ Россия становится менее привлекательной для зарубежных инвесторов? [EB/OL]. [2020-05-20]. https://journal.open-broker.ru/research/snizhenie-inostrannyh-investiciy-v-rf/?ysclid=llkbzig43a917497836.

❷ Прямые инвестиции американских компаний в Россию превысили $96 миллиардов [J/OL]. [2022-12-30]. https://1prime.ru/News/20210923/834779958.html?ysclid=ld8utaklg7722000160.

❸ Супян Виктор Борисович, Инвестиционное взаимодействие России и США: состояние и перспективы в начале XXI века [J/OL]. [2022-12-30]. https://rusus.jes.su/s207054760013056-8-1/.

（4.1%）、金融（2%）、农业（2%）。❶

（1）服务领域主要投资项目：可口可乐、麦当劳、百事可乐、宝洁等公司都在俄罗斯有巨额投资。进入俄罗斯商店，会发现这些美国公司的产品占据了显眼的位置，在俄罗斯公民的日常消费中占有相当大的份额。例如，宝洁公司准备在图拉地区开设新的物流中心，这是美国在整个欧洲地区投资建设的最大物流中心。自2017年以来，宝洁在新莫斯科斯克的总投资额已达约100亿卢布。其中20%的制成品用于出口。❷百事可乐公司则投资120亿卢布在俄罗斯建设小吃工厂。❸

美国公司在俄罗斯酒店业中也占据突出地位，包括希尔顿、假日酒店、凯悦、丽笙等美国知名酒店业品牌在俄罗斯都有投资。此外，在会计咨询行业，德勤、安永、毕马威、麦肯锡等美国知名公司在俄罗斯也开展了大量的咨询和法律服务。

（2）能源领域主要投资项目：能源领域一直是美国能源公司投资的重点。埃克森美孚、贝克休斯等美国大能源公司在俄罗斯石油和天然气行业的投资已经存在很长时间。例如，埃克森美孚正在开发一个在库页岛生产液化天然气的项目，投资额高达100亿美元。❹

（3）制造业领域主要投资项目：美国在制造业也有许多投资项目。比较大的项目有美国霍尼韦尔联合技术公司与俄罗斯航空企业合作参与俄罗斯MC-21飞机的开发；美国波音公司与俄罗斯钛业巨头维斯伯公司（VSMPO-AVISMA）合资建设钛加工厂；陶氏化学等在俄罗斯生产聚合物和其他复杂产品；通用汽车投入巨额资金在俄罗斯生产和销售汽车；福特汽车与俄罗斯索勒尔斯汽车公司（Sollers Auto）在叶拉布加（Yelabuga）成立合资企业，生产福特

---

❶ Алексе Грамматчиков, Американские горки [J/OL]. [2022-12-30]. https://expert.ru/expert/2021/22/amerikanskiye-gorki/?ysclid=lb569od47r662250328.

❷ Алексе Грамматчиков, Американские горки [J/OL]. [2022-12-30]. https://expert.ru/expert/2021/22/amerikanskiye-gorki/?ysclid=lb3nz1x7dx900473534.

❸ Вестник экономики Евразийского союза [J/OL]. [2022-12-30]. https://eurasian-magazine.ru/ratings/top-25-krupneyshikh-investitsionnykh-proektov-rossii-s-uchastiem-inostrannogo-kapitala/?ysclid=ld1h38trcy51817387.

❹ Алексе Грамматчиков Американские горки [J/OL]. [2022-12-30]. https://expert.ru/expert/2021/22/amerikanskiye-gorki/?ysclid=lb569od47r662250328.

商用车；辉瑞和强生等公司在医疗保健领域也进行了大量投资；包括苹果、思科、谷歌、惠普、IBM、英特尔、微软、甲骨文等在内的美国公司都在俄罗斯的 IT 领域进行了大量投资。❶

（二）俄罗斯对美国的直接投资

1. 俄罗斯对美国直接投资额

俄罗斯对美国的投资远远不能和美国对俄罗斯投资相比，投资额相对较小，据俄罗斯官方统计，截至 2021 年 5 月，俄罗斯已在美国投资额约为 72 亿美元。❷

2. 俄罗斯对美国投资领域和项目

俄罗斯在美国的投资领域非常有限。其在美国比较重要的投资项目有俄罗斯卢克石油公司以 7100 万美元的价格收购了盖蒂石油营销加油站网络（近 1300 个加油站），并收购了康菲石油公司拥有的另外 795 个加油站（交易金额估计为 3.75 亿美元），目前，卢克石油公司在美国拥有 2200 个加油站；诺里尔斯克镍业（Norilsk Nickel）公司以 3.64 亿美元的价格收购了蒙大拿州静水矿业公司（Steelwater Mining Corporation）56% 的股份，该公司从事铂族金属（主要是钯）的生产和销售；俄罗斯大型钢铁企业 NLMK 以净出资 35.3 亿美元收购了美国钢管生产企业约翰·马尼利公司（JMC）公司，马尼利公司是北美最大的独立管材生产企业；俄罗斯 TMK 集团在美国开设了休斯敦研发中心；俄罗斯鲁斯纳诺（Rosnano）公司和领域风险投资基金签署协议联合投资研发先进医疗技术，总投资金额达到 7.6 亿美元。❸

俄罗斯公司在美国投资的主要目的是绕开美国对俄罗斯设置的贸易壁垒。美国设置的贸易壁垒包括反倾销税和设定进口配额，以阻止俄罗斯产品进入美国市场。俄罗斯公司扩大对美国制造业的投资，收购美国制造公司，使俄罗斯

---

❶ Супян Виктор Борисович, Инвестиционное взаимодействие России и США: состояние и перспективы в начале XXI века［J/OL］.［2022-12-30］. https：//rusus.jes.su/s207054760013056-8-1/.

❷ Объем накопленных российских инвестиций в США составляет $ 7,2 млрд - ТАСС（tass.ru）［N/OL］.［2022-12-30］. https：//tass.ru/ekonomika/6592582.

❸ Инвестиционное сотрудничество сша и России［J/OL］.［2022-12-30］. https：//studfile.net/preview/5568318/page：3/.

公司能够规避贸易限制,扩大高附加值商品的生产,加强其在美国市场的地位。但美国对俄罗斯的投资处处提防,使俄罗斯在美国的投资一直没有明显增长。

二、俄罗斯与加拿大的投资关系

(一) 俄罗斯对加拿大的投资

根据加拿大统计局的统计,除 2019 年外,俄罗斯在加拿大的累计直接投资每年都在增长,截至 2020 年年底,俄罗斯在加拿大的累计直接投资估计为 13 亿~15 亿美元。❶

由于国际资本流动的复杂性,以及跨国公司和金融机构广泛使用过境国和离岸地区的子公司进行投资,因此无法准确统计俄罗斯在加拿大的真实投资额。例如,EVRAZ 公司名义上是一家英国控股公司,因此,统计俄罗斯对加拿大的直接投资时不会将 EVRAZ 公司归类为俄罗斯企业,实际上 EVRAZ 成立于俄罗斯,俄罗斯拥有其大部分股份。目前,EVRAZ 公司是俄罗斯在加拿大的投资额最大的一个企业。其在加拿大萨斯喀彻温省里贾纳拥有一家废旧金属加工厂,这是加拿大西部最大的冶金厂。

俄罗斯罗斯托夫集团是世界上最大的农业机械制造商之一,拥有加拿大布勒工业 (Buhler Industries) 公司 80% 股份,该公司在加拿大曼尼托巴省投资成立两个工厂生产拖拉机、割草机和其他农业设备;俄罗斯主要化肥生产商安格鲁 (Acron) 公司拥有加拿大北大西洋钾肥公司,该公司拥有加拿大萨斯喀彻温省四个钾矿的采矿许可证,可采储量估计为 7900 万吨;安格鲁公司还与澳大利亚矿业跨国公司力拓成立了一家合资企业,它持有同一省份 6 个钾矿的采矿许可证;俄罗斯资本家阿列克谢·莫尔达索夫 (A. Mordashov) 控制的北方金矿 (Nord Gold) 公司拥有加拿大寻北 (Northquest) 公司近 98% 的股份,该公司拥有位于加拿大北部地区的手枪湾金矿的采矿许可证,金矿储量估计为 21 吨,并且在 2021 年已经花费 320 万美元对金矿进行了勘探和开发。❷

---

❶ 加拿大统计局. 加拿大在海外直接投资和在加拿大的外国直接投资 [DB/OL]. [2022-12-30]. https://www150.statcan.gc.ca/t1/tbl1/en/cv.action?pid=3610000801.

❷ 加拿大统计局. 加拿大在海外直接投资和在加拿大的外国直接投资 [DB/OL]. [2022-12-30]. https://www150.statcan.gc.ca/t1/tbl1/en/cv.action?pid=3610000801.

（二）加拿大对俄罗斯的直接投资

根据加拿大的数据，截至 2020 年，加拿大对俄罗斯的投资为 12 亿美元，其中 2020 年的投资额为 1.05 亿美元。❶ 加拿大对俄罗斯的投资大多投向俄罗斯的矿产业，这与俄罗斯对加拿大的投资心态如出一辙。俄罗斯丰富的矿产资源颇受加拿大资本青睐。迄今为止，加拿大在俄罗斯的最大投资者是加拿大金罗斯黄金（Kinross Gold）公司。该公司拥有在俄罗斯楚科奇地区的库波尔矿。2020年，该矿的黄金产量为 14.5 吨，其储量估计为 43.6 吨。此外，2019 年，金罗斯黄金公司还收购了哈巴罗夫斯克（伯力）边疆区的楚尔巴坎（Chulbatkan）金矿项目。该矿储量估计为 122 吨，于 2023—2024 年进行生产。该项目的投资额将达到 5 亿美元。❷

加拿大在制造业领域的投资集中在俄罗斯汽车配件行业。作为世界领先的汽车行业零部件和工程服务供应商之一，加拿大玛格纳（TNC Magna International）公司在俄罗斯共有 6 家工厂，拥有 2500 名员工。其在俄罗斯卡卢加地区、切尔尼地区、下诺夫哥罗德地区和圣彼得堡市都设有生产基地。2020年该公司开始扩大其在圣彼得堡市的投资，用于生产汽车车身的焊接设备。该项目的投资额达到 50 亿卢布。此外，加拿大对俄罗斯食品工业也有巨额直接投资。2021 年，全球领先的冷冻马铃薯产品和各种零食制造商加拿大麦凯恩食品公司开始在俄罗斯图拉地区建设马铃薯加工厂，年产量 10 万吨。该项目的投资额估计为 1.5 亿欧元。❸

三、俄罗斯与墨西哥和巴西的投资关系

无论是俄罗斯与墨西哥的双向投资还是俄罗斯和巴西的双向投资，都可以说是乏善可陈。巴西和墨西哥都是外国直接投资流入量最大的主要国家之一。

---

❶ 加拿大创新、科学和经济发展部在线数据［DB/OL］.［2022-12-30］. https://www.ic.gc.ca/eic/site/tdo-dcd.nsf/eng/home.

❷ 加拿大创新、科学和经济发展部在线数据［DB/OL］.［2022-12-30］. https://www.ic.gc.ca/eic/site/tdo-dcd.nsf/eng/home.

❸ Хорошилов Евгений Евгеньевич, Современное состояние российско-канадских экономических отношений［J/OL］.［2022-12-30］. https://rusus.jes.su/s207054760018-952-4-1/.

2021年，巴西以500亿美元位居世界第四位。2021年墨西哥获得了317.26亿美元的外资，占拉丁美洲地区外国直接投资总额的19.6%。❶ 但是俄罗斯与两国的相互投资都不够多。

（一）俄罗斯与墨西哥的相互投资

2020年，俄罗斯对墨西哥的直接投资只有100万美元，墨西哥向俄罗斯投资也只有700万美元。墨西哥对俄罗斯投资额最大的一年是2010年，也不过8600万美元。尽管相互投资的数量微不足道，但墨西哥在俄罗斯投资获得了一些成功。例如，来自墨西哥新莱昂州的尼玛克（Nemak）公司在俄罗斯乌里扬诺夫斯克地区建立了一家工厂，用于生产汽车发动机用铝块，该项目的总投资额为20亿卢布。目前，该工厂的生产能力为每年50万件，未来计划将产能提高到每年100万件。❷ 俄罗斯在墨西哥的投资主要集中在能源领域。俄罗斯卢克石油公司自2015年以来一直不断扩大其在墨西哥各种石油和天然气项目中的业务，卢克石油公司已经宣布未来将在墨西哥能源领域投资6.85亿美元。❸

（二）俄罗斯和巴西的相互投资

俄罗斯和巴西作为金砖国家成员国，彼此都对发展双边关系抱有热忱，但是俄巴之间的相互投资仍然有限。根据俄罗斯总统助理尤里·乌沙科夫2019年11月在俄巴投资论坛上披露的信息，俄罗斯在巴西的累计投资约为15亿美元。❹ 而巴西在俄罗斯的投资不到2亿美元。❺ 为此俄罗斯—巴西商业委员会和

---

❶ Текст скопированос, Иностранные инвестиции в Бразилию достигли максимального значения за два года［J/OL］.［2022-12-30］. https：//tvbrics.com/news/inostrannye-investitsii-v-braziliyu-dostigli-maksimalnogo-znacheniya-za-dva-goda/.

❷ Георгий Соловьев, Два миллиарда мексиканских инвестиций［J/OL］.［2022-12-30］. https：//www.ng.ru/economics/2017-09-25/4_7080_chips.html?ysclid=lcvwfkeaao173841995.

❸ Георгий Соловьев, Два миллиарда мексиканских инвестиций［J/OL］.［2022-12-30］. https：//www.rbc.ru/business/05/07/2021/60e2abcd9a79470fbdc8bfad?ysclid=lcvwcp251e836903846.

❹ РИА Новости/Михаил Климентьев, Межгосударственные отношения России и Бразилии［J/OL］.［2022-12-30］. https：//ria.ru/20191114/1560881123.html?ysclid=lcvxw4gojj93892752.

❺ Пильщиков Юрий Сергеевич Инвестиционные отношения стран БРИКС：состояние и перспективы［J/OL］.［2022-12-30］. https：//eee-region.ru/article/5021/?ysclid=lcvy3dcgos161104174.

巴西出口和投资促进局曾签署关于相互吸引投资的"投资伙伴关系计划"备忘录,旨在扩大巴西和俄罗斯商业界之间的贸易和投资活动。备忘录鼓励俄罗斯在巴西经济的各个部门实施 117 个投资项目,包括石油和天然气工业、电子、采掘业、港口和机场、铁路和公路。双方将推动两国企业、行业协会、商会建立关系。❶ 同时作为金砖国家峰会的一部分,俄罗斯—巴西商业论坛也定期举行。但是双方的投资仍然十分有限。

俄罗斯在巴西的投资主要集中在能源领域。俄罗斯石油公司是俄罗斯第三大石油公司,在巴西参与索利蒙斯河流域的油气资源投资开发项目,投资额约为 10 亿美元。此外,俄罗斯车里雅宾斯克钢铁集团(Mechel)投资 2 亿美元完成对巴西冶金公司(生产高炉铁)75% 股权的收购。❷

巴西在俄罗斯的投资主要集中在俄罗斯摩尔曼斯克地区的磷酸盐开采和乌拉尔的钾矿开采上。和俄罗斯相比,巴西磷矿和钾矿资源相对较少,化肥生产能力欠缺,因此,巴西对俄罗斯磷矿和钾矿抱有浓厚的投资兴趣。

第三节　俄罗斯与美洲国家贸易和投资的现状与前景

一、俄罗斯与美国贸易和投资的现状与前景

对于俄罗斯而言,发展同美国的经贸关系意义重大。美国的跨国公司拥有雄厚的技术与资本,对俄罗斯经济发展作用很大,有助于提高俄罗斯工业技术水准。但现实是俄罗斯与美国的贸易与投资存在诸多障碍。首先,俄罗斯银行体系陈旧落后,金融结构已经过时,尽管俄罗斯民众普遍受教育程度很高,但金融专业人员仍然十分缺乏。此外,俄罗斯家庭的储蓄率很低。俄罗斯只有

---

❶ Россия и Бразилия заключили меморандум о взаимной поддержке экспорта и привлечении инвестиций [J/OL]. [2022 - 12 - 30]. https://iz.ru/949680/2019 - 12 - 02/rossiia-i-braziliia-zakliuchili-memorandum-o-vzaimnoi-podderzhke-eksporta-i-privlechenii-investitcii? ysclid=lcvwo8rn77999610942.

❷ ИЗВЕСТИЯ/Павел Бедняков Россия и Бразилия заключили меморандум о взаимной поддержке экспорта и привлечении инвестиций [J/OL]. [2022 - 12 - 30]. https://pandia.org/text/79/037/16729.php? ysclid=lcvx7m4rs0483916492.

8%~10%的家庭持有证券或股份。美国许多公司在俄罗斯都存在融资问题。其次，俄罗斯税种繁多且重复征税现象严重。俄罗斯技术贸易壁垒和非技术贸易壁垒众多，与贸易密切相关的技术性问题，如货物清关时间长，检验检疫措施和认证制度不一致等问题层出不穷。此外，俄罗斯各种法令、法规名目繁多，相互之间常常发生矛盾，因而难以有效贯彻实行，俄罗斯的腐败现象和犯罪情况也令美国企业担忧。俄美企业界之间缺乏更深层次的相互融合。最后，俄美政治关系变化对俄美经贸关系的影响极大，这是俄美经贸关系中最大的变数。2014年，乌克兰危机爆发，美国就对俄罗斯采取了严厉的经济制裁，对俄罗斯的银行、能源、军工以及航运业造成直接冲击，导致双边投资骤减。❶ 2020年以来，美国公司在俄罗斯的直接投资活动一直下降，其主要根源就是受到美国对俄罗斯制裁的影响。国际公司安永的合伙人索菲亚·阿齐江（Sofia Azizyan）2020年6月在第21届美国商会投资会议上明确表示，"78%的美国公司感受到美国制裁对其俄罗斯业务的负面影响。与此同时，22%的美国公司表示制裁使他们的俄罗斯业务与其他国家的公司处于不平等的境地，18%的美国公司表示制裁导致在俄罗斯新项目的冻结，17%的美国公司表示制裁会给公司带来声誉风险。此外由于制裁，美国企业在俄罗斯吸引新融资更加困难，存在违反现有供应链的情况，签订新合同存在困难。"❷

俄乌战争爆发后，美国对俄罗斯更是实施高强度制裁。美国公民和公司已经不能投资俄罗斯资产，即使这种投资不是从美国领土进行的。俄罗斯企业在美国管辖范围内的资产将被无限期冻结。华盛顿还对俄罗斯政界人士及其家人实施制裁。俄美之间的尖锐政治对抗对美国在俄罗斯的商业扩张产生了巨大的影响，使俄美经贸关系呈断崖式下降。

美国的制裁激起了俄罗斯的强力反击。早在2018年，俄罗斯就对美国的制裁措施开始了强有力的反击。俄罗斯外贸银行行长科斯京就向总统普京提出国际结算去美元化的建议，具体为四个方向：第一，在进出口业务结算中减少使

---

❶ 徐坡岭，肖影，刘来会. 乌克兰危机以来俄罗斯经济危机的性质及展望 [J]. 俄罗斯研究，2015（1）：115-147.

❷ Инвестиции и импорт в Россию: рациональный оптимизм в непредсказуемое время [J/OL]. [2022-12-30]. https://www.amcham.ru/uploads/AmCham% 20EY% 20Investment% 20Survey% 202020% 20Rus% 20PDF1594905041985.pdf? ysclid=lc1y70e3k8790151790.

用美元，而是向使用欧元、人民币或卢布等币种结算过渡；第二，将俄罗斯大型企业的注册地转移到俄法律管辖区内；第三，通过俄罗斯金融机构发行欧洲债券；第四，对证券市场所有参与者按统一从业规则实施许可证制度。在国际商品交易中，俄罗斯逐渐抛弃美元而改用其他货币，俄罗斯国际贸易中美元占比已经跌破50%。❶

俄罗斯还在国际市场上大量抛售美国国债并将美元国债清理完毕。与此同时，俄罗斯大量增加黄金储备，其黄金储备量达到了1 655.40吨，占外汇储备比例为16.80%。❷

可预见的未来，美俄关系变好的可能性确实很小。"究其根本，是美俄之间不可调和的深层次矛盾。"❸ 所以，对俄美经贸关系的消极影响会持续存在。正如俄罗斯总统普京在谈到与美国的经贸合作时指出，"这不取决于我们，这取决于美国方面，我们不施加任何限制。我认为，在经济、商品交易所领域引入某些限制后，美国的损失不亚于俄罗斯。"❹

尽管俄美经贸关系受到俄美政治关系的极大干扰，但是不能因此就认为俄罗斯与美国的经贸关系将走向结束。俄罗斯有巨大的自然资源潜力，俄罗斯对美国出口的主要商品是资源性产品，有铝、铂、镍、铀、石油等，这些资源性商品都具有极强国际竞争力。俄罗斯同时拥有巨大的智力潜力，有世界一流的科技队伍。俄罗斯70%～80%的公民受过中高等教育，具有较高的科学文化素质，俄罗斯经济发展潜力巨大。美国的优势则主要集中在技术密集型产业和资本密集型产业上。美国资本充裕，技术水平较高，但国内自然资源不能满足经济发展的需要。俄美两国具有很强的经济互补性，这是美国与俄罗斯在能源等资源性商品的勘探与开发以及航天领域进行密切合作的根源所在。因此，许多

---

❶ Редакция The Bell, Дедолларизация в действии: Шувалов рассказал о соглашении по расчетам в национальных валютах с Китаем [J/OL]. [2022-12-30]. https://thebell.io/dedollarizatsiya-v-dejstvii-shuvalov-rasskazal-o-soglashenii-po-raschetam-v-natsionalnyh-valyutah-s-kitaem?ysclid=ldaar5oeoe147181050.

❷ 全球10大黄金储备最多的国家，中国第6，美国8千多吨黄金榜首 [EB/OL]. (2017-10-18) [2022-2-30]. https://baijiahao.baidu.com/s?id=1581586763762093936.

❸ 俞邃. 论中美俄三角关系 [J]. 当代世界，2015 (7): 2-5.

❹ Путин оценил проблемы в торговых отношениях с США [J/OL]. [2022-12-30]. https://1prime.ru/state_regulation/20210616/833950530.html?ysclid=lb3nzctmrb11498400.

美国企业对于稳定俄罗斯和美国之间的关系抱有非常期盼的心理。正如时任美国驻俄罗斯大使约翰·沙利文（John Sullivan）所说，"如果你掉进一个洞里，首先要做的就是停止挖洞。现在我们必须停止进一步挖掘（俄美关系）。不要像以前那样：首先与他们进行切割，然后我们再考虑后果。"❶ 因此，俄美经贸关系仍然有发展的空间。

保持良好的商业关系对于美俄两国虽然都是有益的，但未来俄美能否在贸易和投资问题上进行广泛的合作很大程度上取决于美国是否愿意消除限制扩大美俄互利投资和贸易合作进程的消极因素。而这对于习惯霸权思维的美国而言恰恰是难以做到的。

二、俄罗斯与加拿大贸易关系的现状与前景

俄罗斯与加拿大的贸易关系具有以下特点。第一，2015年至今，俄罗斯与加拿大的贸易额一直没有恢复到2010年至2014年间的贸易水平。第二，加拿大主要向俄罗斯供应高附加值的产品，而俄罗斯对加拿大市场供应的最大份额则来自原材料和低附加值产品。这种情况会在较长的一段时间之内一直存在。第三，2014年后俄罗斯与加拿大投资合作规模明显下降，两国的相互投资都保持在相当低的水平。但是，俄罗斯对加拿大冶金业和农业的投资兴趣以及加拿大对俄罗斯的采矿业和运输工程的投资兴趣仍然存在。俄罗斯公司也继续积极利用加拿大作为过境国，向俄罗斯反向投资。第四，也是最重要的一点，加拿大对俄罗斯的经贸政策完全受制于美国，在此背景下，俄罗斯与加拿大的双边贸易和投资的发展并不能完全按照两国自己的意愿和利益行事，而是受到美国对俄政策的干扰和影响。

总体来说，由于欧洲地缘政治形势的变化，国际政治和经济形势十分不稳定。受此影响，俄罗斯和加拿大两国彼此都不认为对方是一个有吸引力的合作伙伴。因此，俄罗斯与加拿大的贸易关系前景并不明朗。

---

❶ Алексей Грамматчиков, Нужно перестать копать яму, в которую мы попали [J/OL].[2022-12-30]. https：//expert.ru/expert/2021/22/nuzhno-perestat-kopat-yamu-v-kotoruyu-my-popali/.

三、俄罗斯与拉丁美洲国家贸易关系的现状与前景

尽管俄罗斯同包括墨西哥和巴西在内的拉美国家政治关系良好，但是俄罗斯与整个拉美地区国家间相互贸易额和投资额确实很小。根据联合国贸发会议和国际货币基金组织的数据，拉丁美洲外国直接投资的主要接受国是巴西和墨西哥（累计外国直接投资超过5000亿美元）、哥伦比亚、智利（约2000亿美元）、秘鲁和阿根廷（约1000亿美元）等。俄罗斯并没有在上述这六个国家进行重大投资，据统计，俄罗斯在整个拉美地区总投资额不过20亿美元。相比之下，截至2020年年底，荷兰在拉美地区的直接投资达1120亿美元，美国为1050亿美元，卢森堡为550亿美元，西班牙为近530亿美元。❶

拉丁美洲国家与俄罗斯相互贸易投资规模较小，原因很多。首先，拉丁美洲远离俄罗斯，双方之间交往一直不十分密切。语言障碍不容忽视，因为在俄罗斯学习西班牙语和葡萄牙语的人数要比学习英语、德语或法语的人数少得多。语言困难导致俄罗斯商人对拉丁美洲商业发展的可能性缺乏足够的认识。其次，拉美地区普遍受到有组织犯罪、腐败、官僚主义、人口教育水平低和社会贫富差距大等一些不利因素的困扰，很多时候俄罗斯企业家提出的拉丁美洲商业合作计划后来并没有在拉美当地得到积极响应并予以实施。最后，俄罗斯直接投资规模小在很大程度上与俄罗斯和拉丁美洲各国的货物贸易结构也有一定关系。无论是俄罗斯还是拉美地区国家都在国际产业链上属于中下端，因此双边的投资主要动机都是获取原材料，俄罗斯和拉美地区的相互直接投资一直有着很强的原材料导向。

在未来，俄罗斯与包括墨西哥和巴西在内的拉美地区国家的贸易与投资将有一个显著发展。政治上，拉美各国普遍与俄罗斯保持友好关系，而与美西方关系的降温将推动越来越多的俄罗斯公司将注意力转向拉丁美洲。经济上，拉美地区国家在营商环境上普遍有了长足进步，各国国内市场不断增长、拉美国家间广泛的相互投资保护协定和自由贸易协定的实施使整个拉美地区正变得对国际投资者具有吸引力，尤其是墨西哥和巴西两国对国际资本的吸引力越来越大。有鉴于此，俄罗斯与拉美地区国家贸易关系的前景良好。

---

❶ 联合国贸发会议. 世界投资报告［R］. 2022：216-217.

第六章 俄罗斯与印度、中东及非洲国家的贸易和投资关系

俄罗斯与印度、中东以及北非国家一直有着密切的经贸往来,近些年俄罗斯同其中一些国家的贸易和投资关系发展十分迅速。

第一节 俄罗斯与印度、中东以及非洲国家的贸易关系

目前,印度、中东以及北非国家都不是俄罗斯最主要的贸易伙伴,迄今为止,没有一个国家进入俄罗斯对外贸易额排行榜前五位。但有些国家,如土耳其和印度在俄罗斯对外贸易中的份额近些年明显增加。

一、俄罗斯与印度的贸易关系

印度是俄罗斯在南亚地区国家中最大的贸易伙伴。2021 年,印度在俄罗斯对外贸易中的份额为 1.73%,就 2021 年俄罗斯对外贸易额的份额而言,印度排名第 14 位。2021 年,印度在俄罗斯出口贸易中的份额为 1.86%,就 2021 年俄罗斯出口贸易份额而言,印度排名第 15 位。2021 年,印度在俄罗斯进口贸易中的份额为 1.51%,就 2021 年俄罗斯进口贸易份额而言,印度排名第 14 位。❶

由表 6-1 可知,2010—2021 年俄罗斯与印度贸易关系呈波浪形起伏。2010 年俄罗斯与印度贸易总额为 75.49 亿美元,到 2012 年快速上升到 106.08 亿美元,2015 年俄罗斯经济危机导致俄印贸易额下降到 68.13 亿美元,2017 年俄印贸易额重新上升到 102.20 亿美元。在此之后,除了 2020 年因为疫情原因俄印贸

---

❶ Обзоры внешней торговли России [DB/OL]. [2022-12-30]. https://russian-trade.com/reports-and-reviews/2022-02/torgovlya-mezhdu-rossiey-i-indiey-v-2021-g/?ysclid=lc71lw9n3089781568.

易额有所下降之外,俄印贸易额逐年上升。2021年俄印进出口贸易额上升到历史峰值135.56亿美元。从两国贸易差额看,俄罗斯对印度贸易始终保持顺差。2021年俄罗斯对印度贸易顺差额达到47亿美元的历史纪录。

表6-1 2010—2021年俄罗斯与印度进出口贸易额

单位:亿美元

年份	进口额	出口额	贸易总额
2010	21.43	54.06	75.49
2011	27.61	46.66	74.27
2012	30.41	75.67	106.08
2013	30.91	69.83	100.74
2014	31.71	43.96	75.67
2015	22.63	45.50	68.13
2016	25.32	58.23	83.55
2017	30.94	71.26	102.20
2018	32.25	77.51	109.76
2019	39.22	73.08	112.30
2020	34.58	57.98	92.56
2021	44.28	91.28	135.56

数据来源:联合国商品贸易统计数据库https://comtradeplus.un.org/.

对表6-2进行梳理分析,可以发现俄罗斯与印度贸易结构的主要特点。出口环节:2017年之后俄罗斯对印度的贸易出口有了明显的变化,SITC3类商品成为俄罗斯对印度的主要出口商品,2021年此类商品出口额增加到23.07亿美元,占俄罗斯对印度出口总额的25.27%;SITC7类商品(主要是电机和设备及其零件、录音和录像设备及其零件和配件等,2021年占俄罗斯对印度出口总额的13.87%)、SITC9类商品(该类商品主要是贵金属和宝石,2021年占俄罗斯对印度出口总额的21.86%)、SITC5类商品(主要是肥料、橡胶、橡胶及橡胶制品,2021年占俄罗斯对印度出口总额的10.71%)、SITC6类商品(该类商品主要是金属及其产品、木材、纸浆等,2021年占俄罗斯对印度出口总额的18.01%)也是俄罗斯对印度出口的重要商品。进口环节:SITC5类商品(主要是有机化合物、药物等,2021年占俄罗斯从印度进口总量的29.27%)、SITC6类商品(主要是金属及其制品等,2021年占俄罗斯从印度进口总额的15.85%)、SITC7类商品(该类商品主要是电机和设备及其零件、录音和录像设备及其零件和配件等,2021年占俄罗斯从印度进口总量的28.55%)这三类商品占俄罗斯从印度进口额的近75%。其中,SITC5类商品除了个别年份之外,一直是俄罗斯最主要的进口商品类别,其原因是印度为全球制药市场的主要参与者之一。印度提供了全球高达20%的供应,满足了全球疫苗需求的60%以上。

表6-2 2010—2021年俄罗斯与印度贸易结构

单位:亿美元

年份	类型	SITC0	SITC1	SITC2	SITC3	SITC4	SITC5	SITC6	SITC7	SITC8	SITC9
2010	进口	3.02	0.94	0.33	0.04	0.05	7.84	2.21	4.54	2.15	0.28
	出口	0.35	0.0001	1.44	3.24	0.19	13.04	10.72	9.90	5.58	9.88
2011	进口	3.80	1.10	0.63	0.08	0.08	9.05	2.98	6.56	3.27	0.01
	出口	0.32	0.0002	1.73	2.83	0.06	9.97	13.95	10.66	2.97	4.13
2012	进口	3.95	0.97	0.80	0.09	0.06	9.93	4.08	7.03	3.44	0.0042
	出口	1.20	0.0019	2.24	1.75	0.18	13.11	16.32	14.57	4.09	22.17
2013	进口	3.57	1.14	0.76	0.08	0.06	10.25	4.39	6.49	4.14	—
	出口	0.41	0.001	1.73	1.89	—	5.81	13.80	12.90	3.90	29.34
2014	进口	4.52	1.22	1.05	0.10	0.063	9.17	3.98	5.75	5.81	—
	出口	0.19	0.001	2.81	2.26	0.43	6.60	15.58	11.73	4.27	0.041
2015	进口	3.97	1.23	0.83	0.06	0.07	7.17	2.43	3.45	3.37	—
	出口	0.63	0.0002	2.48	3.11	0.0025	9.24	15.09	8.95	5.79	0.17
2016	进口	4.39	1.15	0.86	0.06	0.0976	7.34	2.79	4.67	3.93	0.0028
	出口	0.76	0.0004	2.73	4.50	—	7.67	14.64	11.42	10.86	5.61
2017	进口	4.65	0.83	1.44	0.066	0.086	9.32	3.83	6.39	4.20	0.09
	出口	1.24	0.001	2.67	16.16	0.32	7.61	15.67	12.39	4.86	10.29
2018	进口	5.08	0.79	1.23	0.073	0.08	9.19	3.92	7.80	4.03	0.0036
	出口	0.45	0.0023	2.86	18.55	0.21	7.19	16.96	15.68	4.07	11.52
2019	进口	5.23	0.74	1.34	0.063	0.12	11.27	4.34	11.95	4.13	0.01
	出口	0.68	0.0035	2.63	21.97	1.63	7.04	13.57	11.39	5.52	8.60
2020	进口	4.63	0.54	1.30	0.052	0.11	10.80	4.53	8.98	3.61	0.00004
	出口	0.31	0.003	2.35	10.59	3.63	8.13	12.90	7.87	4.13	8.03
2021	进口	5.38	0.64	1.31	0.081	0.15	12.96	7.02	12.64	3.92	0.14
	出口	0.06	0.005	3.17	23.07	3.10	9.78	16.44	12.66	3.01	19.95

数据来源:联合国商品贸易统计数据库 https://comtradeplus.un.org/.

2020—2021年，印度向俄罗斯出口了价值6亿美元的药品。因此，药物出口一直是印度对俄罗斯出口产品的重头戏。此外，俄罗斯一直是印度茶叶的最大消费国之一，每年进口高达4.5万吨。印度对俄罗斯的出口中还有很大一部分来自咖啡和纺织品，大米也占据了俄印贸易的重要份额。2020年以来，俄罗斯近60%的大米消费由印度供应。❶

印度与俄罗斯的贸易额与两国经济体量不太相符，且印度在双边贸易中始终处于逆差，说明印度工业化水平比较低，不能大量供应高附加值的商品。因此，印度和俄罗斯的贸易互补性不够强，俄印双方贸易增长速度不快。

二、俄罗斯与土耳其的贸易关系

俄罗斯与土耳其有着悠久的贸易关系，土耳其一直是俄罗斯在中东地区国家中最重要的贸易伙伴。2021年，土耳其在俄罗斯对外贸易额中的份额为4.21%，就2021年俄罗斯对外贸易额的份额而言，土耳其排名第六位。2021年，土耳其在俄罗斯出口贸易中的份额为5.39%，就2021年俄罗斯出口贸易份额而言，土耳其排名第四位。2021年，土耳其在俄罗斯进口贸易中的份额为2.22%，就2021年俄罗斯进口贸易份额而言，土耳其排名第十位。❷

由表6-3对2010—2021年俄罗斯与土耳其贸易额进行梳理，可以发现除2015年和2016年俄罗斯经济危机以及2020年疫情导致两国贸易额滑落以外，俄土贸易额呈增长态势。2010年，俄罗斯与土耳其贸易总额只有188.25亿美元，到了2021年贸易总额上升到329.41亿美元。俄罗斯对土耳其贸易始终呈顺差状态。2021年，俄罗斯对土耳其贸易顺差接近200亿美元。这表明俄罗斯的一些出口商品在土耳其市场上非常有竞争力，在俄土贸易关系中发挥着巨大的作用。

---

❶ Подробнее на РБК, Россия и Индия：чем они торгуют и как будут развиваться отношения дальше ［J/OL］. ［2022 - 12 - 30］. https：//trends.rbc.ru/trends/innovation/62d1814b9a79471844795fcb.

❷ Обзоры внешней торговли России ［DB/OL］. ［2022 - 12 - 30］. https：//russian - trade.com/reports-and-reviews/2022 - 02/torgovlya - mezhdu - rossiey - i - turtsiey - v - 2021 - g/?ysclid=lc72t7hxoj253963548.

表 6-3　2010—2021 年俄罗斯与土耳其进出口贸易额

单位：亿美元

年份	进口额	出口额	贸易总额
2010	48.66	139.59	188.25
2011	63.53	150.87	214.40
2012	68.40	161.03	229.43
2013	72.73	151.22	223.95
2014	66.54	147.55	214.09
2015	40.69	117.03	157.72
2016	23.44	137.63	161.07
2017	36.66	190.45	227.11
2018	42.28	213.12	255.40
2019	49.79	211.50	261.29
2020	51.12	159.29	210.41
2021	65.15	264.26	329.41

数据来源：联合国商品贸易统计数据库 https：//comtradeplus.un.org/.

对表 6-4 进行分析，发现俄罗斯对土耳其具有巨额贸易顺差与其在贸易结构上具有绝对优势有着密切关联。出口环节：SITC0 类商品（主要是谷物，2021 年占俄罗斯对土耳其出口总额的 11.74%）、SITC6 类商品（主要是金属及其制品，2021 年占俄罗斯对土耳其出口总量的 21.99%）、SITC3 类商品（2021 年占俄罗斯对土耳其出口总额的 25.92%）这三大类商品，俄罗斯每年对土耳其都有巨额出口，尤其是 SITC3 类商品出口是俄罗斯出口的重头戏。土耳其位于中东地区，但并不是一个油气大国，其油气储产量均不足，每年都需要巨额外汇从俄罗斯进口。据统计，土耳其约 45% 的天然气和约 40% 的石油都是从俄罗斯购买的。每年俄罗斯对土耳其油气出口额都有数十亿美元。[1] 进口环节：SITC0 类商品（主要是可食用水果和坚果等，2021 年占俄罗斯从土耳其进口总量的 26.31%）和 SITC7 类商品（主要是机械设备及零部件、运输工具及其零部件

---

[1] Николай Неплюев, Торговля между Россией и Турцией в 2022 горду—мнение эксперта［J/OL］.［2022-12-30］. https：//delovoymir.biz/torgovli-mezhdu-rf-i-turciey-2022.html? ysclid=lbeunmrgcb462541808.

等，2021年占俄罗斯从土耳其进口总量的30.13%）是俄罗斯主要进口商品种类。此外，SITC6类商品（该类商品主要是金属及其产品）和SITC8类商品（该类商品主要是纺织品）的年进口额也不少。由此可见，土耳其的食品、建筑材料、工业设备、药品等商品在俄罗斯市场上具有一定的竞争力。

表6-4 2010—2021年俄罗斯与土耳其贸易结构

单位：亿美元

年份	类型	SITC0	SITC1	SITC2	SITC3	SITC4	SITC5	SITC6	SITC7	SITC8	SITC9
2010	进口	13.59	0.63	1.20	0.16	0.05	4.46	8.86	11.82	7.76	0.072
2010	出口	4.07	0.03	6.98	84.65	0.65	7.49	34.18	0.96	0.27	0.27
2011	进口	14.48	0.62	2.00	0.29	0.03	5.20	11.68	19.72	9.45	0.014
2011	出口	7.85	0.05	10.55	81.33	1.42	11.26	37.82	0.56	0.05	—
2012	进口	13.93	0.61	1.99	0.17	0.007	5.81	15.30	20.22	10.31	0.0011
2012	出口	12.23	0.03	10.53	89.28	5.67	10.51	31.87	0.819	0.066	0.0095
2013	进口	16.08	0.66	1.88	0.094	0.035	6.09	14.43	22.68	10.72	0.0043
2013	出口	12.12	0.048	9.41	75.30	4.17	12.81	36.10	1.13	0.075	0.0147
2014	进口	16.16	0.50	1.87	0.21	0.049	5.69	12.55	19.82	9.66	—
2014	出口	17.28	0.067	11.32	57.38	4.99	10.90	43.71	1.75	0.11	
2015	进口	13.23	0.499	1.12	0.054	0.034	3.77	6.69	9.15	6.12	—
2015	出口	12.31	0.28	7.59	43.81	4.66	7.87	38.88	1.27	0.18	0.13
2016	进口	5.48	0.52	0.77	0.0092	0.0021	2.57	3.11	8.11	2.82	0.0013
2016	出口	10.65	0.24	7.77	38.04	4.31	4.74	30.18	0.96	0.091	40.61
2017	进口	9.96	0.25	0.97	0.079	0.0019	3.28	4.71	11.60	5.77	0.005
2017	出口	12.58	0.18	9.83	54.81	3.23	5.39	43.41	2.48	0.12	58.37
2018	进口	10.54	0.24	1.41	0.081	0.004	3.70	6.44	11.47	8.37	0.0026
2018	出口	15.61	0.22	9.60	78.82	2.41	7.40	39.25	2.45	0.19	57.11
2019	进口	12.00	0.26	2.12	0.11	0.002	4.26	7.57	15.01	8.42	0.0028
2019	出口	19.46	0.23	8.33	85.33	3.39	7.03	27.95	7.62	0.63	51.48
2020	进口	14.69	0.30	1.68	0.97	0.008	4.32	7.78	14.27	7.38	0.55
2020	出口	23.04	0.30	11.55	43.52	4.57	7.11	31.70	2.22	0.10	35.13
2021	进口	17.14	0.31	1.83	0.17	0.013	5.44	10.12	19.63	9.59	0.86
2021	出口	31.03	0.18	11.96	68.50	11.26	12.38	58.10	3.01	0.13	67.67

数据来源：联合国商品贸易统计数据库 https://comtradeplus.un.org/.

三、俄罗斯与以色列的贸易关系

以色列是俄罗斯在中东地区国家中重要的贸易伙伴。2021年，以色列在俄罗斯对外贸易中的份额为0.33%，就2021年俄罗斯对外贸易额的份额而言，以色列排名第47位。2021年，以色列在俄罗斯出口贸易中的份额为0.35%，就2021年俄罗斯出口贸易份额而言，以色列排名第48位。2021年，以色列在俄罗斯进口贸易中的份额为0.29%，就2021年俄罗斯进口贸易份额而言，以色列排名第46位。❶

由表6-5对2010—2021年俄罗斯与以色列贸易额进行梳理，可以发现俄罗斯与以色列的贸易额始终保持稳定，基本保持在20亿~30亿美元，俄罗斯对以色列的出口额总体维持在进口额的2倍左右。因此，俄罗斯与以色列之间的贸易一直保持顺差状态。

表6-5 2010—2021年俄罗斯与以色列进出口贸易额

单位：亿美元

年份	进口额	出口额	贸易总额
2010	7.73	16.83	24.56
2011	10.84	13.07	23.91
2012	—	—	—
2013	—	—	—
2014	—	—	—
2015	—	—	—
2016	—	—	—
2017	8.92	16.71	25.63
2018	7.65	19.54	27.19
2019	8.34	14.17	22.51
2020	8.28	13.34	21.62
2021	8.47	17.36	25.83

数据来源：联合国商品贸易统计数据库https：//comtradeplus.un.org/.

对表6-6进行分析，可以发现俄罗斯与以色列的贸易结构具有很强的互补性。

---

❶ Обзоры внешней торговли России [DB/OL]. [2022-12-30]. https：//russian-trade.com/reports- and - reviews/2022 - 02/torgovlya - mezhdu - rossiey - i - izrailem - v - 2021 - g/? ysclid = lc73hbfcbf712272501.

出口环节：SITC3 类商品（2021 年占俄罗斯对以色列出口总额的 17.68%）和 SITC6 类商品（该类商品主要是金属及其产品，2021 年占俄罗斯对以色列出口总

表 6-6　2010—2021 年俄罗斯与以色列贸易结构

单位：亿美元

年份	类型	SITC0	SITC1	SITC2	SITC3	SITC4	SITC5	SITC6	SITC7	SITC8	SITC9
2010	进口	2.46	0.01	0.25	0.01	0.001	2.25	0.51	1.60	0.59	0.06
	出口	0.98	0.04	0.34	7.68	0.01	0.27	4.75	0.30	0.07	2.41
2011	进口	3.80	0.01	0.39	0.01	0.001	2.98	0.65	2.25	0.75	0.00005
	出口	2.36	0.05	0.59	4.53	0.01	0.22	5.15	0.10	0.07	—
2012	进口	3.84	0.01	0.42	0.02	0.001	3.88	0.78	2.56	0.97	0.35
	出口	2.73	0.05	0.30	5.36	0.02	0.26	7.37	0.15	0.06	0.02
2013	进口	3.95	0.01	0.45	0.03	0.000	2.77	0.88	2.70	1.20	2.95
	出口	1.84	0.06	0.21	9.71	0.08	0.36	8.20	0.31	0.06	0.01
2014	进口	4.13	0.01	0.40	0.02	0.001	3.41	0.89	1.55	1.00	—
	出口	1.90	0.07	0.37	11.12	0.16	0.51	8.64	0.08	0.06	—
2015	进口	2.93	0.004	0.30	0.01	0.000	1.77	0.59	1.61	0.63	—
	出口	1.02	0.05	0.40	6.69	0.09	0.43	6.59	0.06	0.04	—
2016	进口	2.38	0.005	0.65	0.01	0.001	1.42	0.60	1.53	1.07	0.25
	出口	1.22	0.05	0.23	4.72	0.08	0.38	7.83	0.09	0.04	0.03
2017	进口	2.79	0.01	0.45	0.01	0.001	1.67	0.73	1.86	1.12	0.29
	出口	1.48	0.06	0.31	6.43	0.11	0.63	7.14	0.48	0.06	0.01
2018	进口	2.65	0.01	0.15	0.01	0.002	1.66	0.74	1.44	0.99	0.002
	出口	2.09	0.05	0.34	7.42	0.12	0.74	8.34	0.34	0.08	0.01
2019	进口	2.57	0.01	0.12	0.01	0.003	1.99	0.72	1.49	1.41	0.001
	出口	1.27	0.06	0.40	5.38	0.16	0.80	5.84	0.15	0.09	0.02
2020	进口	2.45	0.01	0.11	0.01	0.005	1.84	0.68	1.77	1.41	0.01
	出口	1.74	0.05	0.40	2.38	0.20	0.74	4.32	0.08	0.11	3.33
2021	进口	2.32	0.02	0.14	0.01	0.01	1.92	0.63	1.75	1.65	0.01
	出口	2.16	0.06	0.84	3.07	0.26	1.47	9.26	0.12	0.12	0.02

数据来源：联合国商品贸易统计数据库 https://comtradeplus.un.org/.

额的53.34%）是俄罗斯最主要的出口种类商品。以色列工业水平非常高，是中东地区最发达的工业国，由于其国内资源有限，油气和工业原料需要俄罗斯大量供应。进口环节：俄罗斯从以色列主要的进口商品种类是SITC5类商品（主要是药物、塑料及其制品等，2021年占俄罗斯从以色列进口总量的22.67%）、SITC7类商品（主要是电机和设备及其零件，光学、精密、医疗或外科仪器及零件和配件等，2021年占俄罗斯从以色列进口总量的20.66%）、SITC0类商品（主要是蔬菜和水果等，2021年占俄罗斯从以色列进口总量的27.39%）。以色列国土面积虽小，但是其农业技术颇为先进，农产品生产十分发达。每年以色列都向俄罗斯出口大量可食用水果、坚果以及蔬菜等食品。因而，SITC0类商品始终是以色列对俄罗斯的主要出口商品种类。

四、俄罗斯与埃及的贸易关系

埃及是俄罗斯在非洲地区国家中最重要的贸易伙伴。2021年，埃及在俄罗斯对外贸易中的份额为0.61%，就2021年俄罗斯对外贸易的份额而言，埃及排名第33位。2021年，埃及在俄罗斯出口贸易中的份额为0.85%，就2021年俄罗斯出口贸易份额而言，埃及排名第25位。2021年，埃及在俄罗斯进口贸易中的份额为0.20%，就2021年俄罗斯进口贸易份额而言，埃及排名第54位。❶

俄埃贸易额虽然不高，但占俄罗斯与非洲地区国家贸易的40%。由表6-7可知，2010—2021年俄罗斯与埃及贸易额呈现出n字形起伏，从2010年20.29亿美元上升到2018年的75.89亿美元，2020年在疫情暴发后又下降到45.35亿美元，2021年也没有多大起色。自2010年以来，俄罗斯与埃及贸易一直保持顺差状态，基本上俄罗斯对埃及的出口额是其从埃及进口额的7~13倍，因此俄罗斯贸易顺差额度大。

---

❶ Обзоры внешней торговли России［DB/OL］.［2022-12-30］. https：//russian-trade.com/reports-and-reviews/2022-02/torgovlya-mezhdu-rossiey-i-egiptom-v-2021-g/?ysclid=lc7es9g959825942522.

表 6-7　2010—2021 年俄罗斯与埃及进出口贸易额

单位：亿美元

年份	进口额	出口额	贸易总额
2010	2.71	17.58	20.29
2011	4.83	23.35	28.18
2012	—	—	—
2013	—	—	—
2014	—	—	—
2015	—	—	—
2016	—	—	—
2017	5.32	63.46	68.78
2018	5.27	70.62	75.89
2019	4.82	57.69	62.51
2020	5.16	40.19	45.35
2021	5.92	41.77	47.69

数据来源：联合国商品贸易统计数据库 https://comtradeplus.un.org/.

对表 6-8 进行分析，可以发现俄罗斯与埃及双边贸易结构是完全不对等的。出口环节：俄罗斯在所有的贸易种类中对埃及都处于优势地位，其中，出口额比较大的商品种类有 SITC0 类商品（主要是谷物，2021 年占俄罗斯对埃及出口总额的 37.75%）、SITC2 类商品（主要是金属以及其制品等，2021 年占俄罗斯对埃及出口总额的 7.76%）、SITC6 类商品（主要是木材和木制品等，2021 年占俄罗斯对埃及出口总额的 21.26%）。埃及传统上是俄罗斯谷物出口的最主要国家，其出口额常年保持在俄罗斯对埃及出口额的 1/3 以上。进口环节：俄罗斯从埃及进口的商品主要集中在 SITC0 类商品（该类商品主要是蔬菜、水果和坚果，2021 年占俄罗斯从埃及进口总量的 81.08%），埃及食品类商品对俄罗斯的出口额常年稳定在对俄罗斯出口总额的 80% 左右。这说明埃及工业化水平不高，在国际市场上无法提供有吸引力的工业制成品。

表 6-8 2010—2021 年俄罗斯与埃及贸易结构

单位：亿美元

年份	类型	SITC0	SITC1	SITC2	SITC3	SITC4	SITC5	SITC6	SITC7	SITC8	SITC9
2010	进口	2.26	0.001	0.07	0.005	—	0.08	0.16	0.02	0.11	—
	出口	8.65	0.001	3.52	0.90	0.28	0.19	2.82	0.76	0.11	0.34
2011	进口	4.11	0.001	0.08	0.01	0.0001	0.12	0.28	0.04	0.19	—
	出口	12.23	—	3.18	0.90	1.29	0.29	3.02	0.54	0.16	1.74
2012	进口	2.56	0.002	0.07	0.03	0.001	0.18	0.29	0.02	0.28	—
	出口	15.33	0.05	3.40	3.33	2.65	0.30	4.54	0.81	0.14	1.57
2013	进口	3.55	0.003	0.08	0.04	0.001	0.16	0.23	0.03	0.32	—
	出口	5.78	0.52	2.54	3.57	2.41	0.36	4.71	1.88	0.09	3.16
2014	进口	4.38	0.01	0.06	0.03	0.002	0.16	0.22	0.20	0.35	—
	出口	10.51	0.30	3.48	11.75	3.02	0.60	6.86	4.39	0.20	
2015	进口	3.66	0.004	0.07	0.01	0.004	0.15	0.12	0.04	0.21	—
	出口	8.61	0.29	3.33	3.18	1.28	0.46	6.59	4.77	4.00	
2016	进口	2.83	0.003	0.06	0.01	0.004	0.17	0.14	0.05	0.48	0.01
	出口	10.17	0.25	2.19	1.73	1.93	0.63	7.69	4.96	1.16	7.73
2017	进口	4.03	0.002	0.02	0.02	0.004	0.19	0.14	0.54	0.37	0.0002
	出口	14.63	0.28	2.35	4.07	2.85	0.62	8.29	5.47	1.50	23.39
2018	进口	4.20	0.00	0.01	0.02	0.003	0.29	0.14	0.26	0.31	0.02
	出口	19.06	0.04	3.25	7.64	2.34	0.81	12.65	2.66	2.31	19.87
2019	进口	3.84	0.001	0.02	0.01	0.002	0.29	0.14	0.24	0.27	0.0038
	出口	12.87	—	2.31	3.09	1.77	0.52	9.00	3.75	0.56	23.82
2020	进口	4.19	0.003	0.02	0.01	0.003	0.22	0.16	0.33	0.22	—
	出口	18.07	0.00003	2.49	1.62	1.43	0.48	6.41	3.41	0.13	6.14
2021	进口	4.80	0.000	0.01	0.01	0.004	0.20	0.24	0.35	0.29	0.0004
	出口	15.77	0.01	3.24	1.41	2.54	0.79	8.88	4.06	1.54	3.54

数据来源：联合国商品贸易统计数据库 https：//comtradeplus.un.org/.

五、俄罗斯与阿尔及利亚的贸易关系

阿尔及利亚是俄罗斯在非洲地区国家中另一个重要的贸易伙伴，俄阿贸易额约占俄罗斯与非洲地区国家贸易的 25%~30%。2021 年，阿尔及利亚在俄罗斯对外贸易中的份额为 0.38%，就 2021 年俄罗斯对外贸易额的份额而言，阿尔及利亚排名第 43 位。2021 年，阿尔及利亚在俄罗斯出口贸易中的份额为 0.61%，就 2021 年俄罗斯出口贸易份额而言，阿尔及利亚排名第 35 位。2021 年，阿尔及利亚在俄罗斯进口贸易中的份额为 0.01%，就 2021 年俄罗斯进口贸易份额而言，阿尔及利亚排名第 115 位。[1]

由表 6-9 所示，2010—2021 年俄罗斯与阿尔及利亚的贸易额波动性比较大，从 2010 年的 12.96 亿美元上升到 2012 年的 27.86 亿美元，到 2018 年上升到 48.12 亿美元，2019 年又下降到 33.94 亿美元，2020 年和 2021 年俄阿贸易额在 30 亿美元左右波动。自 2010 年以来，俄罗斯对阿尔及利亚一直保持贸易顺差，且贸易顺差额度大，这种情形的产生是俄阿贸易结构严重不平衡所导致。

表 6-9　2010—2021 年俄罗斯与阿尔及利亚进出口贸易额

单位：亿美元

年份	进口额	出口额	贸易总额
2010	0.26	12.70	12.96
2011	0.03	16.83	16.86
2012	0.04	27.82	27.86
2013	0.05	15.85	15.90
2014	0.10	7.99	8.09
2015	0.05	11.92	11.97
2016	0.08	40.48	40.56
2017	0.09	47.90	47.99
2018	0.10	48.02	48.12
2019	0.09	33.85	33.94
2020	0.09	29.57	29.66
2021	0.18	29.89	30.07

数据来源：联合国商品贸易统计数据库 https://comtradeplus.un.org/.

---

[1] Обзоры внешней торговли России [DB/OL]. [2022-12-30]. https://russian-trade.com/reports-and-reviews/2022-02/torgovlya-mezhdu-rossiey-i-alzhirom-v-2021-g/?ysclid=lc7fl6ena1725413577.

对表 6-10 进行分析,可以看出两国贸易结构是完全失衡的。在出口环节:俄罗斯在所有的贸易商品种类中对阿尔及利亚都处于优势地位。其中,出口额比较大的商品种类有 SITC7 类商品(主要是电机和设备及其零件,陆路运输工

表 6-10　2010—2021 年俄罗斯与阿尔及利亚贸易结构

单位:亿美元

年份	类型	SITC0	SITC1	SITC2	SITC3	SITC4	SITC5	SITC6	SITC7	SITC8	SITC9
2010	进口	0.01	—	—	—	0.00005	—	0.05	0.15	0.06	—
	出口	0.003	0.03	—	0.001	0.05	0.01	0.14	2.47	0.45	9.54
2011	进口	0.02	—	—	—	0.0001	0.002	—	0.01	0.001	—
	出口	0.01	—	—	0.61	0.05	0.06	0.73	3.64	0.80	10.93
2012	进口	—	—	—	—	—	—	—	—	—	—
	出口	—	—	—	—	—	—	—	—	—	—
2013	进口	—	—	—	—	—	—	—	—	—	—
	出口	—	—	—	—	—	—	—	—	—	—
2014	进口	—	—	—	—	—	—	—	—	—	—
	出口	—	—	—	—	—	—	—	—	—	—
2015	进口	—	—	—	—	—	—	—	—	—	—
	出口	—	—	—	—	—	—	—	—	—	—
2016	进口	—	—	—	—	—	—	—	—	—	—
	出口	—	—	—	—	—	—	—	—	—	—
2017	进口	0.09	—	—	—	—	0.003	—	0.0001	0.001	—
	出口	0.21	0.001	0.001	1.17	2.17	0.15	4.59	8.37	3.93	27.31
2018	进口	0.09	—	—	—	0.00003	0.01	0.001	0.002	0.001	—
	出口	0.28	0.001	0.001	3.59	1.45	0.33	2.83	5.52	1.95	32.07
2019	进口	0.07	—	—	—	0.0001	0.01	0.0004	0.001	0.01	0.003
	出口	0.17	0.00002	0.03	4.87	1.19	0.21	2.01	5.99	1.34	18.04
2020	进口	0.08	—	—	—	—	0.01	0.0005	0.01	0.001	—
	出口	0.13	0.0001	0.10	0.51	1.32	0.11	1.99	3.82	1.09	20.49
2021	进口	0.13	—	—	—	0.0003	0.02	0.0001	0.03	0.003	—
	出口	1.27	0.0001	0.04	0.11	2.10	0.27	0.99	7.99	2.03	5.10

数据来源:联合国商品贸易统计数据库 https://comtradeplus.un.org/.

具及其零件和配件,光学、测量、精密、医疗或外科仪器及零件和配件等,此类商品 2021 年占俄罗斯对阿尔及利亚出口总额的 26.73%)。进口环节:SITC0 类商品(主要是糖和糖果、可食用水果和坚果等,2021 年占俄罗斯从阿尔及利亚进口总量的 72.22%)是阿尔及利亚对俄罗斯主要出口商品种类。总体来看,阿尔及利亚的制造业水平低,因而其商品在俄罗斯市场缺乏存在感。

第二节　俄罗斯与印度、中东及非洲国家的投资关系

一、俄罗斯与印度的投资关系

(一)俄罗斯对印度的投资

俄罗斯对印度投资额度没有准确的统计,据估计,俄罗斯在印度的累计投资额接近 180 亿美元,其中约 85 亿美元是 2010—2019 年进入印度的。❶

俄罗斯对印度的主要投资领域与项目具体如下。

1. 能源领域的主要投资项目

石油、天然气领域是俄罗斯与印度经济合作的主要成果。印度是世界第三大石油消费国,而俄罗斯是世界第一大石油出口国。2019—2020 财年印度的石油进口依存度已达到 84%,因此俄罗斯与印度在能源领域有着非常强烈的合作愿望。据统计,俄罗斯石油公司与印度合作伙伴参与的项目相互投资额超过 170 亿美元,占迄今为止俄印累计投资总额的一半以上。❷

俄罗斯石油公司与印度伊萨(Essar)石油公司达成投资协议,俄罗斯石油公司直接投资 58.5 亿美元,成为印度伊萨石油公司位于万帝那(Vadinar)炼油厂的合伙人。此外,俄罗斯已经与印度就使用俄罗斯技术开采大型地下煤炭气化项目达成协议,使印度能够利用俄罗斯的技术从其煤炭储备中开采天然气。

---

❶　РАСПП, Топ российских инвестиций в Индию [J/OL]. [2022 - 12 - 30]. https://raspp.ru/business_news/top-russian-investments-in-india/? ysclid=lbd0j4fcw451386575.

❷　5 сен - РИА Новости. Роснефть: объем совместных инвестиций с Индией превышает $ 17 миллиардов [J/OL]. [2022-12-30]. https://ria.ru/20210905/rosneft-17487715-74.html? ysclid=lbd0ij9du2459536891.

2. 核能领域的投资项目

俄罗斯对印度核能领域的主要投资项目是库丹库拉姆核电站项目。俄罗斯国家原子能公司和印度 Kae 风险投资公司在库丹库拉姆核电站的建设方面合作始于 2002 年，俄罗斯在印度库丹库拉姆投资建造了 2 座 VVER-1000 轻水核反应堆。2013 年，库丹库拉姆核电站 1 号机组实现首次临界，2014 年 12 月投入商业运行。库丹库拉姆核电站 2 号机组于 2016 年 5 月实现首次临界，2017 年 4 月投入商业运行。2017 年 6 月 1 日，库丹库拉姆核电站二期建设项目启动，该项目已投资约 100 亿美元。❶

2018 年 10 月，俄罗斯和印度两国领导人在年度峰会上还达成双方在第三国建设核电站的计划。目前这一计划已经在孟加拉国落地。印度、俄罗斯、孟加拉国联合投资 130 亿美元在孟加拉国鲁布尔建设该国第一座核电站。根据协议，印度公司将参与核电站的建设和安装工作，为该项目提供非关键材料和设备，提供部分融资和管理，并为该项目培训孟加拉国核科学家。俄方将负责核电设备的设计、生产和供应，三方将在人员培训、经验分享和咨询支持方面进行合作。❷

除了石油、核能和煤炭气化外，俄罗斯还为印度太阳能项目提供新技术和投资。可以说，俄罗斯和印度在这些领域发展合作的潜力巨大。

3. 制造业领域的重要投资项目

俄罗斯新利佩茨克冶金厂在印度投资生产变压器钢，总投资额为 6 亿美元。❸ 俄罗斯卡玛斯公司投资 1 亿美元在印度霍苏尔开设了一家汽车装配厂，年产 5000 辆卡车。俄罗斯 NLMK 公司投资 1 亿~1.5 亿美元在印度生产电工钢，

---

❶ ТАСС，Россия – Индия: успешные бизнес – кейсы [J/OL]. [2022-12-30]. https://finance.rambl.er.ru/economics/37004938/?utm_content=finance_media&utm_medium=read_more&utm_source=copylink.

❷ РИА，Россия、Индия и Бангладеш будут сотрудничать по проекту АЭС "Руппур" [J/OL]. [2022-12-30]. https://ria.ru/20180301/1515547628.html?ysclid=lcxamtyxr6704732927.

❸ ИВАН СМИРНОВ，Инвестиции Индии в Россию превысили $ 8 млрд [J/OL]. [2022-12-30]. https://investnewsman.com/investicii-indii/.

2020年已经投入试生产。全部建成后其年产量将占据印度电工钢市场的50%~60%。❶

(二) 印度对俄罗斯的投资

根据俄罗斯方面的统计数据，截至2020年年初，印度在俄罗斯的投资额约为90亿美元。❷

印度在俄罗斯投资的主要领域与项目具体如下。

1. 能源领域主要投资项目

印度对俄罗斯最重要的投资项目就是对俄罗斯萨哈林1号油气田的投资。萨哈林1号是萨哈林岛（库页岛）大陆架的一个主要石油和天然气项目。其潜在可采资源为3.07亿吨石油和4850亿立方米天然气。萨哈林岛稳定的油气供应引起了印度政府及商界对联合投资萨哈林项目的浓厚兴趣。俄罗斯出于资金和战略方面的考虑也希望印度资本参与萨哈林项目。目前，印度石油天然气有限公司在萨哈林1号项目上已经投资27亿美元，拥有该项目20%的股份。这是印度有史以来最大的海外投资并购项目。❸

在此项目之后，印度又参与俄罗斯天然气工业股份公司对萨哈林3号项目的开发。2016年6月，俄罗斯与印度达成能源合作协议，俄罗斯石油公司与印度财团签订向印度财团出售万科尔石油股份公司（Vankor）23.9%股份的合同。印度石油有限公司、印度石油公司和巴拉特石油资源公司共同出资组成的财团持有塔斯·尤里亚克（Taas-Yuryakh）公司29.9%的股权。投资50亿美元左右。❹

2019年，印度塔塔集团宣布投资5.6亿美元开发堪察加半岛的克鲁托戈罗夫斯科耶（Krutogorovsky）煤矿。印度钢铁生产的增长使炼焦煤需求显著

---

❶ РАСПП, Топ российских инвестиций в Индию [J/OL]. [2022-12-30]. https://raspp.ru/business_news/top-russian-investments-in-india/?ysclid=lc8tu7xlfx631207045.

❷ РАСПП, Топ-10 индийских инвестиций в Россию [J/OL]. [2022-12-30]. https://raspp.ru/business_news/top10-indian-investments-in-russia/?ysclid=lbf39ru18m176359752.

❸ 印度全球关系委员会数据汇编，https://www.gatewayhouse.in/.

❹ РАСПП, Топ-10 индийских инвестиций в Россию [J/OL]. [2022-12-30]. https://raspp.ru/business_news/top10-indian-investments-in-russia/?ysclid=lcx322m1s5809238967.

增加。❶

2. 制造业领域的重要投资项目

印度最大的软包装公司 Uflex 集团的子公司在莫斯科地区的斯图皮诺经济特区成立俄罗斯全球薄膜制造（Flex Films Rus）工厂，用于生产可生物降解的聚酯薄膜，投资额超过 50 亿卢布。❷

制药业是印度的优势产业，印度企业在俄罗斯也投入大笔资金进行药物生产。比较重要的投资有印度维克拉姆·普尼亚（Pharmasyntez）制药公司投资 5 亿美元在俄罗斯伊尔库茨克、圣彼得堡等多地开设了药厂，专门生产抗结核病，治疗糖尿病、肝炎、血液疾病等药物。印度 PSK 公司投资 3500 万美元在莫斯科经济特区成立了一家生产用于治疗支气管和肿瘤疾病药物的企业。❸

二、俄罗斯与中东国家的投资关系

（一）俄罗斯对中东国家的投资

俄罗斯在中东国家的投资目前主要集中在伊拉克、伊朗、叙利亚和土耳其等国家，投资的主要领域是能源领域。

1. 俄罗斯对伊拉克投资的主要项目

2009 年 12 月，俄罗斯卢克石油公司和挪威国家石油公司组成的财团获得位于巴士拉地区的西古尔纳（West Qurna）2 号区块开发权，该油田总储量为 128.8 亿桶，卢克石油公司在该项目中占有 63.75% 的股份，挪威国家石油公司占 11.25%，剩余的 25% 由伊拉克国家石油公司所有。这是俄罗斯油气企业在伊拉克的最大投资项目。❹

2010 年 1 月，由俄罗斯天然气工业股份公司领衔的财团获得开发伊拉克巴

---

❶ РАСПП, Топ-10 индийских инвестиций в Россию [J/OL]. [2022-12-30]. https：//raspp.ru/business_news/top10-indian-investments-in-russia/? ysclid=lcx322m1s5809238967.

❷ ИВАН СМИРНОВ, Инвестиции Индии в Россию превысили $ 8 млрд [J/OL]. [2022-12-30]. https：//investnewsman.com/investicii-indii/.

❸ РАСПП, Топ-10 индийских инвестиций в Россию [J/OL]. [2022-12-30]. https：//raspp.ru/b, usiness_news/top10-indian-investments-in-russia/? ysclid=lc8ulvdhiw796490259.

❹ 木村泛. 普京的能源战略 [M]. 王炜, 译. 北京：社会科学文献出版社, 2013：168-169.

德拉（Badra）油田的权利。俄罗斯天然气工业股份公司持有该项目 30% 的股份，韩国天然气公司持有 22.5%，马来西亚国家石油公司持有 15%，土耳其国家石油公司持有 7.5%，剩余的 25% 由伊拉克政府持有。油田稳产期可产油约 17 万桶/日，项目总投资约达 20 亿美元。❶

俄罗斯卢克石油公司和日本国际石油开发公司组成的财团（卢克石油公司持有 60% 的股份，日本国际石油开发公司持有剩余 40% 的股份）于 2017 年 2 月发现了埃利都（Eridu）油田，可采储量估计为 24 亿桶，是伊拉克石油领域近 20 年来最大的探明储量。

自 2012 年开始，俄罗斯的油气公司开始对伊拉克库尔德自治区进行投资，先后参与了库尔德自治区沙克尔（Shakal）和噶绵（Garmian）区块的开发。其中俄罗斯石油公司在沙克尔区块的权益为 80%，剩余 20% 权益由库尔德自治区政府持有；在噶绵区块的权益为 40%，剩余 40% 权益由加拿大西扎格罗斯（Western Zagros）公司持有，20% 权益由库尔德自治区政府持有。❷ 俄方因此获得了库尔德自治区能源出口的部分控制权，提高了其在库尔德自治区油气领域的话语权。

2. 俄罗斯对伊朗的主要投资项目

伊朗拥有丰富的已探明石油（1556 亿桶）和天然气（34 万亿立方米）储量，是世界第四大石油储量国和第二大天然气储量国，其原油储量占世界储量的 10%。石油产业是伊朗最重要的经济来源，其收入占伊朗外汇总收入的 50% 以上。俄罗斯对伊朗的油气资源投资一直非常重视。

2016 年 7 月，俄罗斯和伊朗签署五年战略计划，其中包括双方在油气领域的合作，内容包括价值 10 亿美元的海上钻井设备的买卖合同。同年 12 月，俄罗斯天然气工业股份公司与伊朗国家石油公司签署开发切希迈霍希（Cheshmeh Khosh）和羌古来（Changoleh）两个油田的协议。❸

2017 年 11 月，俄罗斯总统普京访问伊朗期间，俄罗斯和伊朗签署高达 300 亿美元的能源协议。此协议主要涉及俄罗斯在伊朗 6 个省份的油气开发项目，

---

❶ 朱晓中. 近年来俄罗斯与中东欧国家的能源合作 [J]. 欧亚经济, 2014 (5): 5-19.
❷ 王宝龙. 21 世纪俄罗斯中东能源外交研究 [D]. 上海: 上海外国语大学, 2018: 119.
❸ 王宝龙. 21 世纪俄罗斯中东能源外交研究 [D]. 上海: 上海外国语大学, 2018: 99.

项目完成后石油产量将达到5500万吨/年（合110万桶/日）。此交易极大促进了俄罗斯在伊朗能源领域的投资合作，提高了俄罗斯在伊朗能源领域的话语权。

2018年5月，时任美国总统特朗普宣布美国单方面退出伊核协议，并重启对伊朗的制裁。但俄罗斯卢克石油公司仍坚持在伊朗的投资，俄罗斯在伊朗的其他油气投资项目也没有发生巨大变动，俄伊双方的合作仍在继续。

3. 俄罗斯对叙利亚的主要投资项目

根据《BP世界能源统计》的数据，2018年叙利亚的原油储量约为25亿桶，原油产量为2.4万桶/日。俄罗斯在叙利亚的投资始于21世纪初期。目前，俄罗斯在叙利亚拥有高达200亿美元的油气投资项目，主要投资公司为俄罗斯天然气建筑与输送（Stroytrangas）公司。❶

2013年12月，叙利亚与俄罗斯油气联盟（Soyuz Nefte Gaz）公司签署在叙利亚大陆架的油气勘探协议，旨在叙利亚沿海二号区域内勘探和开采石油。2016年，叙利亚总统巴沙尔·阿萨德承诺，向俄油气能源公司提供优惠国特许权，以帮助扩大俄罗斯在叙利亚的投资。俄罗斯天然气建筑与输送公司加强了油气投资活动，还赢得了叙利亚最大的两家炼油厂巴尼亚斯（Banias）和霍姆斯（Homs）的现代化改造合同。❷

4. 俄罗斯对土耳其的主要投资与项目

截至2020年年底，俄罗斯在土耳其的投资总额已经接近400亿美元。❸ 土耳其是俄罗斯投资额最多的中东地区国家。

俄罗斯对土耳其的主要投资领域和项目具体如下。

（1）能源领域主要投资项目。自2014年乌克兰危机后，为了避开从乌克兰过境，俄罗斯开始建设"北溪"二期项目和"土耳其溪"项目，向欧洲输送天然气。"土耳其溪"管道项目从2020年起，每年从俄罗斯向土耳其黑海地区输

---

❶ MAMMADOV Rauf, KARASIK Theodore. Russia's Energy Interests in Syria [J/OL]. [2022-12-30]. International policy digest, 2019-05-12. https：//intpolicydigest.org/2019/05/12/russia-s-energy-interests-in-syria/.

❷ 刘小兵，张光亚，温志新，等. 东地中海黎凡特盆地构造特征与油气勘探 [J]. 石油勘探与开发，2017（4）：540-548.

❸ Деловые новости Евразии, Инвестиции в Турцию [J/OL]. [2022-12-30]. https：//raspp.ru/business_news/top-russian-investments-in-turkey/? ysclid=lc8x3520b9199054151.

送 315 亿立方米天然气，此供应量的 50% 将用于土耳其国内市场，其余的将服务于欧洲国家。俄罗斯天然气工业股份公司估计资本投资额为 70 亿美元。❶

此外，俄罗斯卢克石油公司拥有土耳其加油站网络"Akpet"，该网络控制着土耳其全国 600 多个加油站。迄今为止，卢克石油公司在土耳其的总投资已超过 10 亿美元。

(2) 核能领域投资项目。该领域也是俄罗斯在土耳其的重点投资领域。2017 年，世界上第一个根据 BOO（"建设-拥有-运营"）模式建造的阿库尤核电站项目在土耳其梅尔辛省启动。该核电站第一台机组计划于 2023 年启动，俄罗斯对该项目的总投资额为 220 亿美元。❷

(3) 制造业领域投资项目。2010 年，俄罗斯马格尼托哥尔斯克钢铁厂股份公司在土耳其伊斯肯德伦和伊斯坦布尔设置了两个生产基地，生产轧制金属产品。截至 2020 年年底，马格尼托哥尔斯克钢铁厂股份公司在土耳其投资总额约为 22 亿美元。自 2014 年以来，俄罗斯控股高尔基汽车集团和土耳其 MersaOtomotiv 公司在土耳其联合生产 GAZelle BUSINESS 和 GAZelle NEXT 汽车，投资额为 1500 万美元。❸

(二) 中东地区国家对俄罗斯的投资

1. 土耳其对俄罗斯的投资

土耳其是俄罗斯重要的投资来源地。截至 2020 年年底，土耳其在俄罗斯的总投资额为 70 亿~100 亿美元。❹

土耳其对俄罗斯主要投资领域和项目具体如下。

(1) 玻璃行业项目。自 2016 年以来，土耳其控股公司世亚伊萨公司（Shishejam）俄罗斯子公司一直在生产汽车玻璃。世亚伊萨公司在俄罗斯的总投资

---

❶ Turkey Natural Gas: Imports, CEIC [J/OL]. [2022-12-30]. https://www.Ceicdata.com/en/indicator/turkey/natural-gas-imports.

❷ РИА Новости, Инвестиционные проекты России и Турции [J/OL]. [2022-12-30]. https://ria.ru/20151126/1329040635.html?ysclid=lc8x399law785139526.

❸ РИА Новости, Инвестиционные проекты России и Турции [J/OL]. [2022-12-30]. https://ria.ru/20151126/1329040635.html?ysclid=lc8x399law785139526.

❹ Деловые новости Евразии, В какие проекты инвестирует Турция в России? [J/OL]. [2022-12-30]. https://raspp.ru/business_news/investments-turkey/.

额为 12.5 亿美元。

（2）纸张行业项目。2015 年，土耳其生活控股公司在俄罗斯鞑靼斯坦共和国叶拉布加建立子公司专门生产卫生纸制品。迄今为止，该公司在俄罗斯的总投资额已达到 111 亿卢布。

（3）陶瓷行业项目。2011 年至今土耳其威达（VitrA）公司共投资 21 亿卢布在俄罗斯谢尔普霍夫地区生产陶瓷产品。

（4）纺织行业项目。土耳其米尔迪尔（MIRtex）有限责任公司于 2014 年在俄罗斯伊万诺沃地区投资迄今已经超过 10 亿卢布专门生产高品质的针织面料。

（5）汽车行业项目。土耳其戈兹控股（Coşkunöz Holding）公司于 2014 年开始在俄罗斯鞑靼斯坦共和国境内投资生产汽车冲压件，以及美国福特汽车、德国梅赛德斯－奔驰汽车的零件。迄今该项目的投资总额为 25 亿卢布。

（6）建材行业项目。自 2006 年开始，土耳其维泰克（Vintek）塑料有限责任公司在莫斯科地区生产 PVC 型材，迄今该公司在俄罗斯总投资额约为 65 亿卢布。

（7）家电行业项目。土耳其家用电器制造商倍科（BEKO）于 2006 年在俄罗斯弗拉基米尔地区开设了工厂，迄今投资额超过 9700 万欧元。

（8）家具行业项目。土耳其卡斯塔莫努（Kastamonu）综合木材工业有限责任公司在俄罗斯耶拉布加生产中密度纤维板、高密度纤维板和强化木地板。该公司占据了俄罗斯层压板市场总量的 20%。迄今卡斯塔莫努公司对俄罗斯的投资总额为 212 亿卢布。

（9）食品行业项目。迄今土耳其酿酒公司总投资额超过 10 亿美元，在俄罗斯拥有 11 家啤酒厂和 20 多个品牌。❶

2. 科威特对俄罗斯的投资

科威特投资局（KIA）于 2012 年对俄罗斯进行直接投资，其投资额在 2015 年翻了一番，达到 10 亿美元。❷

---

❶ Деловые новости Евразии，В какие проекты инвестирует Турция в России？［J/OL］.［2022-12-30］. https：//raspp. ru/business_news/investments-turkey/.

❷ "Russia to Continue Development of Investment Cooperation with Saudi Arabia," Sputnik News, November. 11, 2017, ［DB/OL］. https：//sputniknews. com/russia/201711101059001291-russia-investment-middle-east-cooperation/.

3. 沙特阿拉伯对俄罗斯的投资

2015 年，俄罗斯直接投资基金与沙特公共投资基金（PIF）签署总价值约 100 亿美元的协议，双方建立长期战略伙伴关系，在基础设施等领域进行共同投资。2017 年，沙特国王访问俄罗斯，双方又达成价值约 21 亿美元的投资协议。❶

4. 阿联酋对俄罗斯的投资

2016 年至今，阿联酋主权财富投资公司与俄罗斯直接投资基金联合进行了 20 亿美元的投资。阿联酋承诺将投资 50 亿美元于俄罗斯的基础设施项目。❷

5. 巴林对俄罗斯的投资

2016 年至今，巴林主权财富基金（Mumtalakat）投资 2.5 亿美元与俄罗斯直接投资基金展开合作。❸

6. 卡塔尔对俄罗斯的投资

2016 年，俄罗斯最大的上市石油公司俄罗斯石油公司将 19.5% 的股份出售给卡塔尔投资局（QIA）和商品交易商嘉能可（Glencore），价格为 113 亿美元，这是俄罗斯所获取的最大一笔外国直接投资。2018 年，卡塔尔投资局在俄罗斯又投入 20 亿美元。❹

三、俄罗斯对非洲国家的投资

非洲拥有世界 12% 的石油储量、42% 的金矿床、60% 的锰矿石、19% 的铀、48.4% 的铬、44.6% 的钛、42.6% 的铝土矿，非洲大陆提供了世界需求 90% 的铂金和 52.5% 的钻石。它还生产了世界 36% 的钒和 42% 的钴。❺

---

❶ "Russia to Continue Development of Investment Cooperation with Saudi Arabia," Sputnik News, November 11, 2017, [DB/OL]. https：//sputniknews.com/russia/201711101059001291-russia-investment-middle-east-cooperation/.

❷ "Russia to Continue Development of Investment Cooperation with Saudi Arabia," Sputnik News, November 11, 2017, [DB/OL]. https：//sputniknews.com/russia/201711101059001291-russia-investment-middle-east-cooperation/.

❸ "Russian Direct Investment Fund and Mubadala Establish Co-investment Fund," Russian Direct Investment Fund, July 20, 2013, [DB/OL]. https：//rdif.ru/Eng_fullNew s/253/.

❹ "Qatar Fund Commits $ 2 Billion Investment to Russia：RDIF CEO," Russian DirectInvestment Fund, May 23, 2014, [DB/OL]. https：//rdif.ru/Eng_fullNew s/1038/.

❺ Панов, Александр Александрович Архив. ТАСС Экономические проекты России в Африке [J/OL]. [2022-12-30]. https：//tass.ru/info/3237697?ysclid=lbeh4e1bew712809229.

一直以来，俄罗斯与非洲国家有着非常良好的政治关系，但与此同时，非洲仅占俄罗斯所有外国投资的1.5%，俄罗斯对非洲国家的投资大部分集中在石油、天然气、铀、铝土矿、铁矿石和其他矿物的勘探和生产领域。具体如表6-11所示。

除此之外，俄罗斯一些制造业企业也在非洲国家进行了投资。例如，来自

表6-11 俄罗斯大型公司在非洲国家的直接投资

投资公司	国家	投资领域	已投资额（亿美元）	未来计划投资额（亿美元）
阿尔罗萨	安哥拉、津巴布韦	采矿、钻石、水电	5	30
俄罗斯天然气工业股份公司	阿尔及利亚、尼日利亚、利比亚、纳米比亚、赤道几内亚	勘探以及开发天然气和石油、天然气管道和其他运输基础设施的建设	5	35~40
埃夫拉兹	南非	采矿、钢铁生产	10	—
卢克石油公司	加纳、科特迪瓦、喀麦隆、塞拉利昂、尼日利亚	油田勘探与开发	10	2~2.5
诺镍	南非、博茨瓦纳	镍矿开采生产	16~20	—
雷诺瓦	南非、加蓬、莫桑比克	锰矿的勘探与开采与生产，铁合金的生产，铂、铀、金矿勘探	>10	—
文艺复兴集团	肯尼亚、刚果、加纳、赞比亚	房地产	—	50~60
俄罗斯网络	莫桑比克、津巴布韦、马拉维	石油勘探、石油产品管道的建设	—	7~10
俄铬	南非	采矿、铬铁矿	4.7	—
谢韦尔	布基纳法索、加蓬	勘探以及开采铁矿石、黄金	1~2	40
合成	安哥拉、纳米比亚、南非	石油、天然气勘探	0.1~0.5	—
俄铝	几内亚、纳米比亚、南非	铝土矿开采、氧化铝生产	15	—
罗萨托姆国家原子能公司	几内亚、刚果共和国、利比亚、南非	建设核电站，铀矿石的勘探和生产	在埃及首座核电站已动工	300

资料来源：Российские экономические проекты в Африке. Досье - ТАСС (tass.ru).

莫尔多维亚的利斯马（Lisma）公司在布隆迪成立了一家生产灯具和路灯的合资企业，供应整个东非市场。在塞内加尔，俄罗斯私人投资兴建的大西洋鱼类加工厂自 2015 年以来一直在运营，并且是西非最大的鱼类加工企业。此外，俄罗斯在埃及新建了俄罗斯工业区（RPZ），这是俄罗斯目前在非洲实施的第一个工业开发区项目。此项目将有助于俄罗斯对埃及的投资增长。❶

第三节　俄罗斯与印度、中东及非洲国家的经贸关系现状与前景

一、俄罗斯与印度贸易和投资的问题与前景

（一）俄罗斯与印度贸易与投资中的若干问题

俄罗斯对于扩大和印度之间的贸易和投资一直抱有浓厚的兴趣。俄罗斯认为，促进俄印之间贸易和投资是巩固与加强俄罗斯与印度双边关系的必要举措。但是俄印之间在经贸领域还有以下若干问题需要克服。

（1）卢布和卢比结算问题。目前，俄罗斯与印度大部分的贸易都以美元结算。俄乌战争之后，西方对俄罗斯银行进行了严厉的制裁，导致俄印双方在交易中损失了巨额资金。目前，俄印两国已经达成共识要建立自己的进出贸易相互结算和转让系统。俄罗斯已经建立了一种用于传输俄罗斯银行金融消息的系统。通过此系统，卢布存入印度银行的账户，在那里卢布被兑换成卢比，印度的反向操作也依据同样的流程。同时，俄罗斯与印度还决定使俄罗斯支付系统 Mir 与印度 UPI 相互整合，以简化银行层面的结算程序。❷

（2）高物流成本问题。迄今为止，俄罗斯和印度之间没有符合双方贸易要求的货物运输陆路路线，现代贸易要求的特点是交货速度快，成本可以接受。例如，从俄罗斯向中国出口货物的铁路路线，即使俄中贸易额超过 1000 亿美

---

❶　Ольга Кулькова, Что Россия может предложить Африке [J/OL]. [2022-12-30]. https：//russiancouncil.ru/analytics-and-comments/analytics/chto-rossiya-mozhet-predlozhit-afrike/? ysclid=lbefd22k31292126572.

❷　Россия и Индия：чем они торгуют и как будут развиваться отношения дальше [J/OL]. [2022-12-30]. https：//trends.rbc.ru/trends/innovation/62d1814b9a79471844795fcb.

元，其运输时间也只需要 12~16 天，这比从俄罗斯到印度的铁路路线少一半，因此，对俄印两国贸易关系发展产生负面影响的另一个重要因素是印度境内的物流成本太高。为了有效增加俄罗斯和印度之间的贸易，提高俄罗斯与印度贸易路线的效率至关重要。目前，印度政府提出发展国家基础设施的远景计划——萨加马拉（Sagarmala）计划。该计划提出不迟于 2035 年，印度将投资 1200 亿美元进行 400 多个大型基础设施建设项目，以提高印度物流基础设施的效率，包括对现有港口进行现代化改造，以与现代集装箱船配合使用。俄罗斯学者 O. N. 拉林（Larin O. N）预测，如果萨加马拉计划能够得到有效实施，俄印贸易额将大幅上升。❶

（3）两国烦琐的官僚体系及印度贸易保护主义问题。这一问题在很大程度上限制了俄罗斯和印度贸易潜力的发展。例如，早在 2017 年，两国就发布了关于开始在欧亚经济联盟和印度之间建立自由贸易区的谈判的声明。但直到 2019 年 8 月，关于贸易自由化的正式谈判的准备阶段才完成。❷ 2022 年，欧亚经济联盟和印度的自由贸易协定谈判才正式开始。有学者估计，一旦双方自由贸易协定达成，将对俄印贸易与投资产生积极的影响。❸

（二）俄印在能源合作上将有新的突破

能源合作将是俄罗斯和印度贸易与投资的关键所在。到 2040 年，印度的能源消费总量将达到 18.4 亿吨石油当量，其中进口额在石油消费中的份额将达到 92%，在天然气消费中的份额将达到 74%。❹

尤其是俄乌战争的爆发使两国的能源贸易有了突飞猛进的增长。"仅仅 2022

---

❶ Ларин О. Н, Перспективные направления развития транспортной инфраструктуры Индии и стратегические интересы России. Проблемы национальной стратегии，2018，3 (48)：156-176.

❷ Евразийская экономическая комиссия，ЕАЭС и Индия начали официальные переговоры по заключению соглашения о свободной торговле［J/OL］.［2022-12-30］. http：//www. eurasiancommission. org/ru/nae/news/Pages/3-06-2017. aspx.

❸ ТАСС，Россия - Индия：успешные бизнес - кейсы［J/OL］.［2022-12-30］. https：//finance. rambler. ru/economics/37004938/? utm_content = finance_media&utm_medium = read_more&utm_source = copylink.

❹ Россия в международных потоках капитала в начале 2018 - 2019 годов［J/OL］.［2022-12-30］. https：//mgimo. ru/upload/iblock/022/russia-v-mdk-2018-nach-2019. pdf.

年第一季度俄罗斯就向印度出口的动力煤达到 57.32 万吨,同比增长 2700 倍。而且俄罗斯出口商向印度买家提供越来越大的折扣,运往印度的煤炭价格比世界同类产品低 40%~50%,印度进口自俄罗斯的煤炭均价为 160~165 美元,即使加上每吨 30 美元左右的运输费用,总价也不到每吨 200 美元,较印度从澳大利亚进口的同等级煤炭价格平均每吨低 60~65 美元。除了便宜的煤炭,印度同样进口不少'打折'俄罗斯原油。数据显示,到今年 3 月则飙升至每天 30 万桶,4 月更是升至每天 70 万桶。"❶

俄罗斯同印度加强能源合作,对双方都有着重大的战略和经济利益。俄罗斯向印度出口石油和天然气既能使其出口市场多样化,又能减轻对西方能源市场的依赖,对于俄罗斯"保障能源安全、经济安全、改善地缘政治经济地位都将产生积极的影响;就印度而言,同俄罗斯的能源合作对缓解印度的能源供应缺口、满足印度经济发展的能源需求、优化印度的能源消费结构和进口多元化方面都将起到有效的推动作用"。❷

由于美西方制裁,西方公司在参与俄罗斯新的石油和天然气项目时会受到极大限制,这给了印度扩大在俄罗斯投资的良好机会。根据路透社的报道,印度已经在评估收购英国石油所持有的俄罗斯石油公司的股份的可能性。❸ "俄印能源合作发展态势将进一步加强。俄印能源合作,强化了双边关系纽带,夯实了双方合作的经济基础,并且随着俄印能源合作的深化和扩展将对世界能源格局特别是亚太能源格局产生重大影响。"❹

总之,俄罗斯与印度自确立双方为"特殊的和有特权的战略伙伴关系"以来,"在合作领域、合作深度、合作项目等方面都取得了巨大的进展,而且这种

---

❶ 柳玉鹏."俄罗斯煤炭占领印度"!俄媒:俄对印动力煤出口量"猛增 2700 倍"[N].环球时报,2022-06-15(11).

❷ 陈本昌.21 世纪以来俄印能源合作的进展、动因及影响分析[J].东北亚论坛,2020(6):18.

❸ 外媒:印度要求国有油企评估购买俄罗斯石油公司股份可能性[EB/OL].(2022-04-29)[2023-02-05].https://finance.sina.com.cn/jjxw/2022-04-29/doc-imcwiwst4724051.shtml.

❹ 陈本昌.21 世纪以来俄印能源合作的进展、动因及影响分析[J].东北亚论坛,2020(6):18.

合作态势将得到进一步强化和发展。"❶

二、俄罗斯与中东国家贸易和投资的现状与前景

俄罗斯能源战略一直将中东地区作为对外投资和引资的重点区域。"一方面，中东是进口俄罗斯能源技术和设备的潜在市场，可以有效地助力俄罗斯能源企业实现出口潜力，提高俄罗斯企业的国际竞争力；另一方面，中东国家既是世界主要的能源产地，又具有很强的金融实力，与中东国家开展经济合作，不仅有助于俄罗斯能源企业开拓国外市场，而且能够吸引中东国家资金进入俄罗斯能源领域。"❷

俄罗斯企业在对中东国家进行投资的过程中十分注意"通过与投资对象国的合作来达到自己投资目标。例如，在伊拉克战后重建过程中，俄罗斯主动免除伊拉克的部分债务以换取油气合作机会。在伊朗受到美国制裁时，俄罗斯抓住时机，积极参与伊朗油气项目投资。俄罗斯油气企业在海外油气的投资过程中还往往会和投资对象国的油气公司合作，以便充分了解其法律法规、当地习俗和管理方式，从而有效地降低风险。同时，为了获得先进的油气技术和管理模式，俄罗斯企业还会和国际大油气公司合作，共同投资开发油气田"。❸

但是，俄罗斯在发展与中东国家经贸合作时也面临一些问题和困难。

1. 俄罗斯僵化的税收制度提高了其能源领域的运营成本

为了确保财政收入，俄罗斯维持原油出口高关税的决策，对原油出口关税维持在42%，明显限制了它与土耳其、埃及等中东地区非产油国的合作关系。俄罗斯"关于不准许外国投资者进入俄战略工业部门"的法律规定也限制了中东国家对俄罗斯战略行业的投资。此外，"因俄罗斯现行法律制度尚不完善、税收过高、项目审批过程复杂而造成的投资环境欠佳，也加大了中东国家投资俄

---

❶ 陈本昌. 21世纪以来俄印能源合作的进展、动因及影响分析 [J]. 东北亚论坛, 2020 (6)：18.
❷ 冯玉军, 丁晓星, 李东. 2020年前俄罗斯能源战略 [J]. 国际石油经济, 2003 (9)：42.
❸ 张大伟, 王东, 章理焦. 俄罗斯在中东油气投资概况及特点分析 [J]. 国际石油经济, 2020 (9)：103-105.

罗斯的风险。"❶

2. 俄罗斯与中东国家关系友好但不密切

无论是国际石油价格的制定、军工产品的销售,还是来自以色列的技术转让或来自海湾国家的投资,俄罗斯均表现出很强的合作兴趣。无论是产油国沙特、卡塔尔、伊朗,还是非产油国以色列、土耳其,俄罗斯均与之保持密切的经济联系,极力避免把中东主要大国或地区组织视为完全的盟友或者完全的对手。然而,"由于俄罗斯对中东国家的趋利性过强,中东国家对俄罗斯也表现出很强的交易性特征。除了叙利亚和伊朗外,中东国家与俄罗斯发展贸易关系均有较大的选择余地,而不是必须选择俄罗斯作为关键伙伴。"❷

因此,在可预见的未来,俄罗斯与中东国家间的经贸往来会持续增长,但是由于俄罗斯与中东国家间贸易结构互补性差,两者产业结构不全等多种原因,双方的贸易与投资很难有明显的增长。

三、俄罗斯与非洲国家贸易和投资的问题与前景

俄罗斯与非洲国家之间虽然政治关系良好,但是推动双方经贸关系显著发展仍有着现实的困难。

(1) 俄罗斯产品缺乏国际竞争优势。与其他国家对非洲国家出口相比,俄罗斯商品出口明显缺乏多样性,局限在粮食、燃料和船舶等领域,同时,俄罗斯的经济实力难以支撑俄罗斯对非洲进行大量的资金和技术投入。❸

(2) 俄罗斯与非洲国家贸易额低。2018年,俄非贸易额首次达到200亿美元的历史纪录。同年,中国与非洲贸易额达到2000多亿美元。"今天非洲国家对外贸易的51.7%集中在欧盟,25.8%集中在中国,10.2%集中在印度,8.6%

---

❶ 魏敏. 俄罗斯对中东国家的经济外交与大国地位塑造 [J]. 阿拉伯世界研究,2020 (2): 21.

❷ James, Becca Wasser, Ben Connable, and Sarah Grand-Clement, "Russian Strategy in theM iddle East," RAND Corporation, 2017 [J/OL]. [2022-12-30]. https://www.rand.Org/pubs/perspectives/PE236.thml.

❸ Ольга Кулькова, Что Россия может предложить Африке [J/OL]. [2022-12-30]. https://russiancouncil.ru/analytics-and-comments/analytics/chto-rossiya-mozhet-predlozhit-afrike/?ysclid=lbef.d22k31292126572.

集中在美国，只有 3.7% 集中在俄罗斯。"❶

因此，在世界大国纷纷参与非洲合作的背景下，俄罗斯想成为非洲国家的重要经济伙伴需要付出巨大的努力。

不过在促进俄非经贸合作方面，俄罗斯也确实具有一定的潜力和优势。

（1）俄罗斯对非合作有深厚的历史优势和政治优势。2019 年 10 月在索契举行的首届俄非峰会和经济论坛，有 54 个非洲国家的领导人和俄罗斯官方代表团以及非洲国家和俄罗斯企业的代表参加，向世界展示了显示了俄罗斯与非洲国家在政治领域具有相当密切的关系。这也为未来俄非经贸关系发展提供了可靠的政治保证。

（2）俄罗斯在若干领域对非出口有很大的优势，如军事科技、采矿技术、核工业技术等。"在采矿和运输技术方面，俄罗斯企业拟向非洲矿产企业提供自动化控制系统、工业机器人、自卸车等设备，俄罗斯铁路集团还与埃及、尼日利亚等国签署了建设铁路、组装机车的备忘录。军事武器合作一直是俄罗斯对非合作的重要方向。有数据显示，每年俄罗斯武器出口总量的 1/3 在非洲地区。"❷

未来，俄罗斯将努力通过增加对非洲国家能源领域的投资，在农业、建筑、水处理和其他互利领域进行合作，并通过增加其商品的高附加值来扩大向非洲出口，从而提高俄罗斯在非洲地区国家贸易与投资的地位和影响力。

---

❶ Институт РУССТРАТ, Стратегические интересы России в Африке [DB/OL]. [2022-12-30]. https://russtrat.ru/reports/14-fevralya-2021-2357-3033.

❷ 强晓云. 首届俄非峰会落幕，合作有潜力但更需能力 [J]. 世界知识, 2019 (22).

第七章　俄罗斯与东亚、东南亚国家的贸易和投资关系

第一节　俄罗斯与东亚、东南亚国家的贸易关系

近年来，东亚与东南亚国家逐渐成为俄罗斯经贸发展的重点方向，2013—2019 年，俄罗斯与东亚、东南亚国家的贸易在俄对外贸易总额中的比重从 24.8%提高至 31.8%。2020 年 1—9 月，俄罗斯与东亚、东南亚国家的贸易额整体下降 11.2%，在对外贸易总额中的占比却提高至 34.3%。❶

一、俄罗斯与日本的贸易关系

日本是俄罗斯在东亚国家中重要的贸易伙伴。2021 年，日本在俄罗斯对外贸易额中的份额为 2.53%，就 2021 年俄罗斯对外贸易额的份额而言，日本排名第 13 位。2021 年，日本在俄罗斯出口贸易中的份额为 2.19%，就 2021 年俄罗斯出口贸易份额而言，日本排名第 12 位。2021 年，日本在俄罗斯进口贸易中的份额为 3.11%，就 2021 年俄罗斯进口贸易份额而言，日本排名第八位。❷

由表 7-1 可知，2010—2021 年俄罗斯与日本贸易关系呈 N 字形波动。2010 年，俄罗斯与日本贸易总额为 227.54 亿美元，到了 2013 年迅速上升到 332.28 亿美元，2015 年俄罗斯经济危机导致俄日贸易额下降到 212.45 亿美元，之后更

---

❶ 孙壮志，李中海，张昊琦. 俄罗斯发展报告 2021 年 [M]. 北京：社会科学文献出版社，2022：186.

❷ Обзоры внешней торговли России [DB/OL]. [2022-12-30]. https://russian-trade.com/reports-and-reviews/2022-02/torgovlya-mezhdu-rossiey-i-yaponiey-v-2021-g/?ysclid=lc9uvmb56y453081535.

是逐渐滑落。2020年由于疫情原因，俄日贸易额下降至2010年以来最低点161.66亿美元，2021年，俄日贸易额回升至198.53亿美元。俄罗斯对日本贸易除2011年和2012年有少量贸易逆差之外，历年俄罗斯对日本贸易都保持顺差状态。2014年，俄罗斯对日本贸易顺差达到89.14亿美元的峰值，其后逐渐减少。

表7-1 2010—2021年俄罗斯与日本进出口贸易额

单位：亿美元

年份	进口额	出口额	贸易总额
2010	102.60	124.94	227.54
2011	150.13	142.35	292.48
2012	156.76	155.88	312.64
2013	135.60	196.68	332.28
2014	109.17	198.31	307.48
2015	68.19	144.26	212.45
2016	76.35	98.46	174.81
2017	90.12	110.14	200.26
2018	88.22	124.40	212.62
2019	89.61	113.55	203.16
2020	71.12	90.54	161.66
2021	91.27	107.26	198.53

数据来源：联合国商品贸易统计数据库 https://comtradeplus.un.org/.

对表7-2中2010—2021年俄罗斯与日本的贸易结构进行分析，可以发现俄日贸易结构十年来一直未发生重要变化。

俄罗斯对日本贸易出口的第一大类商品始终是SITC3类商品，2021年该类商品占俄罗斯对日本出口总额的60.81%。日本由于国内资源匮乏，因而俄罗斯对日出口中石油、天然气、煤炭、有色金属等资源类商品始终占据出口主要份额。但是俄罗斯此类商品对日本的出口呈逐渐下降趋势，出口额由2014年171.79亿美元滑落至2021年的65.22亿美元，说明日本矿产资源的进口来源已经日趋多元化。第二大类重要出口商品是SITC6类商品（此类商品主要是金属及其制品等，2021年占俄罗斯对日本出口总额的24.69%）。进口环节：SITC7类商品（此类商品主要是汽车、建筑设备和采矿设备、印刷设备、无线电设备、

表 7-2　2010—2021 年俄罗斯与日本贸易结构

单位：亿美元

年份	类型	SITC0	SITC1	SITC2	SITC3	SITC4	SITC5	SITC6	SITC7	SITC8	SITC9
2010	进口	0.70	0.13	0.33	0.34	0.0009	2.54	10.31	83.32	4.92	0.0088
2010	出口	2.08	0.03	3.64	104.71	0.0008	0.55	11.18	2.27	0.069	0.40
2011	进口	0.24	0.09	0.53	0.47	0.0009	2.82	16.90	122.65	6.42	0.0006
2011	出口	2.06	0.14	4.75	119.0	0.0017	0.71	13.05	2.47	0.16	—
2012	进口	0.12	0.12	0.58	0.46	0.0006	2.85	15.81	129.68	7.14	0.05
2012	出口	2.65	0.0025	4.04	127.35	0.0007	0.34	17.19	3.08	0.84	0.39
2013	进口	0.15	0.09	0.55	0.52	0.0011	3.01	15.87	108.80	6.61	0.005
2013	出口	2.17	0.0027	5.51	170.18	0.0025	0.27	14.53	2.46	1.55	0.0004
2014	进口	0.25	0.094	0.78	0.53	0.001	2.74	11.64	87.21	5.91	0.014
2014	出口	2.27	0.18	5.51	171.79	0.0013	0.31	15.08	0.81	2.35	—
2015	进口	0.18	0.06	0.91	0.48	0.001	3.01	8.90	50.51	4.13	0.002
2015	出口	2.79	0.08	4.50	119.13	0.0003	0.34	12.07	4.04	1.32	—
2016	进口	0.20	0.05	0.60	0.56	0.0008	2.97	7.85	59.07	5.03	0.0007
2016	出口	3.29	0.09	4.77	74.22	0.0005	0.29	12.91	2.79	0.07	0.001
2017	进口	0.22	0.07	0.55	0.53	0.0011	3.02	8.93	70.57	6.23	0.0039
2017	出口	0.78	0.19	4.69	83.88	0.0006	0.59	15.73	2.20	0.07	0.0031
2018	进口	0.36	0.05	0.60	0.73	0.0010	3.79	9.72	67.25	5.72	0.0016
2018	出口	3.82	0.0039	4.89	94.71	0.0003	0.80	17.70	2.40	0.07	0.0021
2019	进口	0.28	0.08	0.53	1.23	0.0012	4.63	9.80	66.97	6.07	0.0054
2019	出口	3.26	0.01	4.94	84.89	0.0040	1.04	18.11	1.20	0.09	0.0005
2020	进口	0.50	0.10	0.50	0.57	0.0016	5.07	7.58	50.42	5.75	0.62
2020	出口	2.73	0.09	4.31	62.48	0.018	1.14	19.07	0.65	0.57	0.0036
2021	进口	0.57	0.12	0.49	0.64	0.0017	6.16	9.22	66.73	7.34	0.0092
2021	出口	6.86	0.14	6.24	65.22	0.07	1.44	26.48	0.71	0.09	0.0028

数据来源：联合国商品贸易统计数据库 https://comtradeplus.un.org/.

医疗器械、发电设备等，2021 年占俄罗斯从日本进口总额的 73.11%）一直是俄罗斯最主要的进口商品种类。2012 年俄罗斯 SITC7 类商品进口额高达 129.68 亿美元，但是从 2013 年开始，俄罗斯此类商品从日本进口额逐渐下降，2020 年甚至减少至 50.42 亿美元。主要缘由是日本机械类产品的国际竞争力下降，对俄罗斯的此类商品出口逐渐为其他国家所取代。

二、俄罗斯与韩国的贸易关系

韩国是俄罗斯在东亚地区仅次于中国的第二大贸易伙伴。2021 年，韩国在俄罗斯对外贸易额中的份额为 3.81%，就 2021 年俄罗斯贸易额的份额而言，韩国排名第八位。2021 年，韩国在俄罗斯出口贸易中的份额为 3.44%，就 2021 年俄罗斯出口贸易份额而言，韩国排名第十位。2021 年，韩国在俄罗斯进口贸易中的份额为 4.43%，就 2021 年俄罗斯进口贸易份额而言，韩国排名第五位。❶

由表 7-3 可知，2010—2021 年俄罗斯与韩国贸易关系呈 N 字形波动。2010 年，俄罗斯与韩国贸易总额只有 176.90 亿美元，到 2014 年上升到 270.54 亿美元，2015 年俄罗斯经济危机导致俄韩贸易额下降到 177.28 亿美元，之后从 2017 年开始反弹。2020 年由于疫情原因，俄韩贸易额下降至 196.27 亿美元，2021 年，

表 7-3 2010—2021 年俄罗斯与韩国进出口贸易额

单位：亿美元

年份	进口额	出口额	贸易总额
2010	72.82	104.08	176.90
2011	115.76	133.30	249.06
2012	109.77	138.65	248.42
2013	103.05	148.67	251.72
2014	89.72	180.82	270.54
2015	45.32	131.96	177.28
2016	62.19	108.78	170.97
2017	86.60	127.18	213.78
2018	70.09	178.25	248.34
2019	80.02	163.57	243.59
2020	71.59	124.68	196.27
2021	129.87	168.95	298.82

数据来源：联合国商品贸易统计数据库 https：//comtradeplus.un.org/.

---

❶ Обзоры внешней торговли России．[DB/OL]．[2022-12-30]．https：//russian-trade.com/reports-and-reviews/2021-02/torgovlya-mezhdu-rossiey-i-respublikoy-koreya-yuzhnoy-koreey-v-2020-g/? ysclid=lbj4w0vglu180346020.

俄韩贸易额回升至298.82亿美元，比同年俄日贸易额多出100多亿美元。俄罗斯对韩国贸易一直保持顺差状态且额度较大，但2018年之后，俄罗斯对韩国顺差逐年减少，缘由是韩国工业水平不断提高，其产品国际竞争力显著增强。

对表7-4进行认真分析，可以发现俄罗斯与韩国贸易结构的基本特点。出

表7-4 2010—2021年俄罗斯与韩国贸易结构

单位：亿美元

年份	类型	SITC0	SITC1	SITC2	SITC3	SITC4	SITC5	SITC6	SITC7	SITC8	SITC9
2010	进口	0.55	0.69	0.49	0.65	0.029	7.33	7.26	52.05	3.75	0.0046
	出口	8.43	0.016	3.61	76.49	0.013	0.56	9.25	4.22	0.37	1.12
2011	进口	0.63	0.56	0.63	0.86	0.038	9.38	10.65	87.92	5.09	0.0002
	出口	9.66	0.0043	4.90	105.56	0.001	0.49	9.59	1.44	0.41	1.23
2012	进口	0.65	0.62	0.72	0.91	0.02	9.09	12.36	79.44	5.80	0.14
	出口	10.58	0.02	4.92	109.35	0.0019	0.52	9.10	1.29	0.27	2.58
2013	进口	0.67	0.67	0.79	0.99	0.02	9.19	12.22	71.25	6.11	1.14
	出口	12.34	0.02	5.98	117.69	0.0012	0.51	7.98	0.54	0.23	3.35
2014	进口	0.78	0.57	0.65	1.05	0.018	7.90	12.20	60.37	6.18	—
	出口	11.88	0.12	6.76	150.42	0.000042	0.44	9.53	1.52	0.25	
2015	进口	0.54	0.39	0.48	0.89	0.011	5.45	7.69	26.59	3.26	—
	出口	11.69	0.007	4.32	106.19	0.0008	0.43	7.09	2.01	0.22	
2016	进口	0.67	0.44	0.46	0.68	0.011	5.74	7.72	42.34	3.98	0.14
	出口	12.30	0.86	4.39	82.69	0.006	0.478	4.91	1.34	0.14	2.42
2017	进口	0.88	0.69	0.65	0.76	0.01	7.38	9.82	60.46	5.72	0.18
	出口	14.44	1.13	4.64	93.72	0.0012	0.72	7.80	3.08	0.18	2.44
2018	进口	0.93	0.50	0.82	0.81	0.0096	10.02	10.34	41.67	4.86	0.11
	出口	15.72	0.03	5.46	146.69	0.0052	1.03	6.45	0.89	0.13	1.82
2019	进口	0.93	0.45	0.69	0.90	0.0099	10.10	10.17	51.30	5.36	0.089
	出口	15.39	0.008	4.12	132.77	0.0089	0.96	7.40	0.97	0.14	1.77
2020	进口	0.96	0.40	0.67	1.28	0.015	9.08	9.39	44.97	4.73	0.05
	出口	17.14	0.0073	3.52	90.68	0.06	1.24	7.91	0.44	0.16	3.49
2021	进口	1.33	0.49	1.08	2.13	0.02	13.20	12.27	92.42	6.80	0.09
	出口	24.35	0.0080	6.17	118.82	0.097	1.53	12.40	0.98	0.17	4.38

数据来源：联合国商品贸易统计数据库 https://comtradeplus.un.org/.

口环节：俄罗斯出口的第一大类商品始终是SITC3类商品。该类商品每年出口贸易额都占俄罗斯对韩国出口贸易额的2/3以上，其中2021年占俄罗斯对韩国出口贸易总额的70.33%。这说明韩国由于油气资源的匮乏，对于俄罗斯的能源产品具有很强的需求。第二大类重要出口商品类型是SITC0类商品（该类商品主要是鱼类和甲壳类动物等，2021年占俄罗斯对韩国出口总额的14.41%）。与2010年8.43亿美元相比，2021年该类商品对韩国出口额达到24.35亿美元，增长近2倍，作为半岛国家，韩国民众对海洋食品的需求一直旺盛。进口环节：SITC7类商品（此类商品包括船舶、陆路运输工具及其零部件、光学、摄影、医疗等精密仪器及零部件和配件等，2021年占俄罗斯从韩国进口总量的71.16%）一直是俄罗斯最主要的进口商品种类。此类商品大多数都是高附加值产品，由此也可说明韩国工业水平自2010年以来有了明显提高。因此，俄韩贸易顺差虽然依旧存在，但是俄罗斯顺差额逐年减少。

三、俄罗斯与越南的贸易关系

越南是俄罗斯在东南亚地区国家中第一大贸易伙伴。2021年，越南在俄罗斯对外贸易额中的份额为0.91%，就2021年俄罗斯对外贸易额的份额而言，越南排名第21位。2021年，越南在俄罗斯出口贸易中的份额为0.46%，就2021年俄罗斯出口贸易份额而言，越南排名第41位。2021年，越南在俄罗斯进口贸易中的份额为1.67%，就2021年俄罗斯进口贸易份额而言，越南排名第12位。❶

由表7-5可知，2010—2021年俄罗斯与越南贸易整体呈增长趋势。2010年，俄罗斯与越南贸易总额为22.32亿美元，到了2013年迅速上升到39.70亿美元，因为俄罗斯国内经济危机，2015年俄越贸易额下降到28.79亿美元。之后逐年增长，2021年俄越贸易额上升至历史峰值71.32亿美元。俄罗斯对越南贸易自2011年以来一直处于逆差状态。

---

❶ Обзоры внешней торговли России [DB/OL]. [2022-12-30]. https://russian-trade.com/reports-and-reviews/2022-02/torgovlya-mezhdu-rossiey-i-vetnamom-v-2021-g/?ysclid=lc9zwl47y9663329244.

表 7-5 2010—2021 年俄罗斯与越南进出口贸易额

单位：亿美元

年份	进口额	出口额	贸易总额
2010	11.11	11.21	22.32
2011	17.22	10.10	27.32
2012	22.73	13.89	36.62
2013	25.97	13.73	39.70
2014	22.96	6.45	29.41
2015	20.55	8.24	28.79
2016	25.17	14.92	40.09
2017	34.32	19.85	54.17
2018	36.24	24.57	60.81
2019	37.83	11.35	49.18
2020	—	—	—
2021	48.93	22.39	71.32

数据来源：联合国商品贸易统计数据库 https://comtradeplus.un.org/.

对表 7-6 进行仔细分析，可以发现俄罗斯与越南贸易结构的主要特点。出口环节：俄罗斯对越南的出口集中在 SITC0 类商品（该类商品主要是肉类及食用肉类副产品以及谷物，2021 年占俄罗斯对越南出口总额的 14.78%）、SITC3 类商品（主要是石油及其制成品，2021 年占俄罗斯对越南出口总额的 17.06%）、SITC5 类商品（该类商品主要是沥青物质、化肥等，2021 年占俄罗斯对越南出口总额的 11.57%）、SITC6 类商品（主要是木制品、纸浆、纸板等，2021 年占俄罗斯对越南出口总额的 29.66%）。俄罗斯以原材料商品为主的出口结构反映了越南正处于工业化发展阶段，产业结构以来料加工为主，因而每年都需要从俄罗斯进口大量原材料。进口环节：俄罗斯从越南进口的主要商品类型是 SITC7 类商品（主要是电机和设备及其零件、录音录像设备及其零部件和配件等，2021 年占俄罗斯从越南进口总量的 59.29%）和 SITC8 类商品（主要是服装和鞋类等，2021 年占俄罗斯从越南进口总额的 23.44%），两类商品进口比重超过进口额的 80%。由此可见，越南近些年的工业化水平有了明显提高，其劳动密集型商品在国际市场的竞争力越来越强，因此越南对俄罗斯的贸易顺差也开始上升。

表 7-6 2010—2021 年俄罗斯与越南贸易结构

单位：亿美元

年份	类型	SITC0	SITC1	SITC2	SITC3	SITC4	SITC5	SITC6	SITC7	SITC8	SITC9
2010	进口	2.96	0.01	0.56	—	—	0.11	0.20	4.57	2.70	0.001
	出口	0.10	0.02	0.25	1.08	—	0.48	4.74	1.68	0.52	2.34
2011	进口	3.48	0.02	0.60	—	—	0.19	0.26	8.31	4.36	—
	出口	0.10	0.03	0.21	0.16	0.00004	0.65	2.12	2.38	0.48	3.97
2012	进口	3.22	0.004	0.36	0.0001	—	0.19	0.41	13.65	4.89	0.003
	出口	0.16	0.05	0.35	0.14	—	0.76	1.92	3.67	1.03	5.82
2013	进口	3.76	0.01	0.30	—	0.0001	0.24	0.60	14.78	6.28	0.0007
	出口	0.20	0.04	0.40	0.82		0.69	1.09	2.45	3.03	5.03
2014	进口	4.18	0.01	0.16	0.01	0.0001	0.38	0.65	10.76	6.80	—
	出口	0.12	0.03	0.39	1.24	0.01	1.19	0.75	1.37	1.33	
2015	进口	3.36	0.01	0.16	0.02	0.00004	0.23	0.50	11.21	5.07	—
	出口	0.12	0.03	0.59	1.93	0.01	0.15	0.49	2.17	1.76	
2016	进口	3.61	0.01	0.18	0.01	0.0002	0.31	0.62	14.16	6.27	0.004
	出口	0.62	0.02	0.56	2.25	0.01	1.74	1.84	2.45	1.30	4.13
2017	进口	4.24	0.01	0.24	0.01	0.001	0.36	0.63	20.79	8.04	0.003
	出口	3.35	0.03	0.71	1.88	0.03	1.95	2.24	2.24	0.79	6.63
2018	进口	4.71	0.02	0.27	0.01	0.001	0.34	0.84	22.03	8.02	0.003
	出口	5.71	0.02	0.77	2.55	0.05	1.37	3.68	2.69	0.41	7.31
2019	进口	4.73	0.03	0.33	0.02	0.002	0.46	0.98	21.23	10.06	0.003
	出口	1.74	0.01	1.42	4.83	0.06	0.84	1.62	0.71	0.09	0.02
2020	进口	4.69	0.04	0.29	0.01	0.004	0.37	1.25	24.39	9.42	0.005
	出口	3.87	0.02	0.97	5.43	0.10	1.02	3.59	0.79	0.31	0.11
2021	进口	5.78	0.07	0.52	—	0.003	0.56	1.51	29.01	11.47	0.01
	出口	3.31	0.02	0.92	3.82	0.07	2.59	6.64	1.70	0.27	3.04

数据来源：联合国商品贸易统计数据库 https://comtradeplus.un.org/.

四、俄罗斯与印度尼西亚的贸易关系

印度尼西亚是俄罗斯在东南亚地区国家中的第三大贸易伙伴。2021 年，印度尼西亚在俄罗斯对外贸易额中的份额为0.42%，就2021年俄罗斯贸易额的份额而言，印度尼西亚排名第40位。2021年，印度尼西亚在俄罗斯出口贸易中的份额为0.14%，就2021年俄罗斯出口贸易份额而言，印度尼西亚排名第63位。2021年，印度尼西亚在俄罗斯进口贸易中的份额为0.89%，就2021年俄罗斯进口贸易份额而言，印度尼西亚排名第22位。❶

由表7-7可知，2010—2021年俄罗斯与印度尼西亚贸易起伏较大。2010年，俄罗斯与印度尼西亚贸易总额为17.11亿美元，到2013年上升到29.61亿美元，2015年因俄罗斯经济危机下降到19.63亿美元，之后逐年上升，到2017年上升至42.36亿美元。2018年俄罗斯与印度尼西亚贸易额又猛降至25.83亿美元，2021年俄罗斯与印度尼西亚贸易额回升至33.06亿美元。俄罗斯对印度尼西亚贸易始终呈逆差状态，其中贸易逆差最大的2016年达到24.22亿美元。

表7-7 2010—2021年俄罗斯与印度尼西亚进出口贸易额

单位：亿美元

年份	进口额	出口额	贸易总额
2010	10.46	6.65	17.11
2011	15.30	5.80	21.10
2012	15.71	13.10	28.81
2013	17.27	12.34	29.61
2014	16.48	9.18	25.66
2015	15.24	4.39	19.63
2016	29.47	5.25	34.72
2017	32.97	9.39	42.36
2018	17.15	8.68	25.83
2019	16.82	7.70	24.52
2020	—	—	—
2021	26.25	6.81	33.06

数据来源：联合国商品贸易统计数据库 https://comtradeplus.un.org/.

---

❶ Обзоры внешней торговли России [DB/OL]. [2022-12-30]. https://russian-trade.com/reports-and-reviews/2022-02/torgovlya-mezhdu-rossiey-i-indoneziey-v-2021-g/?ysclid=lca0jdhdpl226835268.

对表 7-8 进行认真分析，可以发现俄罗斯与印度尼西亚贸易结构的主要特点。出口环节：俄罗斯对印度尼西亚出口的主要贸易商品类型集中在 SITC5 类商品（此类商品主要是肥料等，2021 年占俄罗斯对印度尼西亚出口总额的 37.59%）、SITC3 类商品（此类商品主要是矿物燃料，占俄罗斯对印度尼西亚出

表 7-8 2010—2021 年俄罗斯与印度尼西亚贸易结构

单位：亿美元

年份	类型	SITC0	SITC1	SITC2	SITC3	SITC4	SITC5	SITC6	SITC7	SITC8	SITC9
2010	进口	1.15	0.16	0.56	0.01	3.67	0.38	0.64	2.12	1.77	0.004
	出口	0.14	0.0004	0.18	1.37	—	1.71	2.45	0.08	0.03	0.71
2011	进口	1.33	0.07	1.33	0.00001	5.86	0.60	1.00	2.57	2.53	—
	出口	0.004	—	0.24	1.77		3.04	0.68	0.04	0.02	0.00002
2012	进口	1.47	0.06	0.97	—	5.81	0.58	1.22	2.46	3.15	0.001
	出口	0.01	—	0.67	5.39	—	3.14	3.73	0.04	0.02	0.09
2013	进口	1.82	0.09	1.10	—	6.28	0.59	0.98	2.60	3.80	0.003
	出口	0.67	—	0.56	1.14	—	0.60	1.80	2.20	0.24	5.13
2014	进口	1.74	0.04	1.12	—	6.38	0.85	0.84	2.39	3.12	—
	出口	0.55	0.001	0.44	5.54	—	1.55	0.87	0.22	0.02	
2015	进口	2.25	0.03	1.03	0.0008	6.29	0.82	0.60	2.13	0.09	
	出口	0.44	0.001	0.40	1.03	—	1.81	0.67	0.03	0.01	
2016	进口	1.85	0.02	1.06	0.0005	6.44	0.62	0.72	16.41	2.35	
	出口	0.34	0.00002	0.35	0.93	—	2.67	0.67	0.06	0.02	0.21
2017	进口	2.37	0.05	1.51	0.002	6.92	0.84	0.82	17.45	3.01	—
	出口	2.04	0.0001	0.30	1.09	0.0004	3.27	2.09	0.34	0.06	0.18
2018	进口	1.44	0.04	1.45	0.001	7.15	1.29	0.90	0.26	2.61	—
	出口	2.62	0.0001	0.39	1.16	—	2.00	2.16	0.30	0.06	0.03
2019	进口	1.68	0.04	1.39	0.0002	6.62	0.68	0.99	0.60	2.82	0.0001
	出口	0.78	0.0001	0.57	2.25	—	1.74	1.77	0.10	0.05	0.43
2020	进口	1.86	0.06	1.17	0.01	8.41	0.53	1.19	1.99	2.68	0.0001
	出口	0.13	0.001	0.40	1.62	0.0003	1.04	1.82	0.09	0.03	0.51
2021	进口	2.37	0.05	1.73	0.02	—	0.72	1.39	2.50	3.29	0.05
	出口	0.31	0.004	0.45	1.56	1.41	2.56	1.76	0.09	0.03	0.03

数据来源：联合国商品贸易统计数据库数据整理 https://comtradeplus.un.org/.

口总额的 22.91%）、SITC6 类商品（主要是金属及其产品等，2021 年占俄罗斯对印度尼西亚出口总额的 25.84%）。这表明正处于工业化初级阶段的印度尼西亚对工业原材料的需求十分旺盛。进口环节：SITC4 类商品（该类商品是动物或植物来源的脂肪和油及其分解产品、食用脂肪等）是俄罗斯从印度尼西亚进口的主要商品。除此之外 SITC0 类商品（主要是咖啡、茶、马黛茶或巴拉圭茶和香料等）也是俄罗斯对印度尼西亚主要的进口商品。与俄罗斯相似，印度尼西亚也是资源大国，俄罗斯有竞争力的出口商品在印度尼西亚无法打开销售渠道，而印度尼西亚作为发展中国家，其工业化水平近年颇有进展，其劳动密集型商品在国际上开始具有一定的竞争力。因此，俄罗斯对印度尼西亚贸易呈逆差的趋势在较长时期之内都不会改变。

第二节　俄罗斯与东亚、东南亚国家的投资关系

俄罗斯与东亚、东南亚国家的投资关系有两个特点。一是俄罗斯从上述地区国家中所吸收的资金主要来自日本、韩国和新加坡，其他国家在俄罗斯投资规模很小，如表 7-9 所示。二是俄罗斯对上述国家的投资都乏善可陈，如表 7-

表 7-9　日本、韩国与新加坡在俄罗斯的投资（年流量）

单位：百万美元

年份	日本	韩国	新加坡
2010	473	318	3
2011	369	-270	51
2012	596	119	577
2013	369	71	-502
2014	295	130	162
2015	447	116	185
2016	140	83	16274
2017	83	59	2703
2018	345	110	1587
2019	116	92	530
2020	79	72	8578
2021	21	110	590

数据来源：https://rosstat.gov.ru/storage/mediabank/Strani_mira_2022.pdf.

10 所示，俄罗斯除了对新加坡有一定的投资规模之外，在其他国家的投资都是达成协议的多，但实际落实到位的相对较少，即使落实了，其投资规模也并不大，与协议金额相去甚远。

表 7-10　俄罗斯对日本、韩国、泰国及新加坡投资（年流量）

单位：百万美元

年份	日本	韩国	泰国	新加坡
2010	-1	8	31	18
2011	—	—	—	—
2012	-0.1	19	79	1262
2013	1	8	132	304
2014	9	22	163	817
2015	16	10	68	383
2016	7	-7	55	888
2017	6	1	61	6136
2018	8	7	57	1566
2019	7	4	69	1923

数据来源：https://rosstat.gov.ru/storage/mediabank/VMMhKbGo/world2020.pdf.

一、俄罗斯与日本的投资关系

1. 日本对俄罗斯基本投资情况

自 21 世纪初以来，俄罗斯和日本的相互直接投资额一直处于低水平状态（见图 7-1）。尽管俄罗斯和日本在 2016 年达成"八点合作计划"，规定在医药、城市规划、中小企业合作、能源、俄罗斯产业结构多元化、俄罗斯远东工业发展、先进技术和人文交流等领域扩大合作，但日俄相互投资比重仍然很低。

2019 年，日本对外直接投资额高达 2 486.75 亿美元，俄罗斯只获得日本投资 3.96 亿美元，仅占日本对外投资总额的 0.11%。截至 2020 年年初，俄罗斯在日本对外直接投资国中排名第 28 位。❶

---

❶ Japanese Trade and Investment Statistics ［DB/OL］.［2022-12-30］. https://www.jetro.go.jp/en/reports/statistics.html.

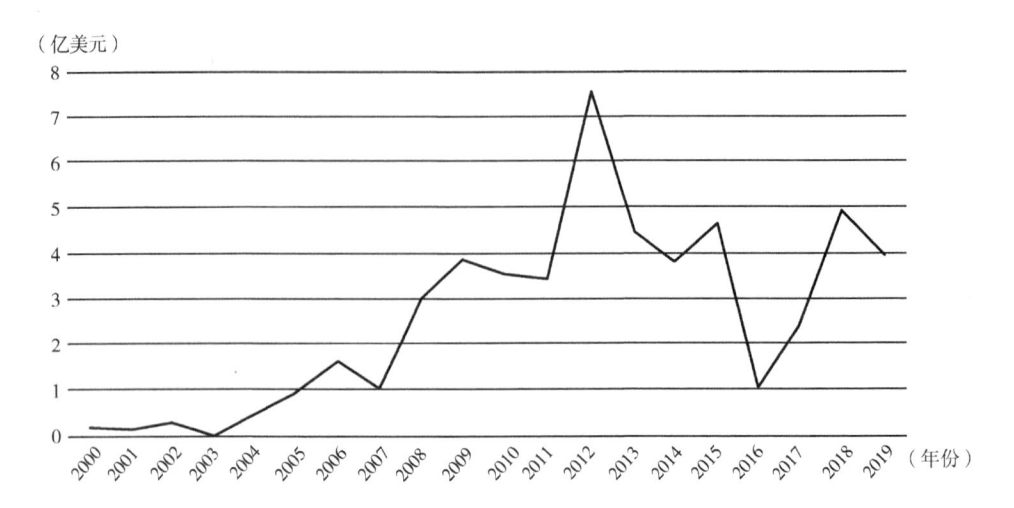

图 7-1　2000—2019 年日本对俄罗斯的对外直接投资

数据来源：https://asaf-today.ru/s032150750012594-5-1/.

根据俄罗斯联邦银行的数据，截至 2020 年年初，日本累计直接投资额约占俄罗斯投资资金总额的 0.5%（24 亿美元），约相当于中国（37 亿美元）和韩国投资（36 亿美元）的 2/3。❶

截至 2020 年，日本企业在俄罗斯 26 个地区实施了约 70 个投资项目。但是日本在俄罗斯投资额的 89.1% 分布在莫斯科地区。❷

许多日本公司喜欢通过在德国、荷兰等国家的子公司和分支机构对俄罗斯进行投资。例如，俄罗斯丰田银行股份公司 99.937% 的股份属于丰田信贷银行德国分行（KreditbankGmbH），0.063% 股份由丰田租赁有限公司（德国）拥有。而这两家丰田德国公司又都是日本丰田金融服务公司的子公司。丰田银行股份公司的例子清楚地表明，日本对俄罗斯的投资统计数据并不真实。如前文所述，由于跨国企业投资可能与真正的所有者的投资不一致，将外国直接投资算作某一特定经济体的一部分并不意味着它是投资的最终目的地。联合国贸发会的数

---

❶ Japanese Trade and Investment Statistics [DB/OL]. [2022-12-30]. https://asaf-today.ru/s032150750012594-5-1/.

❷ Ход реализации 《Плана сотрудничества》 из 8 пунктов [EB/OL]. [2022-12-30]. https://www.ru.emb-japan.go.jp/economy/common/file/8-point-plan-ru.pdf.

据显示，根据最终投资经济体原则计算的日本累计投资在俄罗斯的份额至少比官方统计数字高 3 倍。❶

2. 日本对俄罗斯的主要投资领域和项目

（1）汽车领域主要投资项目。汽车及零配件的生产是日本在俄罗斯最主要的投资领域之一。丰田汽车在圣彼得堡工业区投资生产商务级轿车丰田凯美瑞，该工厂的生产能力为每年 10 万辆。到 2019 年，已有超过 5 万辆汽车下线。丰田汽车制造商在圣彼得堡汽车厂累计总投资达 300 亿卢布。❷

日本日产汽车也在俄罗斯建立子公司——日产制造俄罗斯有限责任公司。第一阶段建设的投资为 2 亿美元，至 2019 年已经有 40 万辆汽车下线。❸

法国雷诺汽车公司和日本三菱汽车在俄罗斯建立了一个合资企业（法方 70% 股份，日方 30% 股份），自 2012 年以来一直在俄罗斯卡卢加地区工业园区生产汽车。该企业每年生产达 12.5 万辆汽车。项目总投资 5.5 亿欧元。❹

日本马自达汽车公司与俄罗斯索勒斯公司合资在符拉迪沃斯托克（海参崴）进行汽车生产。该项目的投资额超过 30 亿卢布。该工厂的生产能力为每年 7 万辆汽车。❺

（2）能源领域主要投资项目。作为一个自身能源资源极度匮乏的国家，日本对获得稳定的能源资源抱有极大的兴趣，日本在俄罗斯的投资有相当一部分在能源资源的勘探和开发上。日本公司参与了萨哈林 1 号项目（在此项目中日本 Sodziko 财团拥有 30% 的股份）和萨哈林 2 号项目（在此项目中三井

---

❶ РИА Новости, Япония инвестировала в российский Дальний Восток свыше $ 15 миллиардов [J/OL]. [2022-12-30]. https：//ria.ru/20190905/1558319940.html? ysclid = ld-factm4ft741043803.

❷ ТАСС 6 ноября 2019 г, Toyota инвестирует 30 млрд рублей в автомобильный завод в Санкт‐Петербурге [J/OL]. [2022-12-30]. https：//tass.ru/spb-news/7084673.

❸ https：//russia.nissannews.com/ru‐RU/releases/release‐1e866f773b5f94ff4c0c2d1f1a014.

❹ CITROËN SPACETOURER НА ЗАВОДЕ 《ПСМА РУС》 В КАЛУГЕ [J/OL]. [2022-12-30]. https：//avtozhiteli.ru/novosti/psma‐rus‐kaluga‐oficialnyj‐sajt.html? ysclid = ld9zxunvxv146724199.

❺ Ольга Никитина, Газета 《Коммерсантъ》 №75 от 26.04.2019, стр.7 《Мазда Соллерс》 поедет на свои Отменяется субсидия на поставки машин с Дальнего Востока [J/OL]. [2022-12-30]. https：//www.kommersant.ru/doc/3955396.

财团和三菱财团分别拥有 12.5% 和 10% 的股份）。萨哈林 2 号项目提供了日本天然气市场约 8% 的需求。❶ 2019 年 6 月，日本三井物产和日本国家石油、天然气和金属公司（JOGMEC）又与俄罗斯诺瓦泰克公司达成协议，参与北极 LNG-2 液化气生产项目。日本企业的投资额为 50 亿美元。❷

（3）农业领域主要投资项目。2016 年以来，日本北海道公司在雅库茨克建造了一个全年种植蔬菜的温室综合体，目的是在气候超冷地区全年生产新鲜蔬菜。第一期已于 2017 年 10 月运行。2019 年春季，温室二期工程竣工。该项目投资额为 12 亿卢布。❸

（4）医药领域主要投资项目。日本一直以自身的医学水平和先进的医疗技术而自傲。日本三井物产收购了俄罗斯 R-Pharm 制药公司的 10% 股份，签署了抗结核药物的许可协议，建立新药的生产基地。❹

（5）基础设施领域主要投资项目。俄罗斯面临电力和供水网络以及其他基础设施老化的问题，日本企业正在积极推动和进入这一投资领域。2017 年，由日本双日商社（Sojitz）、加特可（JATCO）与日本交通和城市发展海外基础设施投资公司（JOIN）组成的财团宣布参与俄罗斯远东最大航空港哈巴罗夫斯克（伯力）机场的重建。据估计，该项目的总投资额超过 65 亿卢布。❺

3. 俄罗斯对日本投资情况

俄罗斯在日本的投资额一直很小，几乎可以忽略不计。主要原因是日本文

---

❶ Прямые инвестиции Японии в российскую экономику：масштабы, проблемы, перспективы［J/OL］. Мировое и Национальное Хозяйство, 2015, 1（32）［2023-05-20］. https：//mirec. mgimo. ru/2015/2015-01/pramye-investicii-aponii-v-rossijskuu-ekonomiku-masstaby-problemy-perspektivy？ ysclid＝lbhaxgdaom367624968.

❷ Если Россия хочет привлечь японские инвестиции, ей нужно понять характер Японии［J/OL］. ［2022-12-30］. https：//mustread. kept. ru/interviews/esli-politika-chasto-menyaetsya-investor-etogo-ochen-boitsya/？ ysclid＝lcbpxg729o166703564.

❸ Если Россия хочет привлечь японские инвестиции, ей нужно понять характер Японии［J/OL］. ［2022-12-30］. https：//mustread. kept. ru/interviews/esli-politika-chasto-menyaetsya-investor-etogo-ochen-boitsya/？ ysclid＝lcbpxg729o166703564.

❹ Подоба Зоя Сергеевна, Прямые зарубежные инвестиции Японии：место России［J/OL］. ［2022-12-30］. https：//asaf-today. ru/s032150750012594-5-1/.

❺ Подоба Зоя Сергеевна, Прямые зарубежные инвестиции Японии：место России［J/OL］. ［2022-12-30］. https：//asaf-today. ru/s032150750012594-5-1/.

化是一种耻感文化，日本民众认为从国外吸引投资是一种耻辱。因此，日本国内市场十分保守，对外国投资者非常封闭，缺乏信任，因而日本对于吸引外国投资始终缺乏动力，俄罗斯商界精通日语的人士也十分稀少，导致俄罗斯企业缺乏对日本投资的兴趣。目前，俄罗斯在日本没有重大投资项目存在。

二、俄罗斯与韩国的投资关系

1. 韩国对俄罗斯投资

（1）韩国对俄罗斯投资基本情况。

截至2020年，韩国对俄罗斯的投资额估计为200亿美元。❶ 韩国是俄罗斯的第三大亚洲投资者。目前，韩国总投资额的约70%用于制造业，16%投资于汽车贸易和维修，3%投资于金融和保险活动，3%投资于农业、林业和渔业。❷

韩国对俄罗斯的投资主要集中在莫斯科地区和远东地区，前者是俄罗斯的政治和经济中心，后者与朝鲜半岛的地理位置接近，包括矿产、林业和鱼类资源等自然资源丰富，因此对于韩国企业来说，这两个地区很有投资吸引力。

（2）韩国对俄罗斯的主要投资领域和项目。

①汽车领域主要投资项目。韩国在俄罗斯最大的投资集中在汽车领域。2010年，韩国现代汽车公司在圣彼得堡附近的卡缅卡工业区建造了一家工厂，迄今已经投资超过10亿美元用于其生产，并且在2021年10月启动了一家汽车发动机工厂的建设。❸

②服务业领域主要投资项目。韩国乐天集团于2010年开始对俄罗斯进行投资，其时乐天集团在莫斯科投资3.5亿美元建设了五星级酒店。此后，乐天开设了多家新酒店。2013年投入运营的乐天商务中心，面积超过5.8万平方米，投资约1亿美元。根据乐天估计，2010年以来乐天集团在俄罗斯投资总额约15

---

❶ РАСПП, Топ корейских инвестиций в Россию［J/OL］.［2022-12-30］. https：//raspp. ru/business_news/top-korean-investments-in-russia/? ysclid=lcbrhbwsol213285786.

❷ Оськин Владимир Владимирович, Структура прямых инвестиций из Республики Корея в Россию Молодой учёный №29（319）июль 2020 г［J/OL］.［2022-12-30］. https：//moluch. ru/archive/319/72612/.

❸ РАСПП, Топ корейских инвестиций в Россию［J/OL］.［2022-12-30］. https：//raspp. ru/business_news/top-korean-investments-in-russia/? ysclid=lbhohn2dem509508604.

亿美元。❶

③家电领域主要投资项目。2006年以来，韩国LG集团投资3.7亿美元在莫斯科成立家电生产厂，生产185种型号的电视、88种型号的冰箱和100多种型号的洗衣机。三星电子投资2.5亿美元在卡卢加地区生产各种家电产品，在圣彼得堡投资35亿卢布生产三星品牌电视、电脑显示器和洗衣机。❷

④食品领域主要投资项目。韩国养乐多有限公司投资1.1亿美元，在俄罗斯莫斯科拉缅斯科耶和梁赞地区兴建了2家方便面工厂。2020年，养乐多有限公司宣布梁赞地区的工厂将再获得15亿卢布的投资。乐天集团则在卡卢加地区投资1亿美元兴建了糖果厂。2016年，乐天集团将卡卢加糖果厂的投资翻了一番。同时在俄罗斯滨海边疆区，乐天集团又投资19亿卢布建设畜牧场和奶牛场。韩国现代重工则投资收购了滨海边疆区的俄罗斯农场用于种植玉米、大豆、小麦和燕麦，以及养殖牲畜。❸

2. 俄罗斯对韩国的投资

与俄罗斯对日本的投资相似，俄罗斯对韩国的投资额非常小，其主要原因是韩国缺乏良好的农业生产条件以及矿产储备，同时韩国希望引入的外资主要是造船、钢铁、汽车、半导体等工业部门。这些工业部门都不是俄罗斯的技术优势所在。同时韩国企业对西方市场的高度敏感性和依赖性，对于俄罗斯资本而言也具有相当的政治风险。

三、俄罗斯与新加坡的投资关系

1. 新加坡对俄罗斯的投资

新加坡尽管面积不大，却是俄罗斯最大的投资伙伴之一。根据俄罗斯联邦

---

❶ РАСПП, Топ корейских ин, ций в Россию [J/OL]. [2022-12-30]. https://raspp.ru/business_news/top-korean-investments-in-russia/? ysclid=lbhohn2dem509508604.

❷ РАСПП, Топ корейских инвестиций в Россию [J/OL]. [2022-12-30]. https://raspp.ru/business_news/top-korean-investments-in-russia/? ysclid=lbhohn2dem509508604.

❸ РАСПП, Топ корейских инвестиций в Россию [J/OL]. [2022-12-30]. https://raspp.ru/business_news/top-korean-investments-in-russia/? ysclid=lbhohn2dem509508604.

中央银行 2019 年的数据，新加坡在俄罗斯的直接投资额达 46 亿美元。❶ 新加坡是东南亚国家中对俄罗斯最主要的投资国家。

新加坡对俄罗斯的主要投资领域和项目具体如下。

（1）农业领域主要投资项目。2012 年以来，新加坡产品联盟（Prodalliance）有限公司拥有伏尔加格勒地区 1 万多公顷土地的伏尔加农业农场和罗斯托夫地区 5.8 万公顷土地的农场。新加坡产品联盟有限公司为此投资了 5000 万美元。2020 年，奥兰国际有限公司（Rusmolco）投资 7000 万美元在俄罗斯奔萨地区建设一个牛奶场，每年生产多达 20 万吨牛奶。食品帝国投资 1 亿美元在莫斯科州德米特洛夫斯基区亚赫罗马市开设食品工厂，专门生产速溶饮料、冷冻半成品、糖果和零食。❷

（2）轻工业领域主要投资项目。2020 年，新加坡思杰马（Sujima）公司投资 2 亿美元在俄罗斯外贝加尔地区建立一个木材加工综合体，主要生产家具面板。❸

（3）房地产领域主要投资项目。新加坡凯德置地（Capitaland）集团投资 2 亿美元收购了俄罗斯最大的仓库房地产开发商之一欧洲物流（Eurasia Logistic）10% 的股份。新加坡阿姆特尔（Amtel）集团在莫斯科地区投资 1.5 亿美元，拥有莫斯科众多酒店以及位于圣彼得堡的商务中心和一个多功能住宅区。❹

（4）基础设施领域主要投资项目。2017 年以来，新加坡樟宜国际机场集团投资 3.03 亿美元与俄罗斯直接投资基金（RPFI）和基本元素集团（Basic Element Group）组成的国际投资者财团一直在运营符拉迪沃斯托克（海参崴）国际机场。此前 2011 年，樟宜国际机场已经与俄罗斯合作伙伴合作在克拉

---

❶ РАСПП, Топ сингапурских инвестиций в Россию ［J/OL］. ［2022 - 12 - 30］. https：//raspp. ru/business _ news/top - singapure - investments - in - russia/? ysclid = lbhpstkfu4181935785.

❷ РАСПП, Топ сингапурских инвестиций в Россию ［J/OL］. ［2022 - 12 - 30］. https：//raspp. ru/business_news/top-singapure-investments-in-russia/? ysclid=lbhpstkfu4181935785.

❸ РАСПП, Топ сингапурских инвестиций в Россию ［J/OL］. ［2022 - 12 - 30］. https：//raspp. ru/business_news/top-singapure-investments-in-russia/? ysclid=lbhpstkfu4181935785.

❹ РАСПП, Топ сингапурских инвестиций в Россию ［J/OL］. ［2022 - 12 - 30］. https：//raspp. ru/business_news/top-singapure-investments-in-russia/? ysclid=lbhpstkfu4181935785.

斯诺达尔边疆区的四个机场投资了约 2 亿美元。❶

（5）化学工业领域主要投资项目。2018 年，亚洲最大的化工控股公司新加坡印多拉玛公司向俄罗斯化学工业投资约 8 亿美元，从而获得门捷列耶夫斯克市氨气化学综合体的控股权。❷

（6）能源领域主要投资项目。新加坡政府投资公司投资 16 亿美元，成为俄罗斯天然气工业股份公司的第二大外国投资者。❸

2. 俄罗斯对新加坡的投资

对于俄罗斯投资者而言，新加坡凭借其低税收、战略位置、严密的知识产权保护措施、有效的法律制度、大量高质量的劳动力以及新加坡与东盟国家、中国和印度之间建有自由贸易区成为相当有吸引力的投资地。截至 2019 年年底，俄罗斯对新加坡的直接投资达 47.46 亿美元。❹

俄罗斯在新加坡主要的投资项目如下：

（1）2003 年俄罗斯投资约 7.35 亿美元成立安克诺斯（Acronis）软件公司。该公司主要为企业和家庭用户开发系统解决方案，以及提供硬盘驱动器、备份数据、管理操作系统启动、编辑磁盘、销毁数据和其他系统工具。❺

（2）Life. SREDA VC 是俄罗斯投资 1 亿美元在新加坡成立的一家国际风险投资公司。作为全球首批金融科技项目的非企业风险基金之一，该公司通过 2 只基金投资了全球 20 多家金融科技公司。❻

---

❶ РАСПП, Топ сингапурских инвестиций в Россию [J/OL]. [2022-12-30]. https://raspp.ru/business_news/top-singapure-investments-in-russia/?ysclid=lbhpstkfu4181935785.

❷ РАСПП, Топ сингапурских инвестиций в Россию [J/OL]. [2022-12-30]. https://raspp.ru/business_news/top-singapure-investments-in-russia/?ysclid=lbhpstkfu4181935785.

❸ РАСПП, Топ сингапурских инвестиций в Россию [J/OL]. [2022-12-30]. https://raspp.ru/business_news/top-singapure-investments-in-russia/?ysclid=lbhpstkfu4181935785.

❹ РАСПП, Топ российских инвестиций в Сингапур [J/OL]. [2022-12-30]. https://raspp.ru/business_news/top-russian-investments-in-singapore/?ysclid=lcbvqql4hc440125182.

❺ РАСПП, Топ российских инвестиций в Сингапур [J/OL]. [2022-12-30]. https://raspp.ru/business_news/top-russian-investments-in-singapore/?ysclid=lcbvqql4hc440125182.

❻ РАСПП, Топ российских инвестиций в Сингапур [J/OL]. [2022-12-30]. https://raspp.ru/business_news/top-russian-investments-in-singapore/?ysclid=lcbvqql4hc440125182.

第三节 俄罗斯与东亚、东南亚国家的经贸关系现状与前景

一、俄罗斯与日本的贸易和投资的现状与前景

近年来,俄罗斯与日本的贸易和投资发展势头平稳。从贸易的角度看,俄罗斯出口的大部分是低附加值的商品,油气资源占据俄罗斯对日本出口的大部分。日俄贸易量取决于油气资源的价格与数量,此外,日本企业在开发俄罗斯市场方面相当保守,许多公司在将其业务扩展到俄罗斯时非常谨慎。

从投资角度看,俄罗斯营商环境不佳仍然是日本对俄投资受阻的主要原因。多数日本企业对于俄罗斯行政部门效率低,包括许可证程序发放混乱、部门权力不明确、程序不透明等感到十分不满。俄罗斯海关的官僚作风、"通过海关程序不透明、复杂"也被诟病。俄罗斯基础设施不发达、出入境困难等也是日本企业抱怨较多的问题。双方对各自文化和民族心理的认识不足也导致对合作伙伴的行为容易产生误解。语言也存在障碍,俄语和日语属于不同的语系,这使双方的语言学习变得复杂。另外,西方对俄罗斯的制裁也对日俄贸易投资产生了很大负面作用。一半以上的日本企业感受到了对俄罗斯制裁的影响,表现在销售额减少,以及材料供应困难和交易对手的变更等方面。❶

虽然在 2016 年日本提出了"八点合作计划",但实际上是日本希望通过向俄罗斯投资的经济胡萝卜方式来推动俄罗斯愿意就日本声称拥有主权的北方四岛问题进行谈判。而俄罗斯并没有表现出讨论该问题的意愿,相反,俄罗斯总统普京于 2018 年在东方经济论坛上向日本合作伙伴提议"无条件"缔结和平条约,因而日本的计划并没有导致俄罗斯与日本两国之间贸易和投资额的迅速激增。❷

同时,俄罗斯幅员辽阔,自然资源储量丰富,人口规模和市场规模大,人

---

❶ Подоба Зоя Сергеевна, Прямые зарубежные инвестиции Японии:место России [J/OL]. [2022-12-30]. https://asaf-today.ru/s032150750012594-5-1/.

❷ Торгово-экономические отношения России и Японии [J/OL]. [2022-12-30]. https://knowledge.allbest.ru/international/3c0b65625a3bc78b4d53b99521306c37_0.html?ysclid=lance-lu1wn413384778.

力资源丰富，教育水平高，以及地理邻近性也使日本企业无法割舍俄罗斯市场。❶

在可预见的未来，由于复杂的国际政治局势导致日本与俄罗斯战略互疑情形日益加重，加强双边经贸合作的愿望也难以实现，两国贸易和投资领域的合作潜力在较长的时间之内不能充分发挥。

二、俄罗斯与韩国的贸易和投资的现状与前景

俄罗斯和韩国经贸关系发展迅速，但两国在各自对外贸易与投资中所占比例都不大。主要是汇率波动大、语言障碍、俄罗斯官僚机构以及运输和物流基础设施的不发达、两国对对方文化不熟悉以及与美西方在2014年后对俄罗斯实施的制裁等因素影响了俄韩贸易与投资的发展。

尽管如此，俄韩的经贸关系前景比较令人乐观。从贸易的角度看，韩国工业化发展使其对于原材料的需求急剧增加，在未来韩国有可能成为俄罗斯最重要的五大贸易伙伴之一。

从投资的角度看，俄罗斯对韩国投资者的吸引力越来越大。尤其是俄罗斯远东地区自由港制度和经济特区的建立以及韩国和俄罗斯之间的免签证制度，都增加了俄罗斯对韩国商人的吸引力。韩国也渴望在航天领域同拥有发达航空航天技术的俄罗斯进行合作。此外，韩国和俄罗斯正在讨论通过连接两国的铁路网络，为韩国货物转运到欧洲（目前通过海上运输）提供过境服务。韩国企业和俄罗斯企业对对方市场的热情都在上升，两国有强烈的意愿拓展双边经贸关系。俄韩经贸关系中主要的不明朗因素就是无法确定美国与俄罗斯政治关系的变化对韩国的影响有多大。

三、俄罗斯与东南亚国家的贸易和投资的现状与前景

俄罗斯与东盟国家的政治关系良好，但是其与东南亚国家的贸易额并不如俄罗斯所意。尽管俄罗斯与东盟贸易的增长率看起来令人印象深刻。2014—2021年，贸易增长1倍多。然而，这是以2014年（俄罗斯对外贸易大幅下降的一年）的贸易额为基数的增长。

---

❶ http://www.keidanren.or.jp/en/policy/2020/073ru.pdf.

在贸易领域，2021 年，俄罗斯与东南亚国家的贸易额只有 214 亿美元。在东盟的对外贸易中，俄罗斯占其贸易总额不到 1%，东盟在俄罗斯对外贸易额中也仅占 2.7%。

在投资领域，俄罗斯也不是东南亚国家的一个重要投资国。2018—2019 年，俄罗斯对东盟的投资从 6.54 亿美元增加到 6.99 亿美元，增幅不到 7%。其中大部分进入了泰国，投资额为 6.89 亿美元，这表明俄罗斯在该地区的投资战略缺乏多元化。❶

因此，俄罗斯与东盟国家至今在经贸层面的合作无论是数量还是金额都不能令双方感到满意。这种情形的产生主要有以下几个原因。

首先，东南亚国家从来都不是俄罗斯对外经贸的主要方向。俄罗斯一直将发展与欧洲、中国和美国的经贸关系作为自己最优先的方向。

其次，从东盟国家的角度看，东盟国家也将发展同中国和美国的经贸关系作为自己的重点方向，因此东盟国家对于发展同俄罗斯的经贸关系也不置于重点发展方向。

最后，由于地理位置偏远和缺乏共同的历史和文化，俄罗斯社会和精英对东南亚国家的社会与语言了解很少。俄罗斯商界与东南亚国家商界关系非常薄弱，缺少人际往来，俄罗斯商界对进入东南亚国家市场的可能性知之甚少，一个典型表现就是俄罗斯驻东盟国家贸易代表团网站的信息量一直不大。在这种情况下，双方的有效合作就无从谈起。

然而东盟巨大的经济潜力以及寻找新的贸易与投资增长来源的必要性，使俄罗斯具有强烈的扩大与东盟经贸关系的愿望，俄罗斯希望能够在短期之内就将其与东盟的双边贸易量增加 1 倍。为此，在政治层面，2016 年俄罗斯与东南亚国家在俄罗斯索契召开峰会，以加强俄罗斯与东南亚国家的高层共识，并制定了包括 60 个联合项目的俄罗斯与东盟国家商业合作路线图。2021 年 9 月，俄罗斯与东盟同意继续制定一份新的未来五年双方贸易和投资合作"路线图"。❷

---

❶ Russia Briefing：Внешние российские инвестиции в страны АСЕАН и Юго‐Восточную Азию［J/OL］.［2022‐12‐30］. https：//www. russia‐briefing. com/news/vneshnie‐rossijskie‐investitsii-v-strany-asean-i-yugo-vostochnuyu-aziyu. html/.

❷ Россия и АСЕАН：перспективы［J/OL］.［2022‐12‐30］. https：//freeconomy.ru/analitika/rossiya-i-asean-perspektivy. html？ysclid=ldfbh84b1y113395749.

未来，俄罗斯将极力推动其在石油和天然气、核能和军事技术以及信息技术等领域和东盟之间的紧密合作。

（1）石油和天然气领域。根据国际能源署的预测，未来20年东南亚国家对石油、天然气和煤炭的需求将继续增长。到2040年，总电力需求将增长80%。对俄罗斯来说，东南亚国家显然是一个巨大的市场。其对天然气和石油的需求不断增长，使俄罗斯的石油和天然气在东盟国家热销。❶

（2）核能方面。由于全球气候变化和环境污染、自然和人为灾害的后果，东盟国家特别关注减轻环境负担的各种清洁节能技术。对东盟国家来说，确保不受阻碍地获得清洁和饮用水仍然是一项重大挑战。此外，东盟国家仍有超过1.2亿人无法获得电力，这意味着俄罗斯的液化天然气以及海水淡化技术、核电站技术将在东盟国家受到欢迎。俄罗斯已与越南签署了在其南部建设宁顺1号核电站的备忘录。此外，自2007年以来，俄罗斯就一直提议在缅甸建设核电站，并且和缅甸签署了关于实施缅甸小功率核电站项目联合初步技术经济论证的合作谅解备忘录。2014年，俄罗斯与泰国签署关于和平原子的谅解备忘录，2015年，俄罗斯加入印度尼西亚核反应堆的研发工作。❷

（3）军事技术领域。东南亚国家是俄罗斯武器的大买家。越南一直是并仍然是俄罗斯武器的最大买家。主要采购包括战斗机、护卫舰、反舰导弹、防空系统和潜艇。印度尼西亚和马来西亚也在购买俄罗斯的军事装备如战斗机等。

（4）信息技术领域。加强IT服务部门和引进信息技术是东盟国家可持续发展计划的核心。据麦肯锡估计，到2030年，有5项关键技术可以为东南亚国家带来6250亿美元的额外收入：移动互联网、大数据、物联网、数据处理自动化和云技术。这对于在国际信息技术领域占有一席之地的俄罗斯来说显然很有兴趣在东盟市场上一展身手。❸

目前，在东南亚设有区域办事处的俄罗斯卡巴斯基实验室在东盟国家运营

---

❶ Россия и АСЕАН：перспективы ［J/OL］.［2022-12-30］. https：//freeconomy. ru/analitika/rossiya-i-asean-perspektivy. html？ysclid=ldfbh84b1y113395749.

❷ Россия и АСЕАН：перспективы ［J/OL］.［2022-12-30］. https：//freeconomy. ru/analitika/rossiya-i-asean-perspektivy. html？ysclid=ldfbh84b1y113395749.

❸ Россия и АСЕАН：перспективы ［J/OL］.［2022-12-30］. https：//freeconomy. ru/analitika/rossiya-i-asean-perspektivy. html？ysclid=ldfbh84b1y113395749.

的相当成功。专门从事电子支付和信息安全的俄罗斯公司的服务满足了当地消费者的需求。成功的俄罗斯初创企业，如在新加坡设立的 LifeSreda，为俄罗斯风险投资和金融技术在该地区的存在提供了巨大机会。俄罗斯希望建立一个类似中国阿里巴巴的俄罗斯商品和服务电子商务区域平台，这样可以大大加快俄罗斯高附加值产品和服务制造商进入东盟国家市场的进程。❶

俄罗斯正在推动与东南亚国家之间通过本国货币进行直接贸易，并积极推动欧亚经济联盟和东南亚国家建立自由贸易区，目前欧亚经济联盟已经和新加坡以及越南达成自由贸易协定，俄罗斯希望未来欧亚经济联盟与东盟其他国家也能达成自由贸易协定。

因此，俄罗斯与东盟国家进一步深化合作还有许多空间可以运行。无论是东盟还是俄罗斯，彼此都相信能够成为对方有吸引力的经济伙伴。

---

❶ АСЕАН, Новый виток интеграции и позиции России [J/OL]. [2022-12-30]. https://russiancouncil.ru/asean-russia?ysclid=ldfbgxqmi6443417667.

第八章 俄罗斯对外贸易和投资法律制度

第一节 俄罗斯对外贸易法律法规

一、关税法律法规

俄罗斯海关管理和关税征收问题,受到《俄罗斯联邦海关法》《俄罗斯联邦海关税则法》《欧亚经济联盟海关法典》以及其他有关法律法规的调控。同时,自 2012 年加入世界贸易组织(WTO)后,俄罗斯的关税水平还依据其承诺受到 WTO 规则的约束。

2010 年 1 月 1 日,俄罗斯、白俄罗斯、哈萨克斯坦建立的关税同盟启动,该税收同盟旨在杜绝和消除成员国之间的税收壁垒,通过缩小税收条件提升成员国的竞争力。俄、白、哈三国签订的《关税同盟海关法典》于 2010 年 7 月 6 日全面生效,根据该法典,三国在 2011 年 7 月 1 日形成统一的关境,三国关税同盟税收框架实现高度统一,进入同盟国的商品适用统一的进口关税税率。

俄罗斯、白俄罗斯和哈萨克斯坦三国又于 2014 年签署《欧亚经济联盟条约》,并于 2015 年 1 月 1 日正式启动欧亚经济联盟。该联盟的目标是,在 2025 年前,资本、商品、服务以及劳动力在联盟成员国内部自由流动,最终要建立一个稳定的经济联盟,推行协调一致的经济政策,形成一个巨大的统一市场。之后,亚美尼亚、吉尔吉斯斯坦加入该联盟,其成员扩大为五国。

2018 年 1 月 1 日,《欧亚经济联盟海关法典》正式实施,2010 年的《关税同盟海关法典》同时废止。《欧亚经济联盟海关法典》内容全面具体,共有 8 编 50 章 372 条,中文译本约 13 万字。该法典旨在确保联盟成员国实施统一海关法律法规,且将若干海关管理权限交由欧亚经济委员会负责实施。与之前的《关税同盟海关法典》相比,《欧亚经济联盟海关法典》自由化程度更高,具体表现在:优化通关程序,实施电子报关程序;海关信息系统可自动放行货物;❶ 采用"单一窗口"制度;❷ 缩短货物放行时间;规定网购商品免税进口限额;在特殊情况下可以延迟缴纳海关税费;建立"经授权的经营者"制度;❸ 等等。

二、进口关税

关税是一种国家最高行政单位指定税率的高级税种,对很多国家而言,关税是国家税收乃至国家财政的重要收入。同时,关税直接影响一国商品的进出口,较为集中和突出地反映了一个国家的对外贸易政策。一国政府对进口和出口的商品都可以征收关税,但是征收出口税对本国产品在国外市场的销量和竞争力不利,所以适用不广泛。征收进口关税会增加进口货物的成本,限制外国货物的进口,因此通常被作为调节本国生产和经济的杠杆,成为各国主要的贸易措施。但是,过高的进口关税会对进口货物形成障碍,不利于国际贸易的发展。进口关税还被各国用作经济斗争与合作的手段,减让进口关税或提供优惠关税常常是国家间贸易互惠协定的主要内容。

俄罗斯于 2012 年 8 月正式成为 WTO 成员,这意味着俄罗斯的对外贸易迎来重大变革,外贸市场进一步开放,为对外贸易提供透明和可预见的环境,加快融入世界经济的脚步,俄罗斯关税改革也跨入一个新的历史阶段。根据俄罗斯的入世承诺,俄罗斯对多种商品实施关税削减。

关税问题是俄罗斯加入世贸组织的主要障碍。为了符合相关要求,俄罗斯在关税减让方面做了一系列的准备工作。俄罗斯关税委员会制定了《2008—2010 年海关政策基本方针》,以明确主要进口商品的关税削减进程。自 2010 年 1 月 1 日起,在关税联盟统一关税框架下,俄罗斯取消或降低了多种日用机电产

---

❶ 《关税同盟海关法典》规定,货物放行必须由海关工作人员亲自实施。而根据《欧亚经济联盟海关法典》,海关信息系统可以自动放行货物,这一过程一般只需 5 分钟。

❷ 《关税同盟海关法典》规定,向海关申报货物时,须提交货物有关的单证和信息。而《欧亚经济联盟海关法典》规定,如果海关信息系统中有单证和信息,或者可以从其他信息系统中获取这些单证和信息,则申报时无须提供。

❸ 《欧亚经济联盟海关法典》规定,不但申报人,而且报关代理人、海关承运人、海关仓库所有人等都可以成为经授权的经营者,每种经授权的经营者类型享有不同的海关通关便利。此外,联盟国家可以与非联盟国家进行经授权的经营者互认。

品的进口关税。受到 WTO 规则的约束，俄罗斯进出口平均关税水平应由 2011 年的 10% 降为 7.8%。世界贸易组织 2017 年数据显示，俄罗斯简单平均最终税率为 7.6%，农产品为 11.2%，非农产品为 7.1%。俄罗斯在 2018 年对 WTO 成员承诺的最惠国平均税率是 6.8%，农产品是 11.2%，非农产品是 6.1%。❶ 根据俄罗斯的入世承诺，农产品中 9.8% 的税目须实施零关税，但实际上只有 3% 的税目最终符合零关税要求，43.3% 的税目税率小于 5%，2.5% 的农产品税目关税税率大于 50%。此外，还有 22.9% 的税目实行的是非从价税。在非农产品方面，俄罗斯的入世承诺是，14.2% 的税目实现零关税，而实际上只有 3.4% 的税目到达零关税要求，51.4% 的税目税率小于 5%，关税税率大于 50% 的税目目前还没有。❷ 俄罗斯"入世"后，90% 以上的税率不低于俄、白、哈三国签订的《关税同盟海关法典》的税率水平。过渡期结束后，大约 50% 的进口关税税率大于或等于关税同盟的统一海关关税，约 30% 的从价税下调幅度为 5% 以下。2015 年，俄罗斯对 4000 余种（占欧亚经济联盟海关商品名录的 41%）商品的关税税率进行了调整，并从 2015 年 9 月 1 日起降低 3808 种商品的进口关税税率，同时取消了对农产品、机械制造、轻工、木材业、黑色金属和有色金属产品的进口关税限制。❸ 以征收方法为标准，俄罗斯的进口关税分为从价关税、从量关税和混合关税三类。大致来看，大多数商品为从价税，占比约 85%。近年的趋势是，适用混合关税的货物种类渐趋增多。俄罗斯《海关税则》规定，根据生产国的不同，对进口商品实行有差别的进口关税征收政策。由此，按国别，俄罗斯的进口商关税分为四类：第一类是基础税率，享有最惠国待遇的国家，进口的商品按基础税率计征关税，即税率表上所标税率；第二类是针对普惠制国家的优惠税率，对来自 104 个发展中国家（中国属于享受普惠制优惠的发展中国家之列）的商品，按基本税率的 75% 计征关税，优惠幅度为 25%（这一优惠政策最初为减半税率，即 50%，后来改为 75%）；第三类为零关税，对 46 个最不发达

---

❶ 商务部国际贸易经济合作研究院，中国驻俄罗斯大使馆经济商务处，商务部对外投资和经济合作司. 对外投资合作国别（地区）指南——俄罗斯（2021 年版）[R]. 2021：53.
❷ 商务部国际贸易经济合作研究院，中国驻俄罗斯大使馆经济商务处，商务部对外投资和经济合作司. 对外投资合作国别（地区）指南——俄罗斯（2021 年版）[R]. 2021：53.
❸ 商务部国际贸易经济合作研究院，中国驻俄罗斯大使馆经济商务处，商务部对外投资和经济合作司. 对外投资合作国别（地区）指南——俄罗斯（2021 年版）[R]. 2021：53.

国家及与俄罗斯签有自由贸易协议的独联体国家实施零关税政策,即免征进口关税;第四类是两倍基础税率,即对于那些不享受最惠国待遇的国家,征收的税率是基础税率的两倍。俄罗斯加入WTO时承诺,进口关税将保持在确定的限额之下。2014年10月,欧盟向世贸组织提起申诉,认为俄罗斯对从欧盟进口的一些商品征收的关税过高,违反了世贸组织的规则,没有履行俄罗斯的入世承诺。欧盟指出,高昂的进口关税严重影响了欧盟的对外贸易,对其经济造成重大的负面影响。欧盟的数据显示,俄罗斯违反规则征收的过高关税对欧盟国家出口企业造成的经济损失达到每年近6亿欧元。此前,欧盟在与俄罗斯的双边会谈及WTO有关委员会会议中提出此问题,双方也就关税争端进行过正式磋商,但争议一直未能得到解决。

世贸组织称,成员方不能超出其承诺的税率征收关税,这是WTO的一个最重要规则,俄罗斯于2012年8月加入WTO,却未能履行该承诺,其对纸张、冰箱和棕榈油征收的关税与其入世时承诺的税率不符。加入WTO时俄罗斯承诺,对纸张征收5%的关税,而实际上其纸张关税高达10%~15%。2016年8月12日,世贸组织发布专家组报告,裁定俄罗斯针对欧盟进口的部分产品征收的关税过高,违反了其入世承诺。

这是俄罗斯加入WTO以来欧盟对俄罗斯提起的第三桩申诉,是WTO作出的第一次不利于俄罗斯的裁决。对于世贸组织的裁决,俄罗斯称,自己此前已经下调许多产品的关税,并在将来继续下调其他产品的关税,以符合WTO的要求。

三、进口环节税

在货物进口通关环节,俄罗斯海关还要征收进口环节税。与作为涉外税的关税不同的是,进口环节税在性质上是一种国内税,因此主要受到国内法的调控。目前看来,俄罗斯的进口环节税主要有进口增值税和进口消费税。所以,俄罗斯海关对进口货物征收进口增值税、进口关税并对少数商品征收进口消费税。

进口增值税是一种流转税,是在进口环节征收的增值税。一般增值税以在生产、批发、零售等环节的增值额为征税对象,进口增值税则专门针对进口环节的增值额进行征税。俄罗斯进口增值税的征收标准为,商品进关时,商品的海关申报价值、进口关税和消费税之和构成应纳税总额,再用应纳税额乘以相应的进口增值税税率。在没有特殊规定的情况下,俄罗斯进口增值税的税率有三档,分别是18%、10%和0。自2005年开始,俄罗斯对大多数进口商品征收18%的增值税,对于个别商品免征进口增值税。俄罗斯对独联体国家和非独联体国家采用不同的征收政策。对来自独联体国家的货物,可享受免征进口增值税的优惠,但石油、凝析油和天然气除外;而从非独联体国家进口的货物则须按标准缴纳相应的进口增值税。进口增值税首先由买方支付,再由出口商上缴俄罗斯相关政府部门,收归国家财政。

对于部分进口商品,俄罗斯政府还要收取一定比例的消费税。自1993年2月1日起,俄罗斯开始对部分进口商品征收消费税,2005年税制改革后,进口消费税主要针对酒精、酒精饮料和啤酒、香烟、首饰、小汽车、汽油等,税率为25%~90%。自2006年1月1日起,俄罗斯又对消费税率进行了一次较大规模的调整,提高了轻型汽车和摩托车的消费税税率。目前,俄罗斯主要对酒类、香烟、汽油、首饰和小轿车五类商品征收进口消费税。与关税的征收方式类似,俄罗斯的进口消费税分为按价征收、按量征收和混合征收三类。中国出口俄罗斯的商品中,需要缴纳消费税的情况较少,仅占俄罗斯消费税商品总进口量的3%左右。需要注意的是,进口消费税与进口增值税的征收有一点重要差异,进口消费税是一次支付的税种,只需在进口商品时在海关支付一次,入关后无须再次缴纳消费税。而对于进口增值税,有时需支付两次:第一次是在商品入关时支付;如果商品入境后经加工或销售而新增了价值,则须对新增值部分再次缴纳增值税。

俄罗斯海关对进口商品除收取进口关税、进口增值税和消费税外,还收取一定数额的报关手续费和清关费等海关杂费。海关杂费是俄罗斯海关实施与放行货物有关的行为,以及实施《欧亚经济联盟海关法典》和联盟成员国立法规定的其他行为而强制征收的一种通关费用,其种类和费率因货物种类和价值的差异而有所不同。在一些情况下,进口商品可以免交关税和其他进口税,主要包括:外商企业注册后一年内作为法定资本投资进口的商品免征关税;用于国际货运的交通工具及其附属设备;以人道主义援助和慈善为目的进口的商品;自然人非用于生产或其他商业目的、以个人使用为目的而输入的总值不超过6.5万卢布重量在35千克以内的货品。

四、进口禁令

进口禁令,是一国政府依法制定、调整并公布实施的禁止进口某些货物的外贸管理措施。对于列入禁止进口贸易目录的货物,任何企业和个人均不得从事相关的进口活动。一国禁止某些商品或者技术进口,常常基于下列原因:为维护国家和社会的整体利益;为保护国民的健康或者安全;保护动物、植物;保护环境。这种保护措施为国内制造商提供了一个以国家安全为由获得贸易保护的机会。实践中,进口禁令又可能会产生限制国际贸易自由竞争的后果。

2014年8月7日,时任俄罗斯总理梅德韦杰夫宣布,俄颁布禁令,全面禁止进口美国、欧盟、澳大利亚、加拿大和挪威的水果、蔬菜、肉类、鱼类、牛奶和奶制品等。该禁令于颁布当日生效,有效期持续一年。据俄罗斯媒体报道,几乎所有进口自上述国家的果蔬、肉类和奶制品将面临禁止进口的制裁,但葡萄酒和婴幼儿食品除外。俄罗斯是世界上最大的农产品进口国之一,进口产品主要有牲畜、肉类、奶制品、水果和蔬菜等,其中,16%来自欧洲,8%来自美国。相关法令指出,这一进口禁令是一种特殊的经济手段,目的是保障俄罗斯的安全。2014年1—9月,俄罗斯宣布对来自欧盟的生猪及猪肉制品实施进口禁令的管制措施,理由是欧盟东部国家发生非洲猪瘟,俄担心非洲猪瘟在欧盟扩散并传入俄罗斯。由于俄罗斯是欧盟国家猪肉出口的主要市场,占欧盟猪肉年出口总量的1/4,这一进口禁令导致欧盟许多国家的农场主损失惨重。欧盟于2014年6月向WTO提起申诉,指称俄罗斯的禁令是完全错误的和违法的。欧盟认为,虽然WTO允许成员方以卫生为由限制贸易,但绝大多数欧盟区域未受非洲猪瘟影响,因而该进口禁令是不公平的,该禁令是俄罗斯用于扩大本国肉类企业市场份额的借口。

2016年8月19日,世界贸易组织裁定认为,俄罗斯对欧盟的活猪等猪产品的进口禁令违反了世贸组织的相关规定,是"歧视性"的。据此,世贸组织的裁决支持了欧盟申诉中的大部分内容,认定俄罗斯对欧盟的禁令非法。对于世贸组织的此项裁决,俄罗斯提出上诉,理由是欧盟国家的相关地区猪瘟疫情仍在加重,禁令不能撤回,但其上诉被WTO驳回。

2016年9月13日,时任俄罗斯总理梅德韦杰夫签署决议,决定自2016年11月1日起,将盐类商品列入俄进口禁令清单。自此,俄罗斯食盐市场主要由国内企业供给，必要时也会寻求白俄罗斯的帮助。在实施食盐进口禁令之前，俄罗斯最主要的食盐供应国是乌克兰。

2018年2月2日，俄罗斯动植物检验检疫局网站发布公告称，俄罗斯自2月26日起对进口白俄罗斯乳制品采取禁止进口的限制措施，被禁止进口的产品包括牛奶、奶油、炼乳、乳清蛋白等。俄方的理由是从白俄罗斯进口的乳制品频现质量问题，出现多起违反俄罗斯食品安全条例的案例。2018年6月，白俄罗斯向欧亚经济委员会提起申诉，认为俄罗斯禁止进口白俄罗斯的乳制品，涉嫌违反《欧亚经济联盟条约》的规定。欧亚经济委员会执委会会议多次讨论了关于俄罗斯禁止进口白俄罗斯乳制品问题，俄白两国农业部长、俄罗斯消费者权益保护和公益监督局与白俄代表团也多次谈判。

2018年12月29日，时任俄罗斯总理梅德韦杰夫签署行政令，禁止俄罗斯进口某些来自乌克兰的商品，以回应乌方对俄方的制裁。在俄罗斯政府发布的禁止从乌克兰进口的商品清单中，禁止进口的商品主要包括小麦、葵花籽油、糖果糕点、面包、罐装食品和啤酒等食物，涡轮机、变压器、石灰岩和家具，以及工农业设备和原料。

2022年俄乌战争爆发以后，俄罗斯总统普京发布命令，禁止从美国、欧盟国家、加拿大、澳大利亚、挪威、乌克兰、阿尔巴尼亚、黑山、冰岛、列支敦士登和英国进口若干商品，如食盐、鱼类和其他海产品等。

五、技术性贸易措施

技术性贸易措施是技术性贸易壁垒的主要方面，是WTO《技术性贸易壁垒协议》规范的内容，涉及技术标准、技术法规和合格评定程序等。

技术法规具有强制性，是指进口国对进口产品的生产工艺和生产方法的法定要求。相比而言，技术标准是非强制的，只是认证机构认证产品生产工艺或方法的规则。技术标准虽然本身没有强制实施的效力，但经法律法规或技术法规援引后，就会升级为具有强制性的技术法规。一些国家利用其科技上的优势对进口商品的生产工艺和生产方法设置严苛的技术标准，使得出口国的商品因无法达标而不能进入该国，这样就达到了限制外国商品进口的目的，从而保护本国的商品和企业。这样的技术性贸易措施是歧视性的措施，构成对国际贸易的不合理限制。

合格评定程序以技术法规和标准为基础，主要手段是认证。认证有产品认证和体系认证两种形式。

产品认证分为强制认证和自愿认证两种。许多国家都有自己的产品认证机构和相应的认证标志，如欧盟的 CE 认证、德国 GS 安全认证、北美 CSA 认证安全、美国 UL 安全认证、俄罗斯 GOST-R 认证、中国 CCC 产品认证等。符合认证机构认证标准的产品，可以取得认证机构颁发的证书。世界各国政府通过立法的形式建立起的产品认证制度，已经成为一种新的国际贸易壁垒。

依据正式发布的质量体系标准，由独立的第三方认证机构来评定企业的质量体系并向公众证明该企业符合某一质量体系标准，这种认证即为体系认证。常见的体系认证有：供应链安全管理、汽车工业质量管理体系认证、食品卫生安全管理体系认证、医疗器械质量管理体系认证、环境质量管理体系认证、森林体系认证等。

1993 年 6 月 10 日，俄罗斯正式颁布第一部标准化法——《俄罗斯联邦标准化法》，标志着俄罗斯标准化工作迈入法制化的轨道。2002 年 5 月 31 日，俄罗斯联邦政府颁布《俄罗斯联邦技术法规法》，该法以世界贸易组织技术性贸易壁垒协定为依据，对俄罗斯标准化体制进行了重大改革。2006 年 2 月 28 日，俄罗斯联邦政府批准《全国标准化体制发展构想》方案，规定了国家标准化体系的发展目标、原则、任务和方向。2015 年 6 月 29 日，俄罗斯总统普京正式批准新的《俄罗斯联邦标准化法》。俄罗斯的标准化体制由"强制性技术法规"和"自愿性标准"构成。强制性技术法规和自愿性标准由政府相关机构负责制定。强制性技术法规是强制性的要求，由相关法律来规范；自愿性标准则由市场机制调节。俄罗斯的产品认证分为强制认证和自愿认证两类。俄罗斯国家标准委员会根据商品可能对消费者、环境、资源等造成的危害，确定强制认证和自愿认证的商品范围。

1993 年 6 月，俄罗斯颁布《产品及认证服务法》，该法首次提出产品认证准入制度，对商品提出认证要求。1995 年，俄罗斯修改《产品及认证服务法》，适用的商品扩展到数千种。

根据俄罗斯法律，对于强制认证范围内的进口商品，应经过认证并领取俄罗斯国家标准合格证书。此外，俄罗斯联邦各个部门对商品的认证管理都有各自的要求，对于一些类别的产品，还会涉及其他许可证书，如医疗器械产品需要做俄罗斯医疗器械注册证，计量产品需要做国家建设部测量设备认证，还有很多其他的认证类型，如防火安全证明、通信设备种类认证、防爆证明、技术设备使用许可证等。此外，俄罗斯是欧亚经济联盟的成员，联盟成员国统一了认证规则,在成员国内,进口商可以使用联盟的统一认证文件。比较常见的俄罗斯进口认证如下。

(1) 俄罗斯国家标准合格证书。

俄罗斯现行的商品认证制度以环境保护法和消费者权益法为依据。俄罗斯国家标准委员会制定出清单,确定强制认证和自愿认证的门类。

俄罗斯国家标准合格证书分为两种:一种是交付批证书,即仅对一批产品有效的合格证书;另外一种是成批生产证书,这种证书有三年的有效期,进口的产品通过工厂检查后,在有效期内无须多次申领证书。俄罗斯防爆认证(GOST 防爆证书)可以由出口商或者进口商领取,作为很多商品进口入关的必要文件,这一证书对进口商十分重要。理论上,进口商应当负责申领这一证书。但在实践中,出口商办理 GOST 认证手续的情况更为普遍。原因是,货物到达俄罗斯海关以后办理认证手续成本高、时间长,而且,对于打算长期与俄罗斯合作的出口商而言,GOST 认证有助于产品在俄罗斯市场上打开销路。为方便出口商申领证书、节约时间和成本,在发货之前,一些国际认证及检验机关可以依据俄罗斯国家标准委员会的委托按照俄罗斯标准发放 GOST 合格证。因此,不需要先将货物运至俄罗斯海关,在中国也能申请领取 GOST 合格证。

(2) 欧亚经济联盟认证。

2010 年,俄罗斯、白俄罗斯和哈萨克斯坦海关同盟(CU)正式成立,2011 年 1 月 1 日,签署《关于哈萨克斯坦共和国、白俄罗斯共和国以及俄联邦技术规范的共同准则和规则》,海关同盟的技术法规正式生效。海关同盟建立起统一海关空间,取消海关关境,对外实行统一的关税政策,对内进行统一的技术监管。2012 年,海关同盟在原有的框架下,建立统一经济空间(SES),走向更高水平的一体化。2015 年,欧亚经济联盟在海关同盟的基础上成立,成员有俄罗斯、白俄罗斯、哈萨克斯坦、亚美尼亚与吉尔吉斯斯坦。欧亚经济联盟在成员国内仍延续使用海关同盟的认证。

(3) 俄罗斯 RTN 豁免函。

俄罗斯 RTN 豁免函是说明产品不属于《俄罗斯海关强制性认证商品名录》商品的证明,由俄罗斯认证研究所(ВНИИС)出具,入关时须提交给海关。如果进口的产品不在强制认证的范围内,又没有对其进行自愿认证,那么进口时要向海关提交 RTN 豁免函。需要提交该证明文件的原因是,海关工作人员并不是十分清楚进口的产品是否属于强制认证的范围,需要专业机构来评估确认。当然,这里也没有严格要求,对于一些非常容易确定其类属的商品,海关有时也不要求提供豁免函。

(4) 俄罗斯消防认证。

鉴于俄罗斯的消防安全局势,俄罗斯各级主管机关对于消防安全措施十分重视。自2009年5月1日起,实施消防安全认证技术规范,消防安全强制认证产品清单内的产品必须获得由俄罗斯紧急情况部授权的认证机构颁发的消防安全证书,才能进入俄罗斯市场。2009年3月17日的政府第241号法令中列举了强制消防安全认证的产品清单,大致有四类产品:消防、消防监测和控制设备,电器(包括几乎所有类型的电缆和断路器),材料(PVC板、装饰板、保温材料),建筑构件(电缆、防火阀、电缆槽和管道)。

(5) 俄罗斯医疗器械注册证。

医疗器械注册证是医疗设备进入俄罗斯的必备文书。医疗器械产品在俄罗斯销售的前提是在相关机构登记、取得医疗器械注册证,否则将被禁止销售,也不可能申请GOST证书。

(6) 俄罗斯防爆认证。

防爆认证是用于确定设备符合防爆标准的要求并发放相关合格证书的工作。俄罗斯防爆认证(GOST防爆证书),是证明产品符合俄罗斯防爆安全的文件。

(7) 俄罗斯计量认证。

俄罗斯计量认证用于测量设备、工具以及测量统一性国家调控领域内所使用的仪器,这些设备或仪器在俄罗斯上市前都必须办理计量证。实施计量认证制度是一种国家计量管控的方式,也是全国测量统一性的保障。俄罗斯计量认证由俄罗斯联邦技术控制和计量署负责,该机构签发的计量认证是一种强制性许可证书,用于证明测量设备或工具符合俄罗斯国家计量要求,可以在国家计量监督和控制的范围内使用。

(8) 俄罗斯电信产品认证。

据俄罗斯新电信法,包括无线网在内的公众通信网中的所有设备的技术参数和特性必须符合俄罗斯国家电信网络技术规范、电磁兼容要求。根据技术管制的要求,俄罗斯电信产品认证有强制认证和符合申明体系。俄罗斯网络设施中设备的检测由俄罗斯通信部的认证中心负责,由通信部授权的检测中心和实验室具体实施。目前俄罗斯有几十家检测中心和实验室，一般是私有制的独立机构。对于国外的检测数据，在俄罗斯与该国签署的双边认证协议的支撑下可以予以承认。

(9) 俄罗斯射频认证。

2007年5月7日，俄罗斯针对无线设备提出了一项新的许可证要求，即射频认证，建立此项认证制度的目的在于确保俄罗斯电信网中的设备能够互联互通。根据现行法律规定，强制认证的范围包括无线摄像系统、远程控制、无线家电、汽车防盗系统、对讲机及其他有发射器和接收器的无线设备等。进口和出售此类产品时应向俄罗斯无线射频中心提出申请，取得无线设备许可证，在海关清关时出具，是入关的必要文件之一。

六、动植物检验检疫措施

对进口产品的检验检疫是国际贸易活动中一个至关重要的环节，可以起到对进口商品检查、防范安全隐患的作用，并具有保护国内企业和消费者权益的功能。动植物的进出口直接关系到保护环境和生态资源、确保人类和动植物健康，此方面的卫生和检疫措施是国际贸易中十分重要的方面。检验检疫的内容具有范围广、项目多、抽样频率随机性强等特点。动植物的检验检疫措施通常非常严格，进口国常常将其作为强制性措施使用，同时，进口国实施该措施的操作空间较大，是常见的进口国实施贸易壁垒的手段。以保护人的生命健康及保护生态环境的目的为出发点，俄罗斯对商品的进口制定了严格的产品检验检疫制度。总体来说，俄罗斯对进口产品动植物检验检疫的法律法规主要包括：WTO相关协定、欧亚经济联盟的法律文件、俄罗斯联邦的法律和政府文件。

在世界贸易组织框架下的多边货物贸易协定中，WTO卫生与植物卫生措施协定是其中的重要协定之一。一方面，《实施卫生与植物卫生措施的协定》（SPS协定）承认，在保护人类生命、健康和安全与保护动植物的生命、健康和安全的总体目标之下，成员方有权制定自己的动植物产品及食品的检疫要求并实施动植物检疫制度。但是，另一方面，这种权利的行使应当以不对贸易造成不必要的障碍为前提，实施动植物检疫措施应在保护人类、动植物的生命或健康的限度内。也就是说，各成员国制定和实施动植物检疫措施时要尽可能降低对贸易的影响，不得变相限制国际贸易。根据俄罗斯的"入世"承诺，在透明性方面，俄罗斯要及时公布所有有关 SPS 协定措施的法律和法规，使其他成员方能及时了解其内容，除紧急情况外，将拟议的 SPS 措施在其公布和生效之间留出一段合理的时间间隔，以便让其他成员方有足够的时间调整其产品和生产方法。

欧亚经济联盟的法律法规对进口产品检验检疫的规范，包括一系列整体性法规。有关动植物检验检疫措施的法规主要有：海关联盟第 318 号决议，2010 年 6 月 18 日颁布、2014 年 10 月 9 日修订的《关于海关边境植物检疫控制（监督）程序的法规》，该法规于 2020 年 8 月 17 日最新修订，2022 年 5 月 7 日正式生效；2012 年 11 月 6 日欧亚经济委员会执行管理委员会第 212 号决议颁布的《关于卫生、兽医植物检疫措施相关监管法律的实施》；2010 年 5 月 28 日 CU 委员会第 299 号决议颁布、2015 年 11 月 10 日修订的《关于海关联盟中卫生条例的应用》；2010 年 6 月 18 日 CU 委员会第 317 号决议颁布、2015 年 7 月 14 日修订的《关于海关联盟中兽医卫生条例的应用》；2010 年 6 月 18 日 CU 委员会第 318 号决议颁布、2014 年 10 月 9 日修订的《海关联盟植物检疫保证》，该法规于 2023 年 2 月 16 日最新修订。

在俄罗斯联邦法律层面，与进口产品检验检疫有关的法律法规主要有 1992 年颁布的《消费者权益保护法》（2020 年 11 月 1 日最新修订）、2000 年颁布的《食品质量与安全法规》（2020 年 3 月 1 日最新修订）、2014 年颁布的《植物检疫条例》（2015 年 1 月 1 日生效，2015 年 7 月 13 日最新修订）、1993 年颁布的《兽医实践条例》（2023 年 3 月 1 日最新修订生效）。

对于必须经过检验检疫才能入关的货物，应取得相应的检验证书，然后通过特别跨境点才能进入俄罗斯。俄罗斯联邦动植物检疫监督局负责监督俄罗斯的动物检疫和植物卫生工作并执行相关的法律法规，负责对肉类、肉制品、鱼、海鲜、植物、木材等动植物进行检验检疫，发放兽医、检疫、植物卫生和其他许可证及证明。俄罗斯联邦消费者权益及公民平安保护监督局负责对儿童产品、食品、用水装置、化妆品、家用化学品、衣服等货物进行卫生检验，有权禁止进口和销售不符合法定要求的产品。

俄罗斯对进口的动物产品的要求很严格，并且目前尚不认可中国有关机构出具的产品检验检疫证书。中国企业向俄罗斯出口畜肉等动物类产品时，按照俄罗斯的法律规定，中方生产厂商须经俄罗斯兽医实地检查，并对出口产品进行复查，在俄罗斯兽医背书后，中方的检验检疫才可以生效。实践中，中国企业还须承担俄罗斯官员来华的差旅费用。因此，中国有关部门和企业须对俄罗斯的法律法规有所了解，以便积极应对。

俄罗斯对进口禽肉、牛乳等肉类制成品以及乳制品、副产品和各类动物脂肪、禽类制品及其他适合于人类食用的肉类制成品，有严格的要求。同时，俄罗斯农业食品部兽医局有权自主决定是否派自己的兽医专家到出口企业对屠宰动物进行宰前检疫检验。

七、包装和标签

一国实施技术壁垒的目的在于限制外国产品的进入，对进口产品的数量、质量等提出若干繁杂的要求是许多国家设置贸易技术壁垒的手段之一。包装和标签是产品必不可少的组成部分，要求包装和标签必须遵循相应的环保标准，属于技术壁垒的范畴。

技术性贸易壁垒在产品包装上主要体现在对包装和标签的要求，包装材料不能对人的安全造成危害，不能破坏环境。一些包装材料可能产生有害物质，对进口国的生态环境和农作物产生损害，有的包装材料含有细菌，对人和动物的安全产生威胁。因此，大多数国家从保护生态环境和人身健康安全的角度出发，通过法律、法规和安全标准，对进口产品的包装和标签提出要求。用来规范产品包装原料的法律法规即绿色包装制度，规范商品包装的安全与环保标准，要求商品的包装不得危害人类健康和生态环境，可以重复使用或者再生，能够自然分解。包装要求作为一种贸易壁垒，势必会增加产品出口的成本，降低出口国产品的竞争力。为了满足进口国对产品包装的严格要求，出口国的企业常常需要投入大量资金作为设备和检测费用，这就在无形中增加了出口企业的成本。俄罗斯的法律法规对进口商品的包装和标签有明确和复杂的规定，苛刻的商品包装和标签要求是俄罗斯技术性贸易壁垒的一种形式。在实践中，我国一些对俄贸易企业由于法规意识、标准意识淡薄，缺乏对俄罗斯有关法规的了解，加之俄罗斯包装相关标准的复杂性、多样性和广泛性，我国的一些出口产品因不符合俄罗斯严格的包装规格和包装材料标准，被拒收、卡关、被迫销毁、改换包装，造成巨大经济损失。出口企业应重视俄罗斯对进口商品的包装材料、包装标准以及包装规格方面的要求，掌握足够的信息，力求自己的商品符合对方国家的法规和标准。

在包装的要求方面，俄罗斯基本遵照国际标准化组织包装标准化技术委员会 ISO/TC 122 标准❶。近年来，俄罗斯对进口产品包装的规定不断细化，形成一种绿色贸易壁垒。进口商品的包装不合法，常常可以被用作限制外国商品进入的借口。进口商品包装要求的具体规定十分烦琐，涉及的法律法规比较多，有时还会出现规定不一致的情况。外国商品进入俄罗斯，必须投入大量精力研究其产品包装的标准。以下仅关注一些重点商品的包装标准，不再细致列举所有的技术法规。

为加强对进口商品的监管、保护国内消费者的权益，俄罗斯法律规定，进口商品必须附有俄文说明书，否则不能进入俄罗斯市场销售。

为防止假冒伪劣商品的进口，俄罗斯政府颁布了《关于对在俄罗斯销售的商品和产品粘贴防伪标志和统计信息条以及对其流通情况进行统计的程序条例》，从 1999 年 7 月 1 日起，对于该条例清单中列出的商品，即酒类、音像制品及电脑类商品，进口时必须有防伪标志及统计信息条（统计信息条是对防伪标志的附加标记），否则禁止在俄罗斯销售。

作为海关联盟的成员，俄罗斯关于包装的标准要求须与联盟的规则一致。根据联盟成员 2010 年 11 月 18 日签署的《关于在白俄罗斯共和国、哈萨克斯坦共和国和俄罗斯联邦技术协调统一原则和规则协议》，海关联盟委员会于 2011 年 8 月 16 日第 769 号决议批准《海关联盟包装安全技术法规》（以下简称《包装法规》），❷ 该法规于 2012 年 7 月 10 日生效。制定该技术法规的目的是，在海关联盟成员国内确定统一的、强制适用和执行的包装标准，以保证包装在海关联盟成员国区域内自由流通。❸ 包装在投放到海关联盟成员国之前，应该确认其符合该技术法规的要求。包装符合技术法规的要求具有强制性，且应申报并

---

❶ 国际标准化组织（International Organization for Standardization，ISO），1947 年成立，全球性非政府组织。1966 年该组织创立 TC 122 包装标准化技术委员会，以促进全球范围内的包装标准化工作。TC 122 包装标准化技术委员会的工作涉及包装尺寸、包装性能、包装袋、包装件试验方法以及术语、定义的标准化等多方面。

❷ 参见 О безопасности упаковки: технический регламент Таможенного союза（《海关联盟包装安全技术法规》）前言部分第 1 款。

❸ 参见 О безопасности упаковки: технический регламент Таможенного соза（《海关联盟包装安全技术法规》）前言部分第 2 款。

通过合格确认程序。❶ 经确认合格的包装在海关联盟成员国使用统一的合格标志，该标志加盖在货运单据上。❷ 相反，如果包装在没有得到符合《包装法规》要求的确认并取得合格标志之前，不得在海关联盟成员国区域内流通。

《包装法规》要求，海关联盟成员国应该采取一切措施限制、禁止不符合该法规要求的包装投放到海关联盟区域，并没收违规的包装。❸ 按照所使用的材料，《包装法规》将包装品分为金属包装、聚合物材料包装、纸和硬纸板包装、玻璃包装、木料包装、组合材料包装、纺织品包装和陶瓷包装。❹ 另外，对于医疗仪器、药品、烟草、制药、危险货物的包装，该法规不适用，俄罗斯对这些类型物品的包装有专门规定。❺ 根据《包装法规》对不同种类的包装的要求和标准分别作出了十分详细的规定。总体要求是，包装及储存、运输和回收利用的过程应符合安全要求。❻ 在外力指标和化学稳定性方面，各类包装应该符合相应的安全要求。❼ 食品、化妆品、玩具、儿童制品的包装不应该向与其接触的标准空间释放对人体有害的超过化学物质反应的最大允许量的物质。❽ 对于与食品接触的包装，《包装法规》列明了相当具体详尽的卫生保健学指标和标准。❾ 除此之外，《包装法规》还对用于制作包装的金属及合金中释放出来的物质的卫

---

❶ 参见 О безопасности упаковки：технический регламент Таможенного соза（《海关联盟包装安全技术法规》）第 7 条第 1 款、第 2 款。

❷ 参见 О безопасности упаковки：технический регламент Таможенного соза（《海关联盟包装安全技术法规》）第 8 条第 1 款。

❸ 参见 О безопасности упаковки：технический регламент Таможенного соза（《海关联盟包装安全技术法规》）第 9 条。

❹ 参见 О безопасности упаковки：технический регламент Таможенного соза（《海关联盟包装安全技术法规》）第 1 条第 4 款。

❺ 参见 О безопасности упаковки：технический регламент Таможенного соза（《海关联盟包装安全技术法规》）第 1 条第 5 款。

❻ 参见 О безопасности упаковки：технический регламент Таможенного соза（《海关联盟包装安全技术法规》）第 5 条第 1 款。

❼ 参见 О безопасности упаковки：технический регламент Таможенного соза（《海关联盟包装安全技术法规》）第 5 条第 6 款。

❽ 参见 О безопасности упаковки：технический регламент Таможенного соза（《海关联盟包装安全技术法规》）第 5 条第 5 款。

❾ 参见 О безопасности упаковки：технический регламент Таможенного соза（《海关联盟包装安全技术法规》）附录 1。

保健学标准和安全指标以及玻璃、细瓷、瓷土及其制品以及陶瓷制品中释放出的铅、镉的卫生保健标准作出了明确的规定。❶ 包装应包含必要的信息，包括包装名称、包装的用途、储存、运输条件、是否能够回收利用、处理方法、加工者（生产者）的名称及所在地和联系方式、制造者代理人、进口商的名称和所在地以及联系方式、生产日期、保存期限等。这些信息应用俄语表述或海关联盟各成员国的国家语言表述。❷

除了《包装法规》外，海关同盟的其他技术法规也有关于包装的规定。《牛奶和乳制品的安全性法规》（О безопасности молока и молочной продукции）第15条规定，对于在海关同盟国家间流通的牛奶和乳制品，必须有统一的标识以及明确清晰的保质期标志。《肉类食品的安全性法规》（О безопасности мяса и мясной продукции）第3条规定，肉类产品需要具备规定的产品识别标识。《海关联盟烟草产品技术条例》❸ 规定，烟草制造商必须在烟盒上设置警示吸烟后果的图片，在包装正面和背面标明吸烟的危害，并且不得标明烟草的味道。

八、清　关

货物从外国进口到俄罗斯、从俄罗斯出口货物到国外以及经停俄罗斯时，须向海关申报，办理各项法定手续。根据相关法律，只有在履行各项义务并办理俄罗斯海关申报、查验、征税、放行等手续后，货物才能进入或者离开俄罗斯海关，货主或申报人才能提货。载运进出口货物的各种运输工具与货物一样，在进出境或转运时，也须履行海关申报义务，办理各项海关手续，经许可后方可通关。这一流程统称为俄罗斯的海关清关，又称为海关结关。在俄罗斯清关的过程中，包括进口、出口和转运，货物和运输工具均由俄罗斯海关监管，完成结关程序前，不得自由流通。

---

❶ 参见 О безопасности упаковки：технический регламент Таможенного соза（《海关联盟包装安全技术法规》）附录2。

❷ 参见 О безопасности упаковки：технический регламент Таможенного соза（《海关联盟包装安全技术法规》）第6条第3款。

❸ 参见 Технический регламент Таможенного союза "Технический регламент на табачную продукцию"（《海关联盟烟草产品技术条例》）。

俄罗斯海关清关程序受俄罗斯联邦海关当局的管理和监督。海关当局是权力执法机构，有自己的一套系统，包括俄罗斯联邦国家海关局、俄罗斯联邦地方海关事务局、俄罗斯联邦海关机构和俄罗斯联邦海关检查站等独立机构组成。

海关通关程序通常由俄方的进口商负责完成，进口商填写申报单，然后将申报单与所需的证明文件一起提交给俄罗斯海关进行通关申报。一般情况下，只有俄罗斯的公司才能作为海关登记的进口商。而且，申报通关的进口商，须与进口货物有直接利益关系。同时，在欧亚经济联盟委员会官方保护名单上登记报备的海关经纪人或代理人，也可以代理申报人进行货物清关。外国公司等外国实体不可以担任登记进口商，但俄罗斯的外国法律实体代表处或分支机构可以作为登记进口商。申报文件齐全且符合规定的情况下，俄罗斯海关当局通常在登记申报后的1个工作日内开始清关程序。但海关检查员有权根据海关总署署长的自由裁量权将期限延长多日，2003年之前，清关时限最多可以达到10个工作日。2003年5月8日颁布的俄罗斯新《海关法典》对原海关法的内容进行了修改整合，简化了海关通关的程序，大大提高了通关效率，在手续齐全的前提下，办理清关的最长时间从10天减少到3天，且上述3天的期限自报关单提交之日起算。

2014年1月1日起，俄罗斯开始实行电子报关制度，海关进口申报通过网络传输电子文件进行，改革在2020年完成。电子海关系统完全运行后，相应地区的电子海关和电子申报中心完成99%的海关申报，系统自动放行80%以上的无风险预警货物。在电子海关，每份报关单以平均速度不超过3分钟录入系统，且平均放行速度不超过5分钟。在线申报表包含30多个部分，涵盖报关的全部信息，电子申报表在俄罗斯联邦海关总署网站可以下载获取。同时，为简化海关程序，自2014年起，俄罗斯海关不要求企业单独提交申报证书，但对于某些受管制的特殊物品，仍须单独提交相关证明文件。

目前，按照职能的不同，俄罗斯存在实际监管海关、电子海关和全职能海关三种海关。实际监管海关通过隶属的海关关站对货物进出口进行实际的现场监控，企业在此对部分特殊商品进行海关申报。电子海关运用现代信息技术，企业可以通过电子申报中心办理各种进出口业务，海关机构对报关数据和报关文件进行集中审核处理。全职能海关是实际监管海关和电子海关的结合，既进行电子申报也对货物进行监控。

俄罗斯原《海关法典》规定，进口货物的海关手续应在收货人或其分支机构所在地的海关机关办理。如在其他地点办理，要收取双倍手续费。根据新《海关法》规定，入关的货物可以在任何海关所在地办理清关手续，但对于特殊种类的货物和交通工具，俄罗斯海关有权指定其在特别的海关检查站清关入境。同时，某些商品只有办理完动植物检疫等检验检疫手续后方可办理海关清关手续。

新《海关法》中列举了办理海关手续所需的证明文件，主要包括：货物报关单；海关价值申报单；进口许可证（针对受许可证和配额管理的商品）；卫生许可证；技术安全证书（对于需进行产品认证的商品）；动植物检验检疫证书；原产地证明（对于商品产地为享受关税优惠的国家）；关税、税费单据；进口合同登记证；确认经纪人/申报人/进口商合法的文件；等等。

对于从业三年以上且对进口货物设有专门账户的进口商，根据新《海关法》，可以申请进行简化的清关程序。

总体看来，新《海关法》简化了绝大部分的海关程序。尽量简化通关手续的做法，一方面，给进出口企业提供了很大的方便，降低了通关的成本；另一方面，精简的通关手续有效地提高了海关的工作效率。电子通关的推行，以电子传输的方式代替传统的材料递交方式，为进出口企业提供了便捷的通道，极大缩短了通关时间。同时，电子申报使得海关申报程序公开和透明，减少人为干预，避免同一货物不同关站不同税费的情况。

第二节　俄罗斯投资领域法律制度

一、对投资领域予以管控的法律法规

在投资行业的设定方面，各国都有积极和消极两方面的法规政策。一方面，对于一些产业，要鼓励海外资本投资，以促进本国经济发展，加强国际经贸交流合作；另一方面，出于维护国家主权、保护资源、扶持本国企业的需要，各国都会设置外资企业准入的限制条件，对于投资的范围和行业加以控制。

为有效吸引外资，俄罗斯政府将一批投资项目列入优先投资清单，鼓励外商直接投资，涉及的大多是以生产领域、交通设施建设或基础设施建设项目为

主的传统外资产业。

在积极引进外资进入本国市场的同时，俄罗斯也十分重视对国家安全、经济发展、本国产业和自然资源的保护，在重要的战略性领域，通过法律法规设置了禁止条款以及限制外国资本进入的条件。

俄罗斯联邦法律规定，赌博业、人寿保险业属于绝对的、无条件的禁止外国投资的行业。此外，在银行业务方面，禁止外资银行在俄罗斯设立分行；在保险业方面，禁止外国保险公司参与俄罗斯的强制保险方案。

俄罗斯一直在采取未成文的、不透明的措施来限制外国投资进入特定的领域。同时，俄罗斯政府也在研究出台更为具体详尽的法规政策，以便进一步控制战略行业。2008年4月2日，俄罗斯国家杜马通过《俄罗斯联邦外资进入对保障国防和国家安全具有战略意义商业组织程序法》（以下简称《战略领域外国投资法》），该法案于2008年5月7日公布并生效。❶ 这部法律起草时间达3年之久，涉及能源、电信、航空、国防、矿业、空间技术、核能等几十个战略性行业。

自此，俄罗斯开始细化和完善引进外资的法规政策，对外国投资者参与对国防安全和国家经济安全具有重要战略意义的经济实体的资本作出限制，以此来限制外商投资活动在特定领域的发展。

《战略领域外国投资法》明确规定了对国防和国家安全具有战略意义的业务种类，从事被列明的业务的公司属于战略性公司。该法详细具体地列举了13大类42种被确定为俄罗斯国家战略性行业的商业领域，对这些行业的外商投资受到一定的限制。概括而言，这些行业可以分为几个类别：第一，与国家安全密切相关的领域，包括核装置、放射性物质、武器和弹药、军事设备、航空安全等行业；第二，有重要战略意义的媒体，包括电视和无线电广播活动；第三，具有经济垄断地位的行业，如电信服务；第四，涉及自然资源的行业。

自颁布施行之日起，俄罗斯对《战略领域外国投资法》进行了多次修订。最近的也是规模最大的一次修订是2017年12月的第八次修订。作为俄罗斯外商投资国家安全审查的最重要的法律依据，俄罗斯政府对《战略领域外国投资法》作出一系列修改和完善，其态度是明确的，即对战略行业的外商投资活动监管

---

❶ Российская Газета [N]. Россииская Газета, 2008-05-17.

日趋从严。

在战略性行业的领域范围方面,经多次修订的《战略领域外国投资法》,在2008年最初施行时规定的42项对国家安全具有战略意义的外商投资行业的基础上,进一步扩大了受限制的外资行业,目前涉及47项战略行业,外商在俄投资活动受到的监管有所增加。

毋庸置疑的是,从保护本国国家安全和经济安全的角度出发,限制外资进入战略性行业是有效的措施,也是国际通行的做法。俄罗斯《战略领域外国投资法》是有积极影响的一部重要的外资法。该法出台之前,外资进入俄罗斯重要的战略性领域没有一个相对明确的游戏规则,外企进入俄市场的方式通常是同俄政府协商,暗箱操作的空间极大。俄罗斯颁行《战略领域外国投资法》后,一方面,在维护国防和经济安全方面具有了明确的法律依据;另一方面,外资进入俄市场的程序实现透明和公正,有一套具有可操作性的措施和政策。该法并没有禁止外资进入俄罗斯战略性行业,而是通过实行审批制来规范外国投资的秩序。

《战略领域外国投资法》及其修正案限制外国实体在四十多种行业的投资并购行为,这对外资进入俄罗斯构成了一定的阻碍。受限制的行业从该法颁行之前的16个扩展到42个,之后又扩展至47个。在受限行业中,本国企业得到很大保护,几乎不会面对国际上的竞争压力,这会进一步导致俄政府将更多的行业列入限制名单。

俄罗斯国内以及国际社会存在对《战略领域外国投资法》带来负面影响的担心。首先,一些战略性行业如广播通信业、自然资源开采业的发展需要其他国家先进和发达技术的支持,对外国投资的限制势必会影响这些行业的发展。其次,限制外资进入俄罗斯地下资源开发领域,会大大减少俄罗斯在发放地下资源开发许可证中获得的利润,从经济效益的角度来看,对俄罗斯有一定的不利影响。再次,依照法律规定,外资进入战略性领域仍然采取审批制,这可能会为政府官员的腐败提供新的机会。最后,俄罗斯的经济优势在于自然资源丰富,这也是最吸引外国投资者的行业,但是种种的限制条件使得自然资源领域基本被封闭,使得外资进入的动力不足,俄罗斯的投资环境显得很不理想。

从《战略领域外国投资法》的立法目的以及若干修订条款来看,俄罗斯对战略行业的外商投资并不持欢迎的态度,扩大监管范围和监管力度是总体趋势。

在受到限制的战略性行业中,能源勘探开发、通信合作、渔业捕捞加工等都是中国对俄投资的重要领域,《战略领域外国投资法》的实施,势必会影响中国企业对俄罗斯投资的范围、力度和规模。

实践中,确实存在由于投资审批未能通过的案例。例如,2009 年 6 月,中国黄金集团公司与俄罗斯公司签署谅解备忘录,两家公司计划对堪察加半岛的采矿项目进行合作投资,开采黄金和铂。但是,在之后的审批程序中,俄罗斯政府认为该矿区属于俄联邦级地下资源,中方的投资不符合相关法律规定的条件,合作项目最终因未能获得俄罗斯政府批准而被迫中止。❶ 2014 年 11 月,双方再次合作,在堪察加半岛开采黄金。❷ 在中俄投资合作面,双方的态度总体来说是积极的,目标也是一致的,在新修订的《战略领域外国投资法》的背景下,实务界需要不断摸索,通过具体投资项目的实施和操作,在实践中积累经验。

《战略领域外国投资法》的调整对象是,以获得战略性公司股份为主要形式的投资行为,或其他导致外国投资者对战略性公司实际控制的投资行为。❸ 此处的关键点在于两方面:其一,何为战略性公司;其二,外国投资者对战略性公司的实际控制,如何认定,标准是什么。

1. 战略性公司的认定

所谓战略性公司,即对国家有战略意义的商业公司,是指在俄联邦境内成立的、从事法律规定的对保障国家安全和国防有战略意义的业务的公司。❹ 此类公司的具体业务范围,《战略领域外国投资法》有明确规定。❺

2. 具有控制性质的交易

根据《战略领域外国投资法》的规定,对法律界定的战略性公司,外国投资者进行具有控制性质的交易时,须经主管机关预先批准。❻ 而且,外国政府、

---

❶ 央企:"走出去"不轻松 风险很高 [EB/OL]. (2012-11-14) [2023-02-05]. https://www.chinanews.com.cn/ny/2012/11-14/4328649.shtml.

❷ 中国黄金集团或加入俄罗斯黄金开采项目 [EB/OL]. (2014-11-10) [2022-12-30]. http://finance.ce.cn/rolling/201411/10/t20141110_3879108.shtml.

❸ 《俄罗斯联邦战略领域外国投资法》第 2 条第 1 款。

❹ 《俄罗斯联邦战略领域外国投资法》第 3 条第 1 款。

❺ 《俄罗斯联邦战略领域外国投资法》第 6 条。

❻ 《俄罗斯联邦战略领域外国投资法》第 3 条第 1 款。

国际组织及其在俄罗斯境内设置的机构无权进行对战略性公司具有控制性质的交易。❶ 至于如何认定外资机构是否控制俄罗斯战略性公司，是一个十分重要亦十分复杂的问题。

在具备以下条件之一时，战略性公司视为被外国投资者控制：第一，控制人有权通过财产委托管理合同、普通合伙合同、委托代理合同或其他交易以及根据其他理由，直接或经第三方间接处置被控制人25%以上的股份；第二，控制人根据合同或其他理由有权做出被控制人必须接受的决定，如确定被控制人进行企业经营活动的条件等；第三，控制人有权任命被控制人一人执行机构，或集体执行机构25%以上成员，有权无条件选派被控制人董事会、监事会或其他集体执行机构25%以上成员；第四，控制人有权管理被控制人。❷ 在判断对战略性公司是否构成控制的标准方面，《战略领域外国投资法》确立的标准是多元化的，并没有完全局限于股权的比例方面，外资是否能够有足够的能力影响战略性公司的重大事项的决定、是否能够实际控制战略性公司的实权机构、是否能够实际管理战略性公司等方面也是重要的考量因素。这一判断标准和体系较为全面，在适用上也灵活，有利于在复杂情形下科学合理地评估国家的安全风险。

值得注意的是，2017年之前，《战略领域外国投资法》以战略公司是否有权利用联邦级矿产地进行研究、勘探、开采等使用联邦级矿产资源为划分依据，认定外国投资者控制战略公司的条件不同。2017年修订《战略领域外国投资法》时降低了对无权利用联邦级矿产资源的战略性公司构成控制的标准，提高了有权利用联邦级矿产资源的战略性公司构成控制的标准。上述第一种和第三种情形中，对无权利用联邦级矿产资源的战略性公司构成控制的标准，从50%降为25%，而对于有权利用联邦级矿产资源的战略性公司构成控制的标准，这一比值从10%增至25%。这样，在认定外国投资者是否实际控制战略性公司时，不再区分是否有权利用联邦矿产地，统一了标准。

可见，修订后的法律放宽了外国投资者投资非矿产资源领域受到审查的标准，减轻了对外国投资者的投资限制，而对于涉及利用联邦级矿产资源的外资

---

❶ 《俄罗斯联邦战略领域外国投资法》第2条第2款。
❷ 《俄罗斯联邦战略领域外国投资法》第5条第1款。

行为，新修订的法案提高了要求。其背后的原因是，对非矿产资源领域对其控制标准适当放宽，有利于增加投资开放度，加大引资力度，发展本国经济。而矿产资源领域是重点防范的对象，只有实力足够强大的外国资本才能投资能源等重要领域，相较于非矿产资源领域的投资者而言，这类投资主体资金雄厚，战略控制能力更强，潜在的安全威胁大，对其加大审查监管力度，目的在于防范外资对本国经济的渗透，体现出俄政府对国家安全的重视度不断提高的意图。

3. 控制性交易的实现条件

进行具有控制性质的交易，外国投资者须向俄政府部门提出申请，被批准的交易只能在有效期内实施。❶ 经外国投资者申请被批准的控制性交易，外国投资者有权在有效期内直接或间接通过一次或几次交易处置战略性公司股份。❷

控制性交易经申请批准程序后可以进行的规定，存在两种例外。一种例外情况是，外国政府、国际组织及其在俄罗斯境内设置的机构无权进行对战略性公司具有控制性质的交易。❸ 另外一种例外是，如果在交易之前，外国投资者已经有权直接或间接处置战略性公司 50% 以上的股份，则与该公司股份有关的交易以及法律规定的其他类型的控制性交易不需要经过申请批准程序，但是，有权利用联邦级矿产资源的战略性公司的交易不适用此项例外。❹

根据《战略领域外国投资法》，需要俄政府主管机关事先批准的交易大体上分为两大类，分类的标准是外资的性质，即是否为外国政府、国际组织及其控制下的机构所进行的交易。

第一类是，不构成对战略性公司的控制性交易但涉及外国政府、国际组织等特殊主体的交易。外国政府、国际组织及其控制下的机构，其所进行的交易如果能够导致它们能够直接或间接处置战略性公司超过 25% 的股份，或可能冻结上述战略性公司管理层的决议，或能够直接、间接处置在联邦级矿产地从事地质资源研究、矿藏勘探和开采的战略性公司 5% 以上的股份，则该交易应按法律规定的程序事先向主管机关提出申请，经批准后方可进行。

第二类是，不涉及外国政府、国际组织等特殊主体的对战略公司的控制性

---

❶ 《俄罗斯联邦战略领域外国投资法》第 4 条第 1-2 款。
❷ 《俄罗斯联邦战略领域外国投资法》第 4 条第 3 款。
❸ 《俄罗斯联邦战略领域外国投资法》第 2 条第 2 款。
❹ 《俄罗斯联邦战略领域外国投资法》第 4 条第 4 款。

交易。这类交易在本节已有详细阐述，不再赘述。

4. 主管机关

俄罗斯于 2004 年 6 月 30 日颁布法令《俄罗斯联邦反垄断局的职责》（《Об утверждении Положения о Федеральной антимонопольной службе》），确立俄联邦反垄断局为负责监管俄联邦外国投资的权力机构。根据 2008 年颁行的《战略领域外国投资法》，俄罗斯联邦反垄断局和俄罗斯政府外资监管委员会作为主管机关，对战略行业外商投资交易进行审批和监管。其中，俄罗斯联邦反垄断局是初审机构，初步审查确认申请的交易是否构成对战略公司的控制。俄罗斯政府外资监管委员会是终审机构，根据反垄断局的初审作出是否批准交易的决定。

对申请的初步审查是由反垄断局进行，而外资监管委员会是批准或驳回投资申请的最终决策的权力机构。外资监管委员会由俄罗斯总理担任主席，联邦反垄断局、联邦安全局、国防部和原子能机构等共同参与组成。

在 2008 年《战略领域外国投资法》明文授权反垄断局和外资监管委员会监管权力的基础上，2017 年的修正法案又进一步扩充了主管机关的权力。由政府总理担任的外资监管委员会主席有权为保护国家安全而主动提出启动对外商投资行为的审查程序的建议。如果委员会根据总理的提议决定对某项外资交易进行审查，则投资人须暂停交易，等待审查结果出台后再继续。但遗憾的是，何种类型的外商投资活动可能被作为外资监管委员会主席的政府总理主动启动审查程序，《战略领域外国投资法》并未明文规定，这给外资交易带来很大的不确定性。

5. 申请和审批程序

《战略领域外国投资法》实施之前，俄罗斯国家战略性行业外商投资管理方面存在主管部门多、程序繁杂的问题，鉴于此，新法建立了外国投资者"一站式"进入战略性行业的程序，对外资的进入实行"一个窗口"管理的原则。

大体上，俄罗斯外商投资安全审查程序可分为三个阶段：申请人提出审查申请；联邦反垄断局进行初审；如果反垄断局的初审决定需要进一步评估，则由外资审查委员会进行进一步的审查并作出最终裁决。整个程序一般需要 3 个月，特殊情况下还可能顺延 3 个月。因此，审查批准过程可能总共需要 6 个月。

（1）交易申请的递交程序。

外国投资者计划进行须事先审批的投资交易时，须作为申请人向俄罗斯联邦反垄断局提出相应的交易申请。

申请时须提交必要的证明文件，主要有：申请书；证明申请人合法身份的文件（自然人应提交其个人身份证明文件；法人应提交其设立的文件；不属于法人的外国组织应提交证明其机构设立的文件）；合同草案或其他能说明交易内容的协议；说明申请人在提出申请之前2年（如果申请人存在少于2年，则在其存在的期限）内所从事的主要业务的文件；说明申请人所参与的外国投资集团的情况的文件，以及申请人参加的可能对战略性公司活动产生实质影响，并与参加该战略性公司进行受限行业经营活动相关的协议或履行合同的信息；说明申请人欲控制战略性公司情况的文件；战略性公司的商业计划书；申请人获得战略性公司股份的文件。❶

联邦反垄断局自收到外国投资者的申请之日起14天内，应将申请登记注册，并检查申请文件是否齐备。如申请文件不完整，反垄断局有权要求申请人提交相应的文件，如果申请人在1个月内没有补齐文件，则反垄断局可以驳回申请。❷

之后，反垄断局审查申请的交易是否构成对战略性公司的控制。如果申请人进行的交易未导致控制战略性公司，主管机关应自该确认起的3个工作日内退还申请人的申请并说明原因，同时向申请人签发相应的决定，并将该决定的副本提交外资监管委员会。在此种情况下，申请人的交易不需要得到事先批准。如果情况相反，反垄断局经初审确认，申请人基于申请的交易会构成对战略公司的控制，则进入战略性公司实施审查的程序。❸

对于外国政府、国际组织或其控制的机构提出的申请，应另作考虑。这类主体是特殊的投资者，无权实施对战略性公司构成控制的交易。如果反垄断局初审后确认，外国政府、国际组织或其控制的机构提出申请的交易是对战略性公司构成控制的交易，则应驳回申请并说明理由。❹

---

❶ 《俄罗斯联邦战略领域外国投资法》第8条第2款。
❷ 《俄罗斯联邦战略领域外国投资法》第9条第1款。
❸ 《俄罗斯联邦战略领域外国投资法》第9条第2款。
❹ 《俄罗斯联邦战略领域外国投资法》第9条第4款。

(2) 联邦反垄断局的初审程序。

在反垄断局确认申请人提出申请的交易对战略性公司构成控制后，应在3个工作日内向俄联邦负责安全保障的执行权力机关发出咨询函，询问战略性公司的有关交易是否对国防和国家安全产生威胁。在收到反垄断局上述咨询函20日内，俄联邦负责安全保障的执行权力机关须对咨询内容作出结论。❶

反垄断局应于30日内对战略性公司进行一系列审查，审查的内容主要是：从事47个受限行业的许可证；有权使用国家秘密信息开展业务的许可证；出口控制商品和技术的外贸经营许可证；军用产品外贸经营权；申请提交之前5年内国防采购产品供货情况；属于自然垄断企业；属于在通信市场占据垄断地位的经济主体；属于联邦《保护竞争法》第23条规定的名录；对社会经济或国防安全具有重要意义的技术的知识产权成果拥有独占权，申请人转让给该战略性公司的独占除外；在联邦级矿产地进行地质研究、勘探和开采的权利；国家权力机构允许对属于渔业范畴的水生物资源进行捕捞的许可证或合同；在通信服务领域进行电视、无线电传播的许可证或合同。❷

对于有权使用国家秘密开展业务的战略性公司，法律有特殊的审查程序。如果反垄断局经审查认为，战略性公司有使用国家秘密的信息开展工作的许可证，则反垄断局应在3个工作日内向跨部门保护国家秘密委员会发出咨询函，询问申请人是否接触构成国家秘密的信息，跨部门保护国家秘密委员会应在14日内向作出回复。❸对反垄断局审查的申请、决议以及作为或不作为，申请人可按规定程序向法院提出异议。❹

(3) 外资监管委员会的审核批准程序。

俄联邦外资监管委员会是对外资进入战略性行业监管的终审机构，在反垄断局的初审结论上，负责作出是否批准交易的决定。反垄断局在初审结束后，须向外资监管委员会提交意见书和相关资料，监管委员会须在30日内，作出批准交易、有条件的批准交易或否决交易的决定。反垄断局依据监管委员会的决定在3个工作日内向申请人做出相应决定。申请人不服，可就此决定向俄联邦

---

❶《俄罗斯联邦战略领域外国投资法》第10条第1款、第3款。
❷《俄罗斯联邦战略领域外国投资法》第10条第1款。
❸《俄罗斯联邦战略领域外国投资法》第10条第4-5款。
❹《俄罗斯联邦战略领域外国投资法》第10条第7款。

最高仲裁法院提起诉讼。❶ 为避免程序拖沓、效率低下，法律对监管委员会和反垄断局对申请的审查批准期限作出了规定。从反垄断局对申请书进行登记时起，到监管委员会做出批准或不批准的决议时止，一般不得超过 3 个月，特殊情况下，监管委员会可以决定延期 3 个月。❷

在监管委员会作出有条件的批准交易的情况下，申请人签署保证完成相应义务的协议时，委员会可以有条件地批准交易。监管委员会确定申请人应承担的义务，一般包括：采取措施，保守国家秘密；为国防采购供应产品；保持公司持续生产的能力；按照俄联邦自然垄断法确定的价格提供服务；履行申请时提交的商业计划书；在军事状态或紧急状态时，采取俄联邦法律所要求的措施；利用联邦级矿产地的战略性公司在俄联邦领土范围内加工其开采的矿产资源；等等。❸

在决定是否批准交易之前，监管委员会须确定申请人承担义务的清单，由反垄断局与申请人签署履行义务的协议，协议中须明确申请人应履行的义务和不履行义务的责任。如果投资者拒绝签订此协议，监管委员会有权作出拒绝批准申请的决定。❹

值得关注的是，对于有条件的批准，2017 年修订后的《战略领域外国投资法》扩充了监管委员会的审批权力。修订前的《战略领域外国投资法》规定，对战略行业的外商投资作出附条件的审批时，监管委员会有权确定外资企业须履行的义务，这些义务由该法第 12 条第 1 款明确规定，包括保密义务、产品供应保障、产品价格保证、人员雇佣义务、战时和紧急情况下动员等九项义务，监管委员会的权力仅限于在这九项义务中选择一项或多项，不能自行确定法律规定之外的其他义务。但是，2017 年修订后的《战略领域外国投资法》在九项义务基础上，赋予监管委员会根据个案确定外资企业义务的权力，监管委员会有权要求外国投资者承担法定的九项义务外的其他附随义务，至于这些附随义务可能涉及哪些领域，会对外资带来什么影响，《战略领域外国投资法》本身和目前的行业实践尚且无法做出明确回答。

---

❶ 《俄罗斯联邦战略领域外国投资法》第 11 条第 1-3 款。
❷ 《俄罗斯联邦战略领域外国投资法》第 11 条第 4 款。
❸ 《俄罗斯联邦战略领域外国投资法》第 12 条第 1 款。
❹ 《俄罗斯联邦战略领域外国投资法》第 12 条第 3-8 款。

(4) 违法后果。

违反《战略领域外国投资法》的行为和交易，被认定为自始无效。首先，法院有权根据俄联邦民法的有关规定认定交易无效，撤销该交易。其次，如果适用交易自始无效的规定不具有可行性，即交易结果导致外国投资者对战略性公司的控制，而法院此时无法确认无效交易的法律效力时，法院有权在反垄断局起诉时作出判决，剥夺外国投资者在战略性公司股东大会上的表决权。此种情况下，在统计股东大会的有效人数和股东大会投票数时，不予计算属于外国投资者的投票权。❶

总体来说，《战略领域外国投资法》完善了外国投资进入俄罗斯各个战略性行业的法律制度，在其制定和修订过程中，进行了富有建设性和有益的改革，在保护国家安全的同时，力求提升外国投资者对俄投资的信心和积极性，尽量消除对外国投资者过多的行政干预，在一定程度上创建了一个透明公开的投资环境。

尽管《限制外资程序法》规定的审查监管规则相对明确，但仍然程序烦琐，带有一定强权色彩，因而饱受争议。主流观点认为，俄罗斯对外资进入战略行业的审批和监督制度相当严格，而且法律修订频繁。《限制外资程序法》于2008年5月出台至今，已修改多次，出台了若干修正案、判例、官方指导等法律文件，在指引实践方面发挥了一定的作用，同时也带来了法律适用的不确定性。俄罗斯国家安全审查制度频繁的法律修改以及模糊的规则细节对外国投资者构成重大的法律风险。在实践中，俄政府如何解释和适用法律，仍有待观察。如何构建一个合理适度的外商投资安全审查制度，在确保国家国防和经济安全不受侵犯的同时，增加投资环境的开放性，有效吸引外资进入，这恐怕是俄罗斯面临的一个难题。

投资者应熟悉俄罗斯投资规则的变化和发展，在进入俄罗斯市场前做好充分的法律知识储备和必要的调研工作，结合具体的项目条件设计多样的预案，最大化地减少投资风险。

二、外国投资者的法律保护制度

俄罗斯对外国投资者权利保障的法律依据由国内法、双边条约和国际条约

---

❶ 《俄罗斯联邦战略领域外国投资法》第15条。

三部分组成。就国内法而言，主要是《俄罗斯联邦宪法》和《俄罗斯联邦外国投资法》。2006年11月，中俄政府签订了《中华人民共和国政府和俄罗斯联邦政府关于促进和相互保护投资协定》。另外，俄罗斯参加的国际条约中，也有若干保护外国投资者的内容。

1. 促进和保护投资

在双边贸易中，中俄两国认识到，促进和保护两国间的投资将有助于促进经营的积极性和增进两国的繁荣。据此，在中俄《关于促进和相互保护投资协定》中，缔约双方约定：为对方的投资者在其领土内投资创造有利条件；为对方投资者的投资提供完全的安全保护和保障；为投资方公民办理签证和工作许可提供便利。❶

俄罗斯的外商投资立法，以保护和有效促进外商投资为宗旨。"本联邦法确定对外国投资者的投资及其投资收益和利润权利的基本保证，以及外国投资者在俄联邦境内的经营条件。""本联邦法旨在吸收和在俄联邦经济中有效地利用外国物资和资金资源、先进技术、工艺及管理经验，保障外国投资者经营条件的稳定性并使外国投资法律制度符合国际法准则及投资合作国际惯例。"❷

《俄罗斯联邦外国投资法》有保护外国投资的具体规定。"俄罗斯的商业组织，从外国投资者加入之日起，即获得有外国投资的商业组织地位。从该日起，有外国投资的商业组织及其外国投资者即享受本联邦法所规定的法律保护、保障及优惠。"❸ "外国投资者有权在俄联邦境内以俄联邦立法所不禁止的任何方式进行投资。"❹ "对俄联邦境内外国投资者的权益应给予充分的无条件的保护。这种保护是以本联邦法、其他联邦法、其他俄联邦法规，以及俄联邦签署的国际条约为保障的。"❺

可见，俄罗斯法律对外国投资者给予的保护是充分的、无条件的。俄罗斯

---

❶《中华人民共和国政府和俄罗斯联邦政府关于促进和相互保护投资协定》第2条。

❷《俄罗斯联邦外国投资法》绪论。

❸《俄罗斯联邦外国投资法》第4条第6款。

❹《俄罗斯联邦外国投资法》第6条"外国投资者运用各种方式在俄联邦境内进行投资的保障"。

❺《俄罗斯联邦外国投资法》第5条"对外国投资者在俄联邦境内活动的法律保护的保障"。

的企业，从外资加入之日起，即获得外资企业的法律地位，享有法律赋予外资企业的权利、保障和优惠。这种保障以俄罗斯联邦法律、其他规范性文件以及国际条约为依据。只有俄罗斯联邦法律法规以及俄联邦签署的国际条约，才可以规定限制外国投资者的内容。另外，外国投资者可在俄使用各种投资方式，包括创建外资企业等直接投资方式和获得股份和股票等间接投资方式。

2. 外国投资者的法律地位和待遇

总体来说，俄罗斯对外资实行非歧视原则。"非歧视"是国际经济活动中的重要原则，也是世界贸易组织的基本法律原则，被认为是 WTO 各项协定中最重要的原则。它是《关贸总协定》的基本原则之一，在《关贸总协定》第 1 条、第 2 条第 1 款（甲）、第 3 条第 2 款与第 4 款以及其他制约非关税壁垒的条款中均有体现。"非歧视"是针对歧视待遇而设立的一项原则，要求各成员方之间在无歧视的基础上进行贸易，任何成员方都不得对其他成员方实施歧视待遇和差别待遇，要给予其他成员方以平等待遇，使所有缔约方能在同样的条件下进行贸易并能分享削减贸易壁垒所带来的好处。

非歧视原则要求，在 WTO 的管辖领域内，各成员方应公平、公正、平等、一视同仁地对待其他成员方的贸易主体和客体，包括货物、服务以及服务提供者或企业、知识产权所有者或持有者等在内的贸易对象和贸易主体。也就是说，WTO 成员不得在本国和外国的产品、服务、服务提供者或企业、知识产权所有者或持有者之间制造歧视，要给予外资"国民待遇"。非歧视原则的核心在于，一国政府在管理对外经济贸易时，对外国的市场参与者不得施加特别的限制和不公平的竞争条件。非歧视原则的适用范围广泛，包括产品入境后的国内税收及各种收费、销售、购买、运输、使用，外来投资企业的待遇，服务业的开放度和知识产权的保护等。

非歧视原则在世界贸易组织中主要通过最惠国待遇、国民待遇和互惠待遇来实现。最惠国待遇指一国现在或将来给予任何另一成员方的优惠和豁免，也要无条件地给予其他成员方，即对所有外国都一视同仁。它要求缔约方在国际贸易中平等对待其他缔约方，不得在其贸易伙伴之间造成歧视。国民待遇原则调整进口产品与本国产品在国内市场上的关系，要求每一个缔约方对其他缔约方的产品进入其国内市场时，在国内税收和法令规章方面应给予其与其国内同类产品同等的待遇以及同等的竞争条件。互惠原则是指在国际贸易中，两国互相给予对方优惠待遇。在非歧视原则下，各成员本着互惠原则，对等地进行双边谈判，最惠国待遇原则使得双边谈判的成果无条件地适用于所有成员方，将双边互惠升级为多边互惠。

俄罗斯加入世界贸易组织后，受到非歧视原则的约束。为了符合非歧视原则和《与贸易有关的投资措施协定》，俄罗斯调整了关于外商投资的法律法规，删除了限制性条款和要求。

中俄《关于促进和相互保护投资协定》体现了非歧视原则的基本宗旨，即"缔约一方应保证在其领土内给予缔约另一方投资者的投资和与该投资相关的活动公平和平等的待遇。在不损害其法律法规的前提下，缔约方不得采取任何可能阻碍与投资相关的行为的歧视措施"。❶

俄罗斯在其宪法中赋予外国投资者国民待遇。《俄罗斯联邦宪法》规定："外国公民和无国籍者在俄罗斯联邦享有与俄罗斯联邦公民同样的权利和义务。"❷ 俄罗斯法律确保外国投资者在俄不受到歧视，给予境内的外国投资者不低于本国投资者的法定待遇，使其能够与俄罗斯本国公民、企业和商业组织平等竞争。中俄《关于促进和相互保护投资协定》也约定了国民待遇原则的基本内容："在不损害其法律法规的前提下，缔约一方应给予缔约另一方投资者的投资及与投资有关活动不低于其给予本国投资者的投资及与投资有关活动的待遇。"❸

关于最惠国待遇原则，中俄《关于促进和相互保护投资协定》明确指出："缔约一方给予缔约另一方投资者的投资及与投资有关活动的待遇，不应低于其给予任何第三国投资者的投资及与投资有关活动的待遇。"❹ 但是，这种最惠国待遇的适用有一定的范围限制，排除以下三种情况：建立自由贸易区、关税同盟、经济联盟、货币联盟或类似机构的协定，或者基于将形成此类联盟或机构

---

❶ 《中华人民共和国政府和俄罗斯联邦政府关于促进和相互保护投资协定》第3条第1款。
❷ 《俄罗斯联邦宪法》第62条第3款。
❸ 《中华人民共和国政府和俄罗斯联邦政府关于促进和相互保护投资协定》第3条第2款。
❹ 《中华人民共和国政府和俄罗斯联邦政府关于促进和相互保护投资协定》第3条第3款。

的过渡协定；与税收有关的国际协定或者国际安排；俄罗斯联邦与原苏联成员国之间的与本协定项下投资有关的协定。❶

除此之外，《俄罗斯联邦外国投资法》对外资给予一些超国民待遇，包括税收优惠以及其他方面的优越待遇，使外资能够享受到比本国企业更为优越的交易条件。❷

3. 对外资的征收与补偿

国有化、征收及其补偿标准是国际投资的重大风险之一。有的国家对外国投资不实行国有化或征收，有的国家对国有化或征收的条件作了严格限制，同时给予投资者充分补偿，并且以可自由兑换的货币不迟延地支付。俄罗斯有关外商投资的法律中也有关于征收和国有化问题的规定，承认并保护外国投资者对其资本的所有权，对国有化或征收实行严格限制并给予补偿，为投资者投资和经营提供保障。

跨国投资涉及他国的主权管理者、法域和制度体系，较之于国内投资，跨国投资风险更大且可预测性更弱。在诸多投资风险中，征收和国有化是最严重的情况，缺乏及时充分有效的补偿的征收和国有化，无疑是对外国投资的巨大打击，使投资者遭到重创，同时也影响全球经济交流的健康发展。保障外国投资的稳定与安全是一国投资法律环境的核心，基于此，征收或国有化及其补偿的标准是一国法律为外国投资者提供可靠法律保障的重要方面。

俄罗斯宪法针对征收财产问题作出了原则性规定："除非根据法院决定，为了国家需要，任何人均不得被剥夺其财产。没收财产只能在预先做出等价补偿的情况下进行。"❸ 据此，在俄罗斯，征收私人财产须以国家利益、公共利益为目的，且须经法定程序，由法院决定，方可实施，同时，对被征收者，国家须提供公平、充分的补偿。

在宪法的基础上，《俄罗斯联邦外国投资法》规定了对外资征收和国有化的具体内容，是对外国投资的直接保护。该法第 8 条为"外国投资者及有外国投

---

❶ 《中华人民共和国政府和俄罗斯联邦政府关于促进和相互保护投资协定》第 3 条第 4 款。

❷ 《俄罗斯联邦外国投资法》第 16 条"给予外国投资者和有外国投资的商业组织海关税费的优惠"和第 17 条"俄联邦主体和地方自治机关给予外国投资者的优惠和保障"。

❸ 《俄罗斯联邦宪法》第 35 条。

资的商业组织的财产被国有化及征用时的赔偿保障",包含两个条款:"第一,除联邦法律或俄联邦签署的国际条约所规定的特殊情况及理由之外,外国投资者或有外国投资的商业组织的财产不应被强制没收,包括被国有化和征用;第二,在被征用的情况下,应向外国投资者或有外国投资的商业组织支付被征用财产的价款。引起征用的情况终止时,外国投资者或有外国投资的商业组织有权通过司法程序要求追回仍保留的财产。但在此情况下,他们应退回已得到的赔偿金,同时应考虑到因财产价值降低而带来的损失。在实行国有化的情况下,应向外国投资者或有外国投资的商业组织赔偿被国有化的财产的价值及其他损失。有关损失赔偿的争议应按本联邦法第10条规定的程序解决。"❶

可见,俄罗斯对外资征收和国有化的立法持慎重的态度。俄罗斯法律明确承诺,除俄罗斯法律或俄罗斯签署的国际条约规定的特殊情况及理由外,对外资不实行国有化和征收。中俄《关于促进和相互保护投资协定》也约定,缔约任何一方对缔约另一方的投资者在其领土内的投资不得采取征收、国有化等措施。❷ 这意味着,在一般情况下,外资在俄罗斯不会遭遇征收和国有化的处境,在一定程度上降低了外国投资者的投资风险。

俄罗斯并未完全放弃对外资实施征收或国有化的权利。在某些特殊情况下,俄罗斯有权依据国内法的规定或者国际条约的约定,对外国投资进行征收或国有化。同时,中俄《关于促进和相互保护投资协定》约定,在为公共利益的需要并符合一定条件——依据国内法律程序、非歧视性的、给予补偿——的前提下,可以征收对方投资者的财产。由此,在俄罗斯,外资财产被征收并非绝对不可能,但征收受到严格限制,须符合以下条件:第一,有法律依据,即符合俄罗斯国内法或国际条约的相关规定;第二,依法定程序,即按照俄罗斯法律规定的征收程序进行;第三,不得歧视,即征收行为对内资和外资一视同仁;第四,须补偿,即政府须对被征收财产者进行一定的补偿。

为保护外国投资者的投资、获得的利润和其他合法权益,俄罗斯法律尽可能降低外国投资者的财产遭受征收及国有化的损害,规定在特定情况下给予一定的补偿。关于征收或国有化的补偿标准,《俄罗斯联邦外国投资法》有相应的

---

❶ 《俄罗斯联邦外国投资法》第8条。
❷ 《中华人民共和国政府和俄罗斯联邦政府关于促进和相互保护投资协定》第4条第1款。

规定。在征收的情形下，俄罗斯政府对外国投资者的补偿价款应为"被征用财产的价款"。如引起征用的情况终止，外国投资者有权通过司法程序追回被征用的财产，前提是，退回已得到的赔偿金并补足因财产价值降低而带来的损失。在对外资实施国有化时，俄罗斯政府应向外国投资者赔偿被国有化的财产的价值及其他损失。对于此规定，俄罗斯相关法律法规没有明确的细则予以说明。从现有的规定来看，俄罗斯对于征收和国有化提供的补偿标准比较高，类似国际上通用的"充分补偿"标准。可以理解为，补偿额是被征收或国有化的财产征收或国有化时的公平合理的市场价格。

征收发生后，最容易引起争议的问题是补偿的金额、时间和程序。对此，中俄《关于促进和相互保护投资协定》有较为明晰的约定："补偿，应等于采取征收或征收为公众所知的前一刻被征收投资的市场价值，并适用两者中更早者。该价值应根据普遍承认的估价原则确定。补偿包括自征收之日起到付款之日按 6 月期美元借贷的伦敦同业借贷利率计算的利息。补偿的支付不应迟延，并应以可自由兑换的货币进行。"❶ 由此，条约确定了"及时、足额、有效"的补偿原则。

首先，补偿适用的估价标准是，征收实际发生和正式宣布时，取两者时间更早者，被征收财产的市场价值，即要以财产的实际价值为准，并根据普遍承认的估价原则确定财产价值。其次，补偿款的支付形式为初始投资时的货币，或投资者能够接受的其他国家的货币。再次，外国投资者获得的补偿包括直接损失和利息两部分，其利息金额从征收之日起到付款之日计算，利率为 6 月期美元借贷的伦敦同业借贷利率。最后，补偿应当迅速及时，支付补偿金不得拖延，通常不晚于自确定补偿之日起 3 个月。❷

缔约一方的投资者在缔约另一方领土内的投资，如果由于战争、国民骚乱、全国紧急状态或其他类似事件而遭受损失，缔约另一方对其恢复原状、赔偿、补偿或采取其他措施的待遇，不应低于它在相似的情况下给予本国或任何第三国投资者的待遇，并从优适用。

---

❶ 《中华人民共和国政府和俄罗斯联邦政府关于促进和相互保护投资协定》第 4 条第 2 款。
❷ 一带一路沿线国家法律风险防范指引：俄罗斯 [M]. 北京：经济科学出版社，2016：73.

俄罗斯法律为外国投资者提供损失补偿的担保，这种损失及其补偿产生于两种情况。其一，外国投资者对政府非法行为导致的损失享有求偿权。外商投资企业或者其投资者认为行政机关及其工作人员的行政行为侵犯其合法权益的，可以向俄政府有关机关提出申诉。对于因国家机关、地方自治机关或其工作人员的非法行为或不作为而给外国投资者造成损失的，外国投资者有权根据俄罗斯相关民事法律要求赔偿。❶ 其二，外国投资者对战乱损失有权请求补偿。根据中俄《关于促进和相互保护投资协定》，由于战争、国民骚乱、全国紧急状态或其他类似事件，缔约一方的投资者在缔约另一方领土内的投资遭受损失，缔约另一方对其恢复原状、赔偿、补偿或采取其他措施的待遇，不应低于它在相似的情况下给予本国或任何第三国投资者的待遇，并从优适用。❷ 由此，外国投资者在俄罗斯的投资因战争、动乱等原因造成投资损失的，俄罗斯在赔偿或补偿损失方面给予外国投资者的待遇不得低于其给予本国或任何第三国投资者的待遇。

4. 外国投资者权利义务的转让

外国投资者向他人转让权利和义务时受到法律保护。"外国投资者有权根据合同转让自己的权利让渡诉求和义务转移责任。根据法律或法院判决，外国投资者有义务依照俄联邦民事立法向他人转让自己的权利让渡诉求和义务转移责任。"❸

外国投资者有权转让自己的权利和义务，当然，这种转让，并不是完全自由的和无条件的，而是以法律的规定、合同的约定和法院的判决为依据。也就是说，外国投资者转让自己在所投资的企业中的权利义务时，要遵守俄罗斯相关的法律规定，依法履行纳税、登记等义务，还要依照企业章程和相关合同，履行约定的义务，如发生争议诉至法院，则要以法院的判决为依据。

如果外国或其全权国家机构为了外国投资者利益而为其出资，对在俄罗斯境内的投资进行了担保（根据保险合同），此项投资的外国投资者的权利又转让（让渡诉求）给该国或其全权国家机构，则在俄联邦这种权利转让（让渡诉

---

❶ 《俄罗斯联邦外国投资法》第 5 条 "对外国投资者在俄联邦境内活动的法律保护的保障"。
❷ 《中华人民共和国政府和俄罗斯联邦政府关于促进和相互保护投资协定》第 5 条。
❸ 《俄罗斯联邦外国投资法》第 7 条 "外国投资者权利和义务向他人转让的保障"。

求）是合法的。❶

俄罗斯外国投资法为外商投资企业的外国投资者再投资的权益提供法律保障。"外国投资者、在俄联邦境内建立的有外国投资的商业组织［外商对该组织法定（合股）资本的投资份额不少于10%］进行再投资时，完全享受本联邦法规定的法律保护、保障及优惠。"❷

外资的再投资是指，外国投资者将外国投资所得收入或利润向本企业或俄联邦境内其他企业再次投资，增加本企业或其他企业的注册资本，或者投资举办其他企业。根据俄罗斯的法律，如果外商投资企业中外商投资者的出资份额不少于企业法定资本的10%，则再投资时，可以享受法律提供的法律保障及优惠措施。

外国投资的资本和利润的兑换和汇出，是一个重要问题。投资者在境外投资的核心目的在于获得利润，投资者的本金、投资所得的合法利润以及其他合法收益，能够及时兑换成国际通用货币或其本国货币并自由汇回本国，投资才有实际意义，否则，海外投资即使有收益，也无实惠，投资的目的无法达成。所以，许多国家的外资法都很重视在此方面保护投资者的利益，允许外资原本及利润自由汇出。

俄罗斯法律同样在外国投资者原本及利润的汇出问题上提供了保护性规定。对于收入、利润及其他合法所得款项，外商投资者有权在俄境内使用和向俄境外汇出。《俄罗斯联邦外国投资法》规定，外国投资者在遵照俄联邦法律纳税后，有权在俄联邦境内自由使用其收入和利润等合法款项，用于再投资或其他与俄联邦法律不相抵触的目的，有权不受任何限制地向俄境外汇出其投资所得收入、利润及其他合法所得外汇款项，其中包括：投资所得利润、股息、利息和其他收入；有外国投资的商业组织或在俄联邦境内设立分支机构的外国法人在执行合同及其他交易中履行义务所得款项；外国投资者因撤销有外国投资的商业组织或停止外国法人分支机构、代表处活动，或出让投资财产、财产权和知识产权所得款项；外国投资者的财产被国有化及征用时的补偿金。❸

---

❶ 《俄罗斯联邦外国投资法》第7条"外国投资者权利和义务向他人转让的保障"。
❷ 《俄罗斯联邦外国投资法》第4条第5款。
❸ 《俄罗斯联邦外国投资法》第11条。

中俄《关于促进和相互保护投资协定》也有类似约定，外国投资者在履行所有税收义务后可以将其在对方国家内与投资有关的支付自由转移出境，包括：收益，即由投资所产生的款项，包括但不限于利润、股息、利息、资本利得、提成费以及其他与投资相关的费用；全部或部分出售或清算投资获得的款项；对借贷的支付；在缔约一方的领土内从事与投资有关活动的缔约另一方国民的收入；由缔约一方与缔约另一方投资者投资争端解决获得的支付；由征收和损失赔偿产生的赔偿款。另外，上述各种支付应根据缔约方的法律法规能够按兑换当日可适用的市场汇率自由兑换为任何可自由兑换的货币，且支付应当依据缔约方现行的外汇法律法规，不应迟延，并以可自由汇兑的货币进行。❶

5. 外国政府的代位权

外国政府的代位权，亦称"代位求偿权"，是外国政府代替其国民在境外索赔的权利，多数国家都承认一定条件下的外国政府代位求偿权。如投资者在境外的投资遭受损失，投资国政府通过海外投资保证公司或保险公司对其予以补偿，此时投资国政府即取得代替投资者向东道国政府提出索赔要求的权利。

俄罗斯的相关法律以及中俄双边协定都规定了外国政府代位求偿权的基本内容。"如果外国或其全权国家机构为了外国投资者利益而为其出资，对在俄联邦境内的投资进行了担保（根据保险合同），此项投资的外国投资者的权利又转让（让渡诉求）给该国或其全权国家机构，则在俄联邦这种权利转让（让渡诉求）是合法的。"❷ "如果缔约一方对其投资者在缔约另一方领土内投资的非商业风险规定了财政补偿，并据此对该投资者作了支付，缔约另一方应承认缔约一方依照法律或合法交易通过代位获得了该投资者所有的权利和请求权。但是，通过代位获得的权利或者请求权不应超过该投资者原有的权利或者请求权，也不能损害缔约另一方已经获得的该投资者的原有权利或者请求权。"❸

综上，俄罗斯法律承认外国政府的代位求偿权。首先，外国政府享有代位权须具备一定的条件。外国政府在对其投资者在俄罗斯领土内投资的非商业风险提供财政补偿的前提下，才可以代为行使投资者向俄罗斯政府提出赔偿请求的权利。其次，外国政府的代位权须在一定的限度范围内行使。一是外国政府

---

❶ 《中华人民共和国政府和俄罗斯联邦政府关于促进和相互保护投资协定》第6条。
❷ 《俄罗斯联邦外国投资法》第7条"外国投资者权利和义务向他人转让的保障"。
❸ 《中华人民共和国政府和俄罗斯联邦政府关于促进和相互保护投资协定》第7条。

通过代位获得的权利或者请求权不能超过该投资者原有的权利或者原投资者所享有的权益,二是外国政府行使代位权时不能损害俄罗斯已经获得的该投资者的原有权利或者请求权。

三、俄罗斯投资促进法律制度

总体看来,俄罗斯对外商以实物作为注册资本出资的税收优惠包括关税优惠和增值税优惠两个方面。根据《俄罗斯联邦海关法典》的规定,进口商输入俄罗斯境内的商品应缴纳关税和增值税。其中,进口关税为商品报关价的5%~15%,增值税的税率为10%或18%。关税和增值税无疑大大增加了交易成本,对于外国投资者而言,如果能够以进口商品作为注册资本投资,就可以享受税收优惠,合理避税。

根据俄罗斯联邦政府《关于由外国投资者作为外商投资企业注册资本出资而进口的商品在支付关税和增值税时的优惠措施》❶、《俄罗斯联邦税法典》❷ 以及《俄罗斯联邦关税法》❸,作为注册资本的外国投资的实物,可以享受免征关税和增值税的优惠。关税和增值税的免征需要具备法定条件,只有满足这些条件后,外商投资的实物才可以不缴纳关税和增值税。

1. 关税优惠

在关税优惠方面,俄罗斯相关法律规定,外商实物出资的进口商品在符合法定条件时,享受免除关税的优惠。

第一,商品是外资对营利性外商投资企业注册资本的出资,即出资的主体须为外国投资者,投资者的投资对象是外商投资企业的注册资本,在该企业的注册资本中,外资不低于10%。同时,作为投资对象的外资企业为营利性实体,包括俄罗斯民法典规定的无限合伙、有限合伙、股份公司和有限责任公司。对于与外商合资的非营利性组织,由于其没有注册资本,外国股东或者合伙人无法根据相关法律享受关税优惠。

第二,作为出资的实物商品不属于须缴纳消费税的商品,即如果按照俄罗斯法律对该类进口商品征收消费税,则商品不能作为实物出资享受关税优惠。

---

❶ 1996年7月23日883号政府令颁布。
❷ 参见该法第150条第1款第7项。
❸ 参见该法第34条和第37条。

这类商品主要包括烟、酒、家庭轿车以及其他奢侈品，具体商品目录在《俄罗斯联邦税法典》中有详细的列表。❶

第三，实物商品必须属于企业的基本生产资料。俄罗斯相关法律法规对基本生产资料的范围有明确界定，基本生产资料为价值不低于俄罗斯最低工资100倍的物品，不符合此项要求的进口商品，不属于企业的主要生产资料，不能享受外商实物出资的关税优惠。❷

第四，商品按照法定期限进口并交付出资。按照俄罗斯法律的规定，实物出资的商品若要得到关税优惠，须在外商投资企业注册文件规定的出资期限内进口到俄罗斯境内，且在企业注册登记之日起1年内完成全部出资的交付。有限责任公司注册登记时，首期交付的出资不得低于注册资本的50%，股份公司注册登记后的3个月内，首期实际交付的出资不得低于50%。对于企业设立后增加出资的情况，进口商品享受免除关税优惠的条件是，商品须在公司股东大会作出增加注册资本的决议后6个月内进口到俄罗斯并实际投资于公司，且在该期限结束后1个月内，公司确认增加注册资本并作出合法的变更登记。如不遵守上述期限等要求，进口商品无法享受关税优惠。

第五，实物出资商品在出资范围内享受优惠，超出部分不免税。也就是说，价值在公司章程登记的出资范围内的进口商品，可以认定为以实物作为注册资本的出资，对于超出约定的出资价格的商品，不属于出资，仍要依法纳税。

进口商品以实物投资享受关税减免优惠政策时，要按照一定的程序办理法定手续。

首先，进口商要向俄联邦海关总署申请确认文件，申请提出后的答复期为90天，确认文件的有效期为6个月。

其次，外资公司须完成投资人入股的法定证明文件，签署投资人入股协议书。

再次，进口商向海关提交报关单，报关单中须列明适用优惠政策的商品明细，并附加有关证明文件。在实务操作时，此项要求会产生一定的争议。根据

---

❶ 参见该法第181条。

❷ 俄罗斯联邦标准化委员会1994年12月26日发布的第359号令，俄罗斯联邦财政部2001年3月30日发布的第26H号部长令，俄罗斯财政部1998年7月29日发布的关于会计记账的部长令。

俄罗斯关于公司注册的规定，公司在创建时注册登记或增加注册资本进行登记时，须向登记机关提供出资已经到位的证明。投资实际到位的前提是商品已经进口到俄罗斯，但外国投资者在办理商品入关手续时，海关要求公司提供公司已经合法注册登记或公司注册资本和章程的修改已经过法定登记的证明。注册登记机关和海关的要求在时间顺序上相互矛盾，投资者无法同时满足。实践中，投资者向海关提出免税申请时，常常因无法提供相关注册登记证明文件而遭到拒绝。专家的建议是，可以在进口商品后再申请退税。具体的做法是，投资者进口商品时遵照一般的程序，不必申请免除关税，之后进行公司注册资本的投资工作，在完成注资并取得主管机关的注册登记证明后，再次返回海关，办理商品退税。另外，实践中也可以采取另外一种策略，即先登记再进口。投资者与俄罗斯企业在国外签署资产转让协议，将待进口的商品作为注册资本投入外资企业中，根据资本转让协议，在有关机关办理企业的资本注册登记证明，取得企业的注册证明后，投资者即可进口商品，此时在海关办理免税手续时，证明文件缺失的问题就解决了。

最后，对于用于出资的实物，须进行独立评估。俄罗斯法律要求，有限责任公司和股份公司的股东以实物等非现金出资时，须由独立的第三方对出资价值进行评估。对于有限责任公司，股东以非现金出资支付的股权价格超过公司注册登记时俄罗斯最低工资的 200 倍时，则该出资的价值要由具有评估资质的第三方评估机构进行评估，股东可以协商确认该出资的价格，但协商的价值不能高于评估机构的评估价格。❶ 对于股份公司，其设立时实物等非现金出资的价格可以由股东协商确定，但在增发股票时，以实物支付的股票价格由董事会根据由第三方评估价格认定的市场价格来确定。❷

2. 增值税优惠

同关税一样，进口商品作为外商投资的注册资本时，可以享受增值税优惠。需要注意的是，适用增值税优惠与适用关税优惠的条件有较大差异。

第一个差异是对纳税主体的要求。关税优惠仅适用于合伙、公司等营利性实体，非营利性组织无法享受关税减免。增值税的优惠适用范围广泛，只要进

---

❶ 《俄罗斯联邦有限责任公司法》第 15 条。
❷ 《俄罗斯联邦股份公司法》第 34 条。

口商品的用途为注册资本的出资，就可以享受免税优惠，受惠主体不受限制，既可以是外商投资企业等营利性组织，也可以是非营利性组织，所有在俄罗斯依法注册登记的组织，都可以成为享受免税优惠的主体。

第二个差异体现在征税对象的限制方面。对于作为实物出资的进口商品，关税减免适用于所有类型的进口商品，而增值税对实物出资的商品的种类有严格的限制。俄罗斯相关法律规定，增值税免收政策只适用于工艺设备或该工艺设备的组成部分或者备用配件，并且该设备须为俄罗斯无法自行生产替代品的设备。对于该类工艺设备的名称和种类，俄罗斯相关法律法规有十分明确的清单。❶

3. 外商实物出资的海关监管

外商用于出资的实物商品在进口时享受免征关税和增值税的优惠，这一优惠以限制商品的使用和支配为条件。

根据俄罗斯相关法律的规定，用于出资的进口商品，进口时享受免税政策的，属于附条件放行的外国商品，即使已经入境，也还要受到海关的监管。❷ 这意味着，这些商品只能按照预定的条件和目的使用，如果违反，则要承担违法后果，不仅要补交税金，还可能被罚款。

为了监管商品的使用情况，俄罗斯法律规定，在商品进口后一定的期限内，外商投资企业应当向海关监管部门提交由总经理、会计签字并加盖公章的会计证明，证明该商品已经属于该企业的基本生产资料。

在实务中，值得关注的问题是，享受税收优惠的商品，进口后注资于俄罗斯的企业，之后是否可以通过出售、出租和融资租赁等方式自由流通？毋庸置疑的是，按照俄罗斯法律的要求，这类进口商品进口后不得以出售的方式转让，否则即属于违反使用目的的行为，需要补交关税和增值税。有争议的问题是，出租或者融资租赁是否合法？对于租赁事宜，俄罗斯主管部门有明确的规定，认可其合法性。"出租作为注册资本出资的进口商品的，不能视为用于与取得关税优惠不一致的用途，原因是，依据现行民事法律，租赁不属于销售，而且，被

---

❶ 《俄罗斯联邦税法典》对此没有详细的规定。实践中通常根据俄罗斯联邦海关总署2001年2月7日颁布的第131号部长令的附件1"关于工艺性设备的清单"来确认。

❷ 《俄罗斯联邦海关法典》第151条。

出租的商品仍然在出租方的资产负债表中。"❶ 进口免税商品涉及融资租赁交易时，会产生比较大的争议，俄罗斯法律法规以及有关管理机构对此问题没有专门的规定和解释，实践中，遇到此类问题，需要特别关注，避免违法违规。在融资租赁合同中，出租人根据承租人对租赁物和供货人的选择及要求，出资向供货人购买承租人选定的商品，同时，出租人与承租人订立租赁合同，将商品出租给承租人使用，承租人向出租人支付租金，在租赁期内租赁物的所有权属于出租人，承租人拥有租赁物的使用权。一般情况下，双方可以约定，在租期届满、租金支付完毕且承租人履行全部义务后租赁物的归属，租赁物既可以属于出租人，也可以由承租人所有。但是，在涉及免税进口商品的融资租赁合同中，租期届满后，如果租赁物的所有权转归承租人所有，则会发生租赁物的转让，属于违反海关监管规定的行为。由此，俄罗斯法律并不禁止当事人将用于出资的进口商品进行融资租赁来取得收益，但融资租赁合同期满后，出租物不得转让于承租人，而是要收归于出租人。

享受实物出资优惠的企业在进行改制后，是否应补交税款？对此，根据有关管理机关的规定，企业分立、合并或变更公司形式时，因企业依法转让其权利义务而使得用于出资的实物转让至新企业的资产负债表时，此种转让不应被视为该实物出资的转让，不需要补交免征的税款，但新企业须承担合理使用该实物出资的责任。❷ 据此，即使外商投资企业发生结构变化后，只要免税的实物出资仍然属于新企业的资产，该实物的作为俄罗斯企业财产的基本性质就没有改变，享受税收优惠的基础仍然存在，当然就不需要退税。实践中，企业可以利用俄罗斯关于外商实物出资的优惠制度来减少出口成本，增加收益。众所周知，中国的机械设备在俄罗斯拥有广泛的销售市场。相对于欧美产品，更低的制造成本和人力成本使中国产品首先具有价格上的先天优势；相比俄罗斯本国品牌，中国产品拥有更好的质量。但是，进出口贸易各种税费高昂，使得企业的成本剧增。合理利用俄罗斯关于进口商品投资即可免税的规定，不仅很多投资者受益，销售商也可借此优惠措施来扩大出口、提高利润。在俄方公司作为买方购买中国的设备数量较大、金额较高、税费负担重的情况下，实践中有两

---

❶ 俄罗斯联邦海关总署1999年1月25日的答复函。
❷ 俄罗斯联邦海关总署2005年8月15日的答复函。

种常见的做法。一种解决办法是，首先由俄罗斯买方设立一家离岸公司，中方将设备出售给该离岸公司，离岸公司与俄罗斯买方在俄罗斯境内合资成立企业，进口的设备作为企业注册资本投资于该企业，此设备即可实现零关税、零增值税进口。另外一种做法是，中方直接以投资者的身份与俄方在俄罗斯成立外资企业，中方将出售于俄方的设备以实物形式投资于该合资企业，进口设备时即可免征税款。这两种避税的做法，对买卖双方都有利可图，也不违反俄罗斯法律，是有效可行的操作。

结　　论

通过对 2010—2021 年俄罗斯与世界主要经济体经贸关系的梳理，可以得出一个基本的规律，即俄罗斯与他国的经贸关系能否保持持续稳定增长主要取决于四个重要变量。一是俄罗斯与对方国家政治关系。如果两国有着良好的政治关系，相互之间存在信任，那么两国之间的经贸关系就比较稳定。二是俄罗斯与对方国家在产业结构上是否存在深度互补，如果互补性强，则俄罗斯与对方国家的贸易关系拓展就相对容易。三是俄罗斯与对方国家地理距离远近和文化交往亲密程度。如果俄罗斯和对方国家距离近，文化上有着亲近感，则双方发展经贸关系存在相当的便利，尤其是在投资领域容易达成协定。反之，两国经贸关系发展存在一定的障碍。四是俄罗斯所交往的经济伙伴的自身经济体量。如果对象国经济规模大、人均收入高，有利于俄罗斯与对方国家的经贸关系发展。我们可以依照这四个变量对未来俄罗斯与世界各国的经贸关系做出一个大致总结和判断。

一、俄罗斯与中国的经贸关系将迎来迅猛发展时期

（一）俄罗斯与中国的战略互信得到巩固与加强

中国积极维护世界和平，促进全球经济秩序稳定的立场得到俄罗斯的理解与认可。俄罗斯清晰地认识到加强与中国在战略领域相互合作的重要性。更为重要的是，中俄全面战略协作伙伴关系是战略决策而不是权宜之计，两国关系不会受到美欧联手对俄制裁的影响。促进与中国的经贸合作，不仅极大缓解了俄罗斯国内经济压力，也使其摆脱了外交孤立的局面，为俄罗斯在与美西方对抗过程中赢得了战略支撑。因而俄罗斯的"向东看"战略将会加速进行，并成为未来俄罗斯毫不动摇将长期予以坚持的对外战略。中俄良好的政治关系也为中俄经贸关系的发展提供了一个稳定的外部环境。

(二) 中俄贸易与投资之间的互动将更加主动积极

从贸易投资的角度看，中俄在产业结构上深度互补。中国作为世界第二大经济体，经济体量巨大，产业链世界最全，工业化水平日益上升，人民生活水平不断提高，能够为俄罗斯提供越来越多的满足其需要的商品，又能够从俄罗斯进口海量的俄罗斯优势商品。从近年的中俄贸易结构变化可以看出，中国对俄罗斯高附加值商品的出口种类越来越多、金额越来越大。而俄罗斯作为世界资源大国在中国工业化过程中也能发挥极其重要的作用。俄罗斯对中国大部分矿产资源需求都能够予以满足，俄罗斯与中国紧邻的地理位置使双方的贸易物流成本也能得到控制。"中俄合作进入新的'拐点期'，即由贸易合作向贸易、投资和产业合作转移。"❶

总之，从发展趋势看，中俄高度的战略互信，两国深度的产业结构互补，相邻的地理位置以及人民日益密切的交往使中俄经贸关系即将迎来一个迅猛发展时期。

二、俄罗斯与欧洲国家的经贸关系发展会波折不断

(一) 俄罗斯与欧盟国家之间的战略互信受到严重削弱

俄乌冲突不仅严重损害了俄欧之间的战略互信，而且使俄罗斯与欧洲多数国家的文化差异及俄罗斯与东欧一些国家之间的历史恩怨被放大，为未来俄欧之间的经贸合作蒙上了厚厚的阴云。欧洲国家与俄罗斯之间一轮又一轮的制裁与反制裁措施导致"双输"的局面，经济制裁势必影响双方的经贸合作，对俄罗斯来说，俄罗斯无法得到欧洲大量的资金投入、较高水平的技术和设备的进口，尤其是欧美对俄发起 SWIFT 制裁，切断了俄罗斯银行与全球银行系统的联系，势必会对俄罗斯企业跨境贸易和资金流动形成阻碍。因此，未来欧俄之间的贸易与投资关系将面临多层次的复杂的不确定性和金融风险。前所未有的国际大变局使俄罗斯清晰地认识到昔日以欧盟为自己最优先的经贸发展方向已不可延续。

(二) 俄罗斯与欧洲国家的能源合作会继续保持

目前，西方能源企业如英国石油公司、挪威国家石油公司、壳牌、埃克森

---

❶ 梁雪秋. 中俄金融合作及未来发展研究 [J]. 学习与探索, 2020 (2): 129.

美孚、道达尔等虽然都纷纷从俄罗斯撤资或中断项目合作，但是在对俄进行经济制裁的同时，不可忽视的问题就是对俄罗斯能源的依赖并不会因此消失。欧盟经济的发展长期以来高度依赖俄方能源资源，这种现状是很难改变的。尽管欧盟在努力以其他地区如美国和中东的天然气与石油取而代之，但是考虑到俄罗斯天然气与石油的优良品质以及俄欧地理相接的客观条件，能源制裁对于欧盟一定是得不偿失的。就天然气贸易看，经济制裁给欧盟带来的代价是极其高昂的。由美国运往欧洲的天然气价格是俄罗斯天然气的4倍，长此以往对欧洲国家人民生活以及企业竞争力将产生严重伤害，更重要的是经济制裁并不能改变俄罗斯的立场。双方是搬不走的邻居，没有俄罗斯的参与就不会有欧洲和平安宁的未来，这是所有欧洲人都知道的事情。故而，在未来战事平息之后，俄欧能源合作势必重拾，由此推动双方经贸合作有限发展。

因此，俄欧双方在经贸领域既存在利益的重合点，又在地缘政治问题上存在矛盾与分歧。这种矛盾分歧和利益重合决定了今后俄欧经贸合作关系依旧会存在，但发展会不顺畅，双方经贸关系将在波折中前行。

三、俄罗斯与独联体国家的经贸关系是其重中之重

从政治关系、产业结构、地理位置和文化亲缘性等多个角度看，在今后很长一段时间之内，俄罗斯一定会把推动独联体国家经贸一体化放在对外经贸交往的中心位置。2014—2016年，在不利的经济和地缘政治形势的困难条件下，正是欧亚经济联盟的一体化确保了俄罗斯出口的增长，使俄罗斯减少了经济损失。❶

当前，欧亚经济联盟的运行为俄罗斯提供了利用其自身地缘政治和科学技术水平的优势，为解决俄罗斯在复杂的地缘政治和地缘经济背景下解决自身诸多的政治和经济问题创造了更多机会。俄罗斯将进一步扩大对联盟其他国家工业制成品的出口和投资。目前欧亚经济联盟是以"俄罗斯为核心的'轮辐式结构'。这种结构未来能否推动欧亚一体化的发展在很大程度上取决于是否能够消除其内部障碍：促使联盟所有国家在商品、服务、资本和劳动力领域更充分融合，建立起真正一体化的网络结构；并进一步理顺欧亚经济联盟的法律规范、

---

❶ Иванова Анна Андреевна, книг Роль Российской Федерации в ЕАЭС, Молодой учёный №40（226）октябрь 2018 г［J/OL］.［2022-12-30］. https：//moluch.ru/archive/226/52969/.

调整决策机制和利益分配机制，在主权让渡和超国家机构建设方面取得实质性进展，使所有欧亚经济联盟国家都能通过欧亚一体化受益，而且要保障受益相对均衡"❶。

也就是说，俄罗斯与独联体伙伴国的贸易发展前景在于俄罗斯能否在内部分工过程中有明显的技术溢出效应。❷ 在与独联体其他国家的经贸发展中有效让利，避免自身一家独大、利益分配不均衡的倾向，使独联体其他国家对俄罗斯产生向心感，俄罗斯与独联体国家的经贸一体化才能不断向前发展。

四、俄罗斯与美国的经贸关系仍然会在波折中前进

俄乌冲突对于俄美本来就极为孱弱的战略互信是一个严重打击，可以说目前的俄罗斯与美国的战略分歧已经到了无法缓和的地步。这必然导致双方经济合作受到严重影响。贸易统计数据表明两国之间的对外贸易额从 2011 年的 310 亿美元下降到 2020 年的 238 亿美元，而 2020 年的数字又比 2019 年减少 8.9%。俄乌冲突爆发之后，美国对俄罗斯展开全方位制裁，甚至连俄罗斯音乐、文学和艺术也在制裁范围之内，给人以美俄即将"脱钩"之感，但实际情况是在 2022 年 9 月之后，俄美贸易有了显著发展。美国官方公布的数据显示，2022 年 9 月美国对俄罗斯的出口总额达 9040 万美元。目前，美国仍然是俄罗斯的第五大贸易伙伴。在美国多轮制裁下，俄美贸易仍然有着相当不错的成绩，说明俄罗斯和美国出于各自利益的考虑，双方不可能相互直接脱钩。因为美俄的产业结构的互补性以及各自庞大经济体量使双方在贸易与投资上存在共同利益。例如，从贸易结构看，美国从俄罗斯大量进口化肥。俄罗斯作为世界上最大的氮肥出口国、第二大钾肥出口国和第三大磷肥出口国，俄罗斯对于美国农业极为重要，目前美国 20% 以上的氮肥从俄罗斯进口。正如前文所述，在俄罗斯活跃着两千多家美国公司，有着近千亿美元的投资，且许多美国企业营业额巨大。例如，400 家最大的俄罗斯公司评级中，有十几家来自美国。其中包括烟草巨头菲利普莫里斯（2019 年年底在俄罗斯的收入为 3330 亿卢布）、百事可乐（2019 年年底在俄罗斯的收入为 2110 亿卢布）、苹果（2019 年年底在俄罗斯的收入为

---

❶ 徐向梅. 欧亚经济联盟：相互贸易与投资 [J]. 俄罗斯学刊，2020（6）：86.
❷ 黄茜. 欧亚经济联盟内部与外部分工网络的基本特征及其影响因素分析 [J]. 俄罗斯学刊，2021（2）：132.

31890亿卢布)、宝洁（2019年年底在俄罗斯的收入为1090亿卢布)、谷歌（2019年年底在俄罗斯的收入为749亿卢布)、可口可乐（2019年年底在俄罗斯的收入为700亿卢布)、强生（2019年年底在俄罗斯的收入为600亿卢布)、麦当劳（2019年年底在俄罗斯的收入为580亿卢布）等。❶ 问题是俄美之间的尖锐政治对抗对美国公司在俄罗斯的发展必然会产生痛苦的影响。外交政策形势进一步恶化，美国企业也只是会暂时撤出，而不可能永远离开。正如俄罗斯协同大学商学院院长基里尔·普洛基赫（Kirill Plokhikh）所说，"在商业中，通常空缺的位置很快就会被另一个玩家占据。通常，公众会冷静地看待一家大公司离开俄罗斯市场。例如，几年前欧宝和福特就是这种情况，这些公司愤愤不平地离开了，三年后又开始慢慢回归俄罗斯市场。毕竟，每个人都明白我们有一个庞大的销售市场"。❷

因此，俄罗斯和美国的贸易还会在某个数值区间内波动，不会大涨，也不太可能大跌。

五、俄罗斯与美洲多数国家的经贸关系会保持稳定

俄罗斯与大多数美洲国家在政治上保持着友好的关系，贸易结构却反映出这些国家与俄罗斯在经贸领域的合作存在困难。许多美洲国家都是资源大国，对俄罗斯的资源需求相对较小，而这些国家的制造业产品对俄罗斯的吸引力又不够，高科技商品不如欧美国家，中低端商品又很难和东亚国家竞争，再加上双方距离远，物流成本高，文化上缺乏亲近感，自身经济体量偏小，因而双方商品很难在对方国家打开市场。此外，除了墨西哥、加拿大、巴西等少数国家之外，大部分美洲国家经济体量小，因此，俄罗斯也缺乏在对方国家投资的商业动机。未来，俄罗斯与大多数美洲国家的经贸关系会保持稳定，但不太可能有一个明显的发展。

---

❶ Алексей Грамматчиков，Американские горки [J/OL]. [2022-12-30]. https://expert.ru/expert/2021/22/amerikanskiye-gorki/？ysclid=ldfiib7xk3595152696.

❷ Алексей Грамматчиков，Американские горки [J/OL]. [2022-12-30]. https://expert.ru/expert/2021/22/amerikanskiye-gorki/？ysclid=lcn6rh8zvw96882459.

六、俄罗斯与中东国家的经贸关系将有进一步的发展

中东通常位于俄罗斯对外经贸关系的后位,不过俄罗斯已经越来越重视中东地区对俄罗斯经济稳定的重要意义。从战略角度看,俄罗斯与中东国家基本保持着良好的政治关系。即使是美国的盟友以色列也与俄罗斯保持着正常的国家关系。从贸易的角度看,俄罗斯与中东许多国家的贸易结构具有高度的相似性,而且中东大部分国家经济体量不大,这对俄罗斯与这些国家的贸易增长有着不利的影响。因此,可以看到俄罗斯在中东除了土耳其以外,没有其他重要的贸易伙伴,但是双方在投资领域的合作有着广泛的前途。正如前文所述,俄罗斯在伊朗、伊拉克、叙利亚和土耳其等国的投资正在逐年增加,而海湾国家对俄罗斯的投资兴趣也在迅速增长。最重要的是以海湾国家为核心的石油输出国组织(欧佩克)和俄罗斯的合作正在形成一种高度默契。自2016年石油输出国组织(欧佩克)与俄罗斯达成协同减产协议,由此开启"欧佩克+"合作机制之后,欧佩克与俄罗斯的合作机制一直运行良好。在俄罗斯于乌克兰开展特别军事行动之后,西方国家一方面对俄罗斯实施各种制裁,另一方面又极力呼吁增加石油产量以取代因经济限制而离开市场的"俄罗斯桶",但是欧佩克坚持继续与俄罗斯合作。2022年9月,西方七国出台对俄罗斯的石油限价令,一方面打击俄罗斯的石油出口收入,削弱俄罗斯的战争能力;另一方面通过打压一直处于高位的国际油价来遏制肆虐西方国家的通货膨胀。"欧佩克+"却决定把石油日均产量下调200万桶。决定宣布的当天,布伦特原油期货价格就上涨到了每桶94美元以上,纽约商品交易所的轻质原油期货价格上涨到了每桶88美元以上。

因此,俄罗斯与中东国家发展以能源为核心的经贸合作对于俄罗斯来说,不仅是经济利益的问题,同时也是战略利益的问题。在可预见的未来,俄罗斯将重点通过能源合作和军事贸易来拓宽和加强俄罗斯与中东主要国家的关系。

七、俄罗斯与印度的经贸关系未来会显著加强

俄罗斯与印度有着密切的政治关系,俄罗斯与印度之间一直有着高度的战略互信,正如印度防长拉吉纳特·辛格表示,印度和俄罗斯是"天然盟友",是

特殊的战略伙伴关系。❶ 在西方国家实施前所未有的制裁的背景下，印度仍和俄罗斯保持着密切的关系。无论是2014年还是2022年，印度都不支持西方的反俄制裁。这对未来俄印贸易与投资的增长将起着有力的战略保障作用。从经贸的角度看，两国的产业结构互补性比较弱。2010—2019年，贸易额仅增长20%，达到110亿美元。2012年，两国对2019年贸易目标的设定是150亿美元。2019年，俄罗斯和印度又宣布了一个共同目标——到2025年将贸易额增加到300亿美元。而2021年两国的贸易额仅为135亿美元。此外，俄罗斯与印度之间的贸易通道仍然不通畅。随着当前印度大幅度地进口俄罗斯的能源，俄印贸易额将大幅上升。

未来，印度工业化的不断发展将使自身庞大的消费市场逐渐得以体现，在此过程中，俄印相互投资的积极性会不断增强，俄印经贸关系将迎来一个非常好的发展前景。

八、俄罗斯与非洲国家的经贸关系继续缓慢发展

俄罗斯与非洲国家的俄经贸关系将继续保持有限进展。俄罗斯与非洲国家的政治关系一直良好，这是俄罗斯未来推动和非洲国家经贸关系的基础。俄非经贸关系发展的主要障碍是双方贸易结构相似性高，都以矿产品与初级产品出口为主。非洲国家基本上都处在工业化的中低端水平上，所以在国际市场上有竞争力的商品除了矿产品就是农牧渔业商品，这些初级商品在俄罗斯市场上缺乏竞争力。同样，俄罗斯虽是科技大国，但工业技术落后。因此，产品技术含量低，无法提供对非洲国家有吸引力的商品。此外，地理距离遥远、文化上差异性大以及非洲国家经济体量普遍很小，使俄罗斯对于扩大在非洲国家的投资一直十分谨慎，很难见到俄罗斯在矿产农渔业之外领域的大笔投资，因而，俄非之间贸易与投资的增长将是一个缓慢的过程。

九、俄罗斯与日本和韩国的经贸关系发展缓慢

俄罗斯与日本、韩国的经贸关系发展受到复杂的地缘环境以及美国对俄政

---

❶ "美国知道，印俄是彼此的天然盟友" [N/OL]. [2022-12-30]. https://baijiahao.baidu.com/s? id=1730058032241123395&wfr=spider&for=pc.

策的干扰，发展会十分迟缓。

（一）俄日贸易与投资将停滞不前

从产业结构的互补性上看，俄日两国经贸关系有着良好的发展前景。日本对于投资开采俄罗斯石油、天然气、煤炭资源、稀土矿和贵金属资源有着积极性，对于在海洋生物资源开发和利用，创立农业群和小型纯生态绿色食品，拓宽汽车制造业、医疗工业制造业等领域和俄罗斯开展合作抱有兴趣。❶

在交通领域，日本对借助西伯利亚横贯干线来保证其与俄罗斯乃至欧洲物流的畅通也有着积极的意愿。两国都希望开发北极航道，此航道将从欧洲到日本的路程从2.3万千米（经过苏伊士运河和印度洋）缩短至7000千米，该项目的巨大利益对日本不言而喻。俄罗斯远东地区和日本地理相邻，极大地减少了物流成本，并且给日本企业进入俄远东地区进行实地考察、调研、评估等提供了便利条件，降低了企业间在开展投资合作时前期的资金、人力和物力投入。日本又是世界第三经济大国，经济规模巨大。应该说，"俄日经济关系拥有稳定基础和强大的发展潜力。当前产业和实施的新合作方案前景相当可观，对两国的意义难以估量"❷。

但是，影响俄日经贸发展的关键在于日本对俄政策在很大程度上为美国对俄罗斯政策所左右。因此，俄日政治关系在可预见的未来不存在良好发展的可能性。由于缺乏战略互信，无论是俄罗斯还是日本都没有战略意愿发展新型的、高质量的双边合作。俄日文化上的疏离也使双方在经济互动中始终无法有效加深彼此间了解，无法抓住两国产业结构互补所提供的合作机遇。因此，俄日贸易和投资很难有大的发展。

（二）俄罗斯与韩国的经贸关系发展将放缓

与俄日相似，在经贸领域，韩国与俄罗斯贸易与产业结构互补性强，且俄罗斯与韩国开展贸易合作还具备地缘邻近的优势，给双方合作提供动力，韩国又是一个有相当经济体量的国家，这都为俄罗斯与韩国开展贸易合作带来了便

---

❶ Д. B. 苏斯洛夫. 俄日经贸关系发展的现状与前景 [J]. 杨俊东，译. 东北亚学刊，2014（5）：8-9.

❷ Д. B. 苏斯洛夫. 俄日经贸关系发展的现状与前景 [J]. 杨俊东，译. 东北亚学刊，2014（5）：8-9.

利。韩国对俄罗斯的庞大的消费市场和丰富的矿产资源也有强烈的投资兴趣，但是韩国外交也严重受制于美国，在复杂的国际环境下，韩国难以开展独立的对俄经贸交往活动。同时，俄韩两国文化差异大，两国商界之间缺少亲近感，对对方的商业习惯缺乏深入了解，也影响了两国经贸关系的深入发展。

未来，俄韩经贸关系的发展取决于俄罗斯与韩国之间的政治互信是否能够增加，俄韩之间基础设施建设是否完善，只有双方都具有发展经贸关系的政治共识，俄罗斯与韩国的贸易与投资关系才能顺利发展。

十、俄罗斯与东南亚国家的经贸关系会有明显的发展

俄罗斯与东南亚大多数国家政治关系良好。在贸易领域，俄罗斯与大多数东南亚国家在商品贸易结构上互补性强，目前东南亚国家正在快速工业化过程中，其劳动密集型产品质量在国际市场上越来越受肯定。俄罗斯丰厚的自然资源也是多数东南亚国家在经济发展过程中所急需的，因而和这些国家产业结构上具有互补性。俄罗斯远东地区在地理位置上也和东南亚靠近，这都是双方进一步发展互惠经贸关系的良好条件。不过，由于俄罗斯与东盟各国文化差异显著，因而双边的相互投资发展不会很快。

未来，俄罗斯将进一步开拓东南亚出口市场，推销其产品，为加入亚太自由贸易区打好基础。

十一、俄罗斯在完善对外营商环境方面任重道远

吸引外商投资对于俄罗斯有着客观必要性。外国投资在俄罗斯经济中发挥着重要作用。外国投资有助于加速俄罗斯经济和技术进步，提高就业水平，解决面临的经济挑战和实施向市场化过渡有关的改革。

应该承认，俄罗斯对于其营商环境的改进确实取得了积极的进展。俄罗斯营商环境排名由 2013 年的第 112 位前进至 2020 年的第 28 位。俄罗斯在"获得电力""登记财产""执行合同"和"获得信贷"4 个方面表现突出，且在"获得电力"方面取得最大进步。安永会计师事务所（Ernst & Young）2020 年进行的一项调查发现，在俄罗斯经营的外国公司中有 61% 认为商业环境状况有所改善。而在 2015 年则有 63.1% 的公司给予负面评估。在此之后，负面反应减少。调查认为，俄罗斯政府正在"商业环境转型"（TDK）项目的框架内采取措施减

少营商障碍问题。❶

目前，俄罗斯为外国投资者提供担保，保障外国投资者进行投资以及从此类投资中获得收益和利润的权利。除某些例外情况，外国投资者的待遇不低于国内投资者。俄罗斯对外国投资者实施税收稳定条款，即"祖父条款"，禁止提高某些联邦税税率，直至其收回初始投资为止。俄罗斯的政策得到了积极的回应，2019 年之后，外国企业对于俄罗斯的投资明显增加，多数企业积极投资固定资产。❷ 俄罗斯联邦政府的行为释放了明显且积极的信号：为外国投资者在俄罗斯战略领域的投资消除障碍，增加吸引外资的力度与透明度。

但不可否认的是，俄罗斯的对外营商环境还有诸多问题，需要不断改善。

首先，俄罗斯对外国投资者的限制仍然比较多。虽允许外国投资者在俄罗斯经济的部分领域进行投资，但是在银行、信贷组织、保险公司、大众媒体、广播组织、航空公司、非商业组织以及许多其划定的战略领域限定乃至禁止投资，而随着国内外政治经济环境的变化，许多外国投资限制其实对俄罗斯的经济发展已经产生不必要的障碍作用。

其次，俄罗斯立法和实践中的矛盾让外国企业难以满足其要求。例如，从 2019 年 1 月起，为俄罗斯公司提供电子服务的外国商人必须独立支付提供服务的增值税。2019 年 4 月，俄罗斯联邦税务局又决定允许俄罗斯客户可以自愿成为外国商人的税务代理人。但是，这一决定违反了俄罗斯联邦税法。这样立法与实践中存在的矛盾以及相应的所有风险都落在外国公司头上。

再次，俄罗斯营商标准极为严格苛刻。例如，在俄罗斯，外国公司必须收集并向税务机构提交比其他国家多得多的文件。而在其他国家，为了确认缴税额度，通过对应手中的发票就足够了。在俄罗斯，企业家必须提供服务的行为的寄售单和发票。如果没有这些文件，那么税务机关将认为公司低估了所得税基数。同时，还要检查这些文件是否正确起草。提供服务的行为必须包含会计法规定的所有细节，以及所提供服务的详细记录。例如，如果设计局为一家公司绘制了广告横幅的布局，不仅要向税务局提供所执行的工作行为，而且需提

---

❶ Восемь вопросов о дроблении бизнеса: когда нельзя, а когда можно [J/OL]. [2022-12-30]. https://pravo.ru/news/219481/?ysclid=ld7e7blof0236964395.

❷ Восемь вопросов о дроблении бизнеса: когда нельзя, а когда можно [J/OL]. [2022-12-30]. https://pravo.ru/news/219481/?ysclid=ld7e7blof0236964395.

供带有印章和签名"同意"的制作布局的照片。❶

此外，外资企业一直不满但始终没有完全解决的问题还包括：关税上涨，高税收，公共行政机构效率低下及腐败；敲诈勒索和有组织犯罪；管理不善的海关制度；银行和税收制度不发达以及证券市场不稳定；基础设施不发达以及获取原材料的相关困难；联邦和地方当局的权力划分含糊不清；保险制度效率低下等。❷

因此，俄罗斯在完善其投资环境方面还有许多事情要做。尽管这些努力在复杂的地缘政治环境和经济环境下效果会打折扣，但是通过对相关法律与政策的丰富与完善，有助于俄罗斯营商环境的进一步改善，在国际环境发生变化时，会吸引大量的外资回流，有利于俄罗斯国家经济潜力的充分挖掘，有利于提高俄罗斯在国际社会的地位和影响力。

---

❶ Зульфия Юпашевская, С какими трудностями сталкиваются зарубежные предприниматели в России [J/OL]. [2022-12-30]. https：//ubpo.ru/press/publications/s_kakimi_trudnostyami_stalkivayutsya_zarubezhnye_predprinimateli_v_rossii/.

❷ Ступакова Вероника Евгеньевна, Проблемы привлечения иностранных инвестиций в экономику Российской Федерации, в Молодой учёный №19（257）май 2019 г [J/OL]. [2022-12-30]. https：//moluch.ru/archive/257/58852/?ysclid=ld7gyc2dsw353190633.

参考文献

一、中文著作类

[1] 李金叶.中亚俄罗斯经济发展研究报告 [M]. 北京：经济科学出版社，2018.

[2] 刁秀华.俄罗斯与东北亚地区经济合作的进展：以能源合作和中俄区域合作为视角的分析 [M]. 大连：东北财经大学出版社，2011.

[3] 于晓丽.俄罗斯远东转型期经济社会发展问题研究 [M]. 哈尔滨：黑龙江人民出版社，2006.

[4] 戚文海.中俄能源合作战略与对策 [M]. 北京：社会科学文献出版社，2006.

[5] 关雪凌.俄罗斯经济与政治发展研究报告 2016 [M]. 北京：中国社会科学出版社，2017.

[6] 李永全.俄罗斯发展报告 2017 [M]. 北京：社会科学文献出版社，2017.

[7] 陆南泉.中俄经贸关系现状与前景 [M]. 北京：中国社会出版社，2011.

[8] 王慧菁，曹国安，樊登义.中俄经贸关系研究 [M]. 天津：天津社会科学院出版社，1997.

[9] 王殿华.互利共赢的中俄经贸合作关系 [M]. 北京：科学出版社，2011.

[10] 徐向梅.俄罗斯问题研究 2010 [M]. 北京：中央编译出版社，2014.

[11] 郑羽，庞昌伟.俄罗斯能源外交与中俄油气合作 [M]. 北京：世界知识出版社，2003.

[12] 李建民.独联体国家投资环境研究 [M]. 北京：社会科学文献出版

社，2013.

[13] 李中海.俄罗斯经济外交：理论与实践［M］.北京：社会科学文献出版社，2011.

[14] 张弛.中国东北与俄罗斯东部地区经济合作模式研究［M］.北京：经济科学出版社，2013.

[15] 杨文兰.俄罗斯与欧盟的经贸关系：基于博弈论视角［M］.北京：社会科学文献出版社，2009.

[16] ［俄］德·C.利沃夫.通向21世纪的道路：俄罗斯经济的战略问题与前景［M］.陈晓旭，乔木森，等译.张达楠，校.北京：经济科学出版社，2003

[17] ［日］木村泛.普京的能源战略［M］.王炜，译.北京：社会科学文献出版社，2013.

[18] 中国人民大学–圣彼得堡国立大学俄罗斯研究中心.俄罗斯经济与政治发展研究报告2016［M］.北京：中国社会科学出版社，2017.

[19] 复旦大学金砖国家研究中心，金砖国家合作与全球治理协同创新中心.全球发展中的金砖伙伴关系［M］.上海：上海人民出版社，2015.

[20] 复旦大学金砖国家研究中心，金砖国家合作与全球治理协同创新中心.金砖国家研究（第一辑）［M］.上海：上海人民出版社，2013.

[21] 李永全.俄罗斯发展报告2013［M］.北京：社会科学文献出版社，2013.

[22] 李永全.俄罗斯发展报告2014［M］.北京：社会科学文献出版社，2014.

[23] 李永全.俄罗斯发展报告2015［M］.北京：社会科学文献出版社，2015.

[24] 李永全.俄罗斯发展报告2016［M］.北京：社会科学文献出版社，2016.

[25] 李永全.俄罗斯发展报告2017［M］.北京：社会科学文献出版社，2017.

[26] 孙壮志.俄罗斯发展报告2018［M］.北京：社会科学文献出版社，当代世界出版分社，2018.

[27] 孙壮志.俄罗斯发展报告2019［M］.北京：社会科学文献出版社，当代世界出版分社，2019.

[28] 孙壮志.俄罗斯发展报告2020［M］.北京：社会科学文献出版社，当代世界出版分社，2020.

[29] 孙壮志.俄罗斯发展报告2021［M］.北京：社会科学文献出版社，当

代世界出版分社，2021.

[30] 孙壮志.俄罗斯发展报告2022［M］.北京：社会科学文献出版社，当代世界出版分社，2022.

二、中文期刊类

[31] 韩笑.中俄贸易合作对俄罗斯产业结构影响分析［J］.金融经济，2018（4）.

[32] 袁晓莉，张敏唯."一带一路"背景下中俄贸易发展领域选择及对策：基于贸易互补性分析视角［J］.青岛科技大学学报（社会科学版），2017（4）.

[33] 李铁.发挥东北区域优势　加快推进"冰上丝绸之路"建设［J］.太平洋学报，2018（12）.

[34] 徐向梅.欧亚经济联盟：相互贸易与投资［J］.俄罗斯学刊，2020（6）.

[35] 冯玉军.俄罗斯经济"向东看"与中俄经贸合作［J］.欧亚经济，2015（1）.

[36] 郭晓琼.中俄金融合作的最新进展及存在的问题［J］.欧亚经济，2017（4）.

[37] 姜振军.加快推进黑龙江省对俄电子商务合作的对策研究［J］.知与行，2016（2）.

[38] 黄茜.欧亚经济联盟内部与外部分工网络的基本特征及其影响因素分析［J］.俄罗斯学刊，2021（2）.

[39] 班泽晋."一带一路"背景下中俄经贸合作的现状、问题及建议［J］.中国商论，2017（1）.

[40] 王巍."一带一路"战略下的中俄贸易发展［J］.学术交流，2016（11）.

[41] 楼前飞.中俄经贸合作的现实基础及战略优化研究［J］.价格月刊，2017（4）.

[42] 刘志中."一带一路"倡议下中俄双边贸易的竞争性、互补性及发展潜力［J］.经济问题探索，2017（7）.

[43] 张建平.欧美制裁俄罗斯对相关的影响[J].当代世界, 2014（11）.

[44] 孔刚.欧盟制裁, 俄罗斯吃得消吗[J].世界态势, 2014（8）.

[45] 陈本昌.21世纪以来俄印能源合作的进展、动因及影响分析[J].东北亚论坛, 2020（6）.

[46] 董欣.新形势下俄罗斯投资环境评估[J].北方经贸, 2014（1）.

[47] 徐昱东.俄罗斯各地区投资环境评价及投资区位选择分析[J].俄罗斯研究, 2015（1）.

[48] 周静言.后危机时期俄罗斯投资环境政策及结构分析[J].经济研究参考, 2015（55）.

[49] 陈新明, 涂志明.2000年以来俄罗斯与欧盟的贸易争端[J].俄罗斯中亚东欧研究, 2013（3）.

[50] 穆楠中.投资环境评价方法评述[J].商业经济研究, 2015（7）.

[51] 曹宝瑞.欧美国家对俄罗斯的经济制裁对俄罗斯的影响[J].商场现代化, 2015（25）.

[52] 陆京泽.欧美经济制裁对俄罗斯石油和天然气公司的影响[J].国际石油经济, 2014（10）.

[53] 贺之杲.乌克兰危机背景下欧盟对俄制裁的分析：基于观众成本的视角[J].德国研究, 2015（1）.

[54] 蒋菁.俄罗斯经济现状与中俄经贸合作新动向[J].东北亚学刊, 2016（1）.

[55] В.Ф.佩切利察.中俄东部区域合作问题探析[J].钟建平, 译.俄罗斯学刊, 2013（3）.

[56] Д.А.伊扎托夫.俄罗斯远东与中国近30年经济合作探究与瞻望[J].臧颖, 译.黑河学院学报, 2015（6）.

[57] И.И.贺梅利诺夫."冰上丝绸之路"的安全保障[J].朱显平, 刘啸, 译.东北亚论坛, 2018（2）.

[58] М.В.亚历山德罗娃.中国对俄投资：现状、趋势及发展方向[J].朱显平, 孙绪, 译.东北亚论坛, 2014（2）.

[59] V.A.克留科夫, A.N.塔卡列夫.价值链分析：中俄油气合作案例研究[J].西伯利亚研究, 2017（4）.

[60] 陈新明.俄罗斯对欧盟能源政策的立场分析 [J].俄罗斯东欧中亚研究, 2016, (6).

[61] 魏敏.俄罗斯对中东国家的经济外交与大国地位塑造 [J].阿拉伯世界研究, 2020 (2).

[62] 张大伟, 王东, 章理焦.俄罗斯在中东油气投资概况及特点分析 [J].国际石油经济, 2020 (9).

[63] 冯玉军, 吴大辉, 刘华芹, 等.俄罗斯经济"向东看"与中俄经贸合作 [J].欧亚经济, 2015 (1).

[64] 方婷婷.能源安全困境与俄欧能源博弈 [J].世界经济与政治论坛, 2015 (5).

[65] 刘清才, 齐欣."一带一路"框架下中国东北地区与俄罗斯远东地区发展战略对接与合作 [J].东北亚论坛, 2018 (2).

[66] 段秀芳, 王瑞鑫."一带一盟"对接下中俄贸易特点及影响因素研究 [J].新疆财经大学学报, 2021 (1).

[67] 黄巍.黑龙江省建立中俄自由贸易区的优势、问题及对策建议 [J].商业经济, 2016 (5).

[68] 李靖宇, 张晨瑶.中俄两国合作开拓21世纪东北方向海上丝绸之路的战略构想 [J].东北亚论坛, 2015 (3).

[69] 李新.中俄蒙经济走廊推进东北亚区域经济合作 [J].西伯利亚研究, 2016 (1).

[70] 强晓云.首届俄非峰会落幕, 合作有潜力但更需能力 [J].世界知识, 2019 (22).

[71] Д.В.苏斯洛夫.俄日经贸关系发展的现状与前景 [J].杨俊东, 译.东北亚学刊, 2014 (5).

[72] 郭晓琼.俄罗斯对外贸易发展: 形势、政策与前景 [J].俄罗斯学刊, 2021 (4).

[73] 范婧昭.俄罗斯投资法律制度和投资风险防范研究 [J].上海政法学院学报, 2019 (2).

[74] 刘爽, 马友君, 钟建平.中俄沿边地区基础设施建设状况考察及分析 [J].欧亚经济, 2017 (1).

[75] 陈新明.论影响俄欧关系的三大要素 [J].国际论坛，2008（6）.

[76] 王宪举.乌克兰危机对俄罗斯内外政策的影响 [J].俄罗斯学刊，2014（5）.

[77] 管雪青.美国制裁对"北溪-2"天然气管道项目的影响 [J].国际石油经济，2020（5）.

[78] 杨雷.中俄天然气合作的历程与前景 [J].欧亚经济，2014（5）.

[79] 于敏，姜明伦.中俄农业合作新机遇及对策研究 [J].世界农业，2015（8）.

[80] 杨文兰，陈迁影.加快推进中俄经贸高质量发展：基于产业链构建视角 [J].国际贸易，2020（2）.

[81] 康成文.显示性比较优势指数研究述评 [J].商业研究，2014（5）.

[82] 梁雪秋.中俄金融合作及未来发展研究 [J].学习与探索，2020（2）.

[83] 朱长明.我国农产品出口俄罗斯遭遇绿色壁垒现状、原因及策略 [J].对外经贸实务，2021（3）.

[84] 李董林，张应武."一带一路"背景下建设中俄 FTA 的可行性与经济效应研究 [J].国际商务（对外经济贸易大学学报），2018（6）.

[85] 赵逸杰.浅析"一带一路"背景下的中俄产能合作 [J].北方经贸，2018（9）.

[86] 徐坡岭，那振芳.贸易潜力与中俄经贸合作的天花板及成长空间问题 [J].上海大学学报（社会科学版），2018，35（4）.

[87] 刘清才，王迪.新时代中俄关系的战略定位与发展 [J].东北亚论坛，2019，28（6）.

[88] 王冰心，米军.中国与欧亚经济联盟贸易竞争性、互补性与潜力分析 [J].东北财经大学学报，2021（3）.

[89] 冯玉军.中俄经济关系：现状、特点及平衡发展 [J].亚太安全与海洋研究，2021（3）.

[90] 王晓泉.中俄结算支付体系"去美元化"背景与人民币结算前景分析 [J].俄罗斯东欧中亚研究，2021（2）.

[91] 罗志刚.俄罗斯对欧盟合作政策评析 [J].武汉大学学报（哲学社会科学版），2006（2）.

［92］崔凯，周静言.俄罗斯贸易结构与产业结构错位现象分析［J］.延边大学学报，2016（7）：38-43.

［93］童珊，苟利武."北溪-2"管道建设与俄美欧能源博弈［J］.现代国际关系，2020（5）.

［94］涂志明.俄欧能源关系中的美国因素［J］.世界地理研究，2014（4）.

［95］涂志明.市场力量与俄欧能源关系［J］.世界经济与政治论坛，2013（6）.

［96］陈新明.俄欧关系争执激烈的思想根源与主要问题［J］.俄罗斯中亚东欧研究，2010（4）.

三、俄文文献

［97］Казначеева И. Нефедов М. Российско－китайское инвестиционное сотрудничество［J］. Международный научный журнал 《Символ науки》, 2016（2）.

［98］Дмитриева Алла Борисовна. Ключевые аспекты международного инвестиционного сотрудничества России в контексте расширения российско-китайского экономического сотрудничества［J］.Экономика и управление, 2016（2）.

［99］Таганов Б. Для роста инвестиций в России нет предпосылок［J］. Экономическое развитие России, 2016（7）.

［100］Пищулин О.Методы создания привлекательного инвестиционногоклимата：проблемы теории и практики［J］.Экономика образования, 2014（1）.

［101］Петрова Я. Ключевые проблемы привлечения иностранных инвестицийв экономику России［J］.Научный журнал КубГАУ, 2014（8）.

［102］Бутузова А.С, Афанасьева Е.В.Правовое регулирование иностранных инвестиций в России［J］.Молодой ученый, 2015（98）.

［103］Шаренков С.ШтрикуноваМ.Инвестиционный климат в современной России［J］. Экономика и современный менеджмент：теория и практика, 2014（36）.

［104］Батырова А. Развитие инвестиционных и инновационных процессов в Российской Федерации［J］. Экономика и управление, 2015（1）.

［105］Патрикеева В. Привлечение инвестиций в условиях санкций［J］. Научно-исследовательские публикации, 2015（1）.

［106］Лукин А. В. Идея《Экономического пояса шелкового пути》и европейская интеграция［J］. Международная жизнь, 2014（7）.

［107］Романов М. Т. Зонн И. С. Великий Шелковый путь становится Великим Нефтегазовым путем［J］. Проблемы Дальнего Востока, 2015（2）.

［108］Сазонов С.Л., Кудрявцев Е.С., У Цзы. Транспортная составляющая проектов сопряжения Евразийского экономического союза и экономического пояса Шелкового пути［J］. Проблемы Дальнего Востока, 2015（2）.

［109］Кузиев Н. А. Политические аспекты концепции, Экономического пояса Шелкового пути［J］. Молодой ученый, 2015（5）.

［110］Бутузова А. С., Афанасьева Е. В. Правовое регулирование иностранных инвестиций в России［J］. Молодой ученый, 2015（8）.

［111］Батырова А. Развитие инвестиционных и инновационных процессов в Российской Федерации［J］. Экономика и управление, 2015（1）.

［112］Казначеева И. Нефедов М. Российско-китайское инвестиционное сотрудничество［J］. Международный научный журнал《Символ науки》, 2016（2）.

［113］Дмитриева А. Ключевые аспекты международного инвестиционного сотрудничества России в контексте расширения российско-китайского экономического сотрудничества［J］. Экономика и управление, 2016（2）.

［114］Таганов Б. Для роста инвестиций в России нет предпосылок［J］. Экономическое развитие России, 2016（7）.

［115］М. В. Александровна. Российско-Китайское финансово-банковское сотрудничество[J].Азия и Африка сегодня, 2016（8）.

［116］ Иванов С.А.Программа сотрудничества восточных регионов России исеверо－восточных регионов Китая：политическая значимость иэкономическая эффективность[J].Таможенная политика России на Дальнем востоке, 2018（1）.

［117］ М.К.Камилов, Камилова П.Д., Камилова З.М.Аграпромышленный комплекс России и Китая：сравнительный анализ[J].Региональные проблемы преобразованния экономики, 2016（10）.

［118］ М.В.Борченко.Российско-Китайские экономические отношения[J]. Вестник КРСУ, 2016（10）.

［119］ И.С.Александрович.Программа сотрудничества восточных регионов России и северо-восточных регионов Китая：политическая значимость и экономическая эффективность [J].Томоженная политика России на дальнем востоке, 2018（1）.

［120］ П. А. Андреевна. Проблемы и перспективы развития Российско－Китайского экономического сотрудничества [J]. Карельский научный журнал, 2018（2）.

［121］ П.О.Васильевна.Приграничное сотрудничество регионов государств как основа укрепления двусторонних международных отношений（на примере российско-китайского приграничного сотрудничества）[J].Сибирсий международный, 2016（18）.

［122］ Климова Н. Влияние санкций на инвестиционный климат и промышленную политику России [J]. Научный журнал КубГАУ, 2015（2）.

［123］ В.А.Матвеев.Российско-китайское энергетическое сотрудничество：текущие тренды[J].Современные Росссйско-китайские отношения, 2017（5）.

［124］ Д. А. Ивановна, И. А. Вадимович. Перспективы сотрудничества банковского сектора России и Китая на совремнном этапе[J].XI МНПК Теоретические и практические проблемы развития современной науки, 2016（15）.

［125］ Е. В. Астахова, Ван Чжэ. Современные направления торгово - экономических отношений России и Китая［J］. экономические науки, 2017（1）.

［126］ Голобоков Андрей Сергеевич, Караева Анастасия Андреевна. Российско-Китайское торгово-экономическое сотрудничество и его роль в развитии Российского Дальнего Востока［J］. АНИ: экономика и управление, 2016（17）.

［127］ Министерство экономического развития Российской Федерации. Мониторинг.О состоянии экономики в 2016 году［DB］.2016.

［128］ Министерство экономического развития Российской Федерации. Мониторинг.О состоянии экономики в 2017 году［DB］.2017.

［129］ Баландин Р. Товарооборот между РФ и КНР с января по апрель вырос на 26. 2%［N/OL］.ТАСС, 2017［2017-05-08］. http: //tass.ru/ekonomika/ 4238330.

［130］ Ирина Жандарова. Bloomberg предсказал рост ВВП России на 1, 1процента［N/OL］.Российская газета - Экономика, 2017［2017-03-02］. https: //rg. ru/2017/02/10/bloomberg - predskazal - rost - vvp - rossii-na-11-proce nta.

［131］ Федеральная служба государственной статистики. Внешняя орговля ［DB/OL］.http: //www.gks.ru/wps/wcm/connect/rosstat_main/rosstat/ru/statistics/tftrade/инвестиционной привлекательности субъектов Российской Федерациии создании привлекательных условий для развития бизнеса》［R］. Государственный Совет Российской Федерации, 2012: 21-40.

［132］ Российско-китайские инвестиции.Инвестиционный климат России и Китая［DB/OL］.http: //www.invest-rating.ru/russia-china.

［133］ Минакир П.А., Прокапало О.М., Российский Дальний Восток: Экономические Фобии и Геополитические Амбиции/Восток России: проблемы освоения - преодоления пространства［M］.Новосибирск：Издательство ИЭОПП，2017．

［134］ Россия в цифрах. 2016：Краткий статистический сборник［M］．Москва：Росстат，2016．

［135］ Российский совет по международным делам. Проблемы развития Российско‑Китайских торгово‑экономических，финансовых и приграничных отношений［M］.M：Москва，2015．

［136］ Арефье9в П.，Альпидовская М. Экономические санкции против России：ожидания и реальность［M］.M．：КНОРУС，2017．

［137］ Л. Б. Аристова，С. Г. Лузянин и другие. Потенциал и перспектива сотрудничества КНР и РФ в области традиционной и нетрадиционной энергии［M］.Москва，2014．

四、英文文献

［138］ Tatiana M.Isachenko.Russian trade policy：main trends and impact on bilateral trade flows［J］. Int.J.of Economic Policy in Emerging Economies，2019，12（1）．

［139］ Andrei V. Belyi. Russia's Response to Sanctions. How Western Economic Statecraft is Reshaping Political Economy in Russia［J］. Europe‑Asia Studies，2019，71（7）．

［140］ Oleg Gurshev.What determines foreign direct investment in Russia？［J］. Central European Economic Journal，2020，53（6）．

五、电子文献

［141］ 中国国家统计局［DB/OL］．http：//www.stats.gov.cn/．

［142］ 中国商务部及中国海关署信息库［DB/OL］．http：//www.mofcom.gov.cn/．

［143］ 俄联邦海关统计网站［DB/OL］．http：//customs.ru/index.php．

［144］ 世界银行数据库［DB/OL］．https：//www.worldbank.org/．

［145］ 俄罗斯联邦国家统计局数据库［DB/OL］ https：//www.gks.ru/．

［146］ 俄罗斯中央银行数据库［DB/OL］．https：//cbr.ru/．

[147] 俄罗斯报纸[DB/OL]. https://rg.ru/2012/01/12/putin-ekonomika-anons.html.

[148] 俄罗斯联邦经济发展部[DB/OL]. https://economy.gov.ru/wps/wcm/connect.

[149] 俄罗斯纺织和纺织行业创新中心[DB/OL]. https://docviewer.yandex.ru.

[150] 俄罗斯联邦经济发展部[DB/OL]. https://www.economy.gov.ru/.

[151] 俄罗斯教育部[DB/OL]. https://russiaedu.ru/news/kak-mnogo-rossiian-svobodno-vladeiut-angliiskim-iazykom.

[152] 俄罗斯联邦经济发展部[DB/OL]. https://www.economy.gov.ru.

[153] 俄罗斯联邦对外贸易统计[DB/OL]. https://www.ceicdata.com/zh-hans/russia/foreign-trade-summary-federal-customs-service/foreign-trade-turnover.

[154] 联合国商品贸易统计数据库[DB/OL]. https://comtradeplus.un.org/.

[155] 法律和规范技术文件的电子资源[DB/OL]. http://docs.cntd.ru/document/917003520.

[156] 贸发会议统计数据库[DB/OL]. https://unctadstat.unctad.org/EN/About.html.